»Ästhetisierung«

»Ästhetisierung«

Der Streit um das Ästhetische in Politik, Religion und Erkenntnis

Herausgegeben von
Ilka Brombach, Dirk Setton und Cornelia Temesvári

diaphanes

Dieser Band geht auf die Jahrestagung 2008 des Sonderforschungsbereichs 626 »Ästhetische Erfahrung im Zeichen der Entgrenzung der Künste« an der Freien Universität Berlin zurück und wurde auf seine Veranlassung unter Verwendung der ihm von der Deutschen Forschungsgemeinschaft zur Verfügung gestellten Mittel gedruckt.

1. Auflage
ISBN 978-3-03734-117-9

© diaphanes, Zürich 2010
www.diaphanes.net
Alle Rechte vorbehalten

Layout, Satz: 2edit, Zürich
Druck: Pustet, Regensburg
Umschlagabbildung: © Thomas Dworzak / Magnum Photos / Agentur Focus

INHALT

Ilka Brombach, Dirk Setton und Cornelia Temesvári
Einleitung   7

I. »ÄSTHETISIERUNG«

Christoph Menke
»Ästhetisierung«
Zur Einleitung   17

Jacques Rancière
Die ästhetische Revolution und ihre Folgen
Erzählungen von Autonomie und Heteronomie   23

Jan Völker
Rancières Reästhetisierungen   41

David Weber
Ästhetisierung als Beschreibung   49

II. ÄSTHETIK UND WISSEN

Dorothea von Hantelmann, Antje Wessels
Vorbemerkungen zum Verhältnis von
Ästhetischem und Epistemischem   61

Astrid Deuber-Mankowsky
Ästhetische Illusion als Bestandteil des Wissens
Zu Kants Opponenten-Rede   67

Dirk Setton
Ästhetik und Nichtwissen
Eine Antwort auf Astrid Deuber-Mankowsky   83

Hans-Georg Soeffner
Funktionale Zweckfreiheit
Der ›praktische Sinn‹ der Ästhetik   91

Thomas Becker
Kann es eine protosoziologisch-anthropologische Kritik
am Ästhetizismus geben?
Eine Antwort auf Hans-Georg Soeffner   105

III. ÄSTHETIK UND POLITIK

Juliane Rebentisch
Ästhetisierungen und Anästhetisierungen des Politischen
Zur Einleitung   113

Josef Früchtl
Vom Nutzen des Ästhetischen für eine demokratische Kultur
Ein Plädoyer in zehn Punkten   119

Anja Streiter
Eine Antwort auf Josef Früchtl   133

Gertrud Koch
Bilderpolitik im Ausgang des monotheistischen Bilderverbots
und die Begründung einer politischen Ästhetik   139

Felix Ensslin
Eine Antwort auf Gertrud Koch   149

IV. ÄSTHETIK UND RELIGION

Cornelia Temesvári
Von der Abschaffung der Götter zur realpräsentischen Kunst
Vorbemerkungen zu »Ästhetisierung« und Religion   157

Heike Behrend
Populäre Fotografie, Ästhetisierung und das
»Islamische Bilderverbot« an der ostafrikanischen Küste   163

Hannelies Koloska
Bildmagie zwischen Religion und Kunst
Eine Antwort auf Heike Behrend   177

Bruce Lincoln
Ästhetik, Religion und Politik
Überlegungen zu Walter Benjamin anhand
des persischen Achämenidenreichs   183

Daniel Illger
Von Persepolis zu Abu Ghraib: Kunst und Ideologie
Eine Antwort auf Bruce Lincoln   199

»And you don't understand 'cause it's bigger than you«
Carl Hegemann im Gespräch
mit Ilka Brombach und Benjamin Wihstutz   205

Verzeichnis der Autoren und Autorinnen   217

Ilka Brombach, Dirk Setton, Cornelia Temesvári

Einleitung

I.

»Ästhetisierung« lautet das Schlagwort eines Kritikgenres des 20. Jahrhunderts, das die Grenzen zwischen dem Ästhetischen und Nichtästhetischen in polemischer Absicht vermessen hatte: Von Benjamins Diagnose einer »*Ästhetisierung des politischen Lebens*«[1] über Debords *Gesellschaft des Spektakels*[2] bis hin zu den verschiedenen Spielarten der Postmodernekritik[3] ging es stets darum, prädominante Momente des Ästhetischen auszumachen, welche die Bereiche der Politik, der Erkenntnis oder auch der Religion in eine Krise ihrer Normativität stürzen. Das Ästhetische figuriert hier als dasjenige, was die epistemologische Ausrichtung auf Wahrheit, die politische Legitimität einer gerechten Ordnung oder die religiöse Orientierung an Transzendenz unterminiert.

In den vergangenen Jahrzehnten lässt sich allerdings zunehmend eine Tendenz beobachten, die im scharfen Kontrast zu diesem Genre der Ästhetisierungskritik steht: Teile der Philosophie,[4] Religions- und Geschichtswissenschaft,[5] der Literatur- und Kunstwissenschaft[6] behaupten, dass das Ästhetische für politische, epistemische und religiöse Praktiken konstitutiv sei. Statt im Ästhetischen einen externen Stör- und Krisenfaktor zu sehen, handelt es sich nun darum, entweder den wesentlichen Beitrag des Ästhetischen für das Gelingen oder Funktionieren dieser Praktiken zu akzentuieren, oder das Ästhetische als Schlüsselbegriff zu

---

1. Vgl. Walter Benjamin: »Das Kunstwerk im Zeitalter seiner technischen Reproduzierbarkeit« (Zweite Fassung), in: *Gesammelte Schriften*, Bd. VII, Frankfurt/M. 1991, S. 382.
2. Vgl. Guy Debord: *Die Gesellschaft des Spektakels*, Berlin 1996.
3. Vgl. Jürgen Habermas: »Exkurs zur Einebnung des Gattungsunterschiedes zwischen Philosophie und Literatur«, in: ders.: *Der philosophische Diskurs der Moderne*, Frankfurt/M. 1985, S. 219-247; Terry Eagleton: »Von der Polis zur Postmoderne«, in: ders.: *Ästhetik. Die Geschichte ihrer Ideologie*, Stuttgart, Weimar 1994, S. 376-429; Rüdiger Bubner: »Ästhetisierung der Lebenswelt«, in: Walter Haug und Rainer Warning (Hg.): *Das Fest. Poetik und Hermeneutik*, Bd. XIV, München 1989, S. 651-662. Vgl. auch Luc Boltanski und Eve Chiapello: *Der neue Geist des Kapitalismus*, Konstanz 2003, S. 449-511; Luc Ferry: *Der Mensch als Ästhet. Die Erfindung des Geschmacks im Zeitalter der Demokratie*, Stuttgart, Weimar 1992.
4. Vgl. Gottfried Boehm: »Die Wiederkehr der Bilder«, in: ders. (Hg.): *Was ist ein Bild?*, München 1995, S. 11-38; Wolfgang Welsch: »Das Ästhetische – eine Schlüsselkategorie unserer Zeit?«, in: ders. (Hg.): *Die Aktualität des Ästhetischen*, München 1993, S. 13-47.
5. Vgl. Hayden White: *Metahistory. Die historische Einbildungskraft im 19. Jahrhundert in Europa*, Frankfurt/M. 1991; Hans G. Kippenberg u.a. (Hg.): *Visible Religion. Annual for Religious Iconography* Bd. I-VII, Leiden 1982-1990; Susanne Lanwerd (Hg.): *Der Kanon und die Sinne. Religionsästhetik als akademische Disziplin*, Luxembourg 2003.
6. Vgl. Horst Bredekamp: *Galilei als Künstler. Die Zeichnung, der Mond, die Sonne*, Berlin 2007; Joseph Vogl: »Einleitung«, in: ders. (Hg.): *Poetologien des Wissens um 1800*, München 1999, S. 7-16; Wolfgang Iser: »Von der Gegenwärtigkeit des Ästhetischen«, in: Joachim Küpper und Christoph Menke (Hg.): *Dimensionen ästhetischer Erfahrung*, Frankfurt/M. 2003, S. 177-202.

betrachten, um die Begriffe des Wissens, des Politischen und Religiösen einer grundlegenden Revision zu unterziehen. In dieser letzteren Strategie erscheint folglich gerade das Fehlen oder die Schwächung jener ästhetischen Dimension als Zeichen einer Krise, die das Wissen, die Politik und die Religion ihres immanenten Potenzials beraubt. Die prominente Stellung von Jacques Rancières Konzeptionen einer »Ästhetik der Politik« oder einer »Ästhetik der Erkenntnis« innerhalb der gegenwärtigen Diskussion ist paradigmatisch für diese Auffassung.[7]

Im vorliegenden Band geht es darum, beide Entwicklungen in ein instruktives Verhältnis zueinander zu setzen. Zwei Vermutungen stehen dabei im Zentrum: Die neuen Auffassungen von der Immanenz des Ästhetischen in den oben genannten Bereichen bleiben in dem Maße unterbestimmt, wie man sie nicht an den Argumenten der Ästhetisierungskritik misst; und die Aktualität eines Denkens der Ästhetisierung wird nur in dem Maße ersichtlich, wie man versteht, dass der Begriff der Ästhetisierung ein *ambivalenter* ist. Denn er beschreibt nicht allein einen Prozess der zerstörerischen Kontamination einer Ordnung durch heterogene Momente des Ästhetischen, sondern auch einen Prozess ihrer Veränderung oder Erneuerung – eine Erneuerung, die über ein Ästhetischwerden von Elementen dieser Ordnung verläuft. Diesen beiden Vermutungen entsprechend ergeben sich zwei Schwerpunkte für die inhaltliche Ausrichtung des Bandes:

Der erste Schwerpunkt liegt in einem Bemühen um Klärung: Wie sind die ästhetischen Dimensionen von Wissen, Politik und Religion zu bestimmen, die in den letzten Dekaden ins Zentrum des geisteswissenschaftlichen Interesses gerückt wurden? Um zu analysieren, worin die ästhetischen Dimensionen genau bestehen, erscheint eine kritische Auseinandersetzung mit der Ästhetisierungskritik besonders fruchtbar, da sie es erlaubt, die historische Tiefe und Komplexität der Problematik des Verhältnisses von Ästhetischem und Nichtästhetischem in die Debatte einzubringen. Die Ästhetisierungskritik des 20. Jahrhunderts ist die Fortsetzung einer langen Tradition der Entgrenzungskritik, die bis in die antiken Problematisierungen von Rhetorik und Theatrokratie zurückreicht.[8] Der Sache nach führt der Diskurs der Ästhetisierungskritik ein Theoriegenre fort, das von Platons Mimesiskritik in der *Politeia* bis hin zu Carl Schmitts *Politische Romantik* reicht.[9] Die Argumente der Ästhetisierungskritiker haben insofern ihre Vorbilder nicht nur in den traditionellen Varianten der Theatralitäts- und Rhetorikkritik, sondern sie gleichen in wesentlichen Aspekten den Volten derjenigen Diskurse, welche die Rolle von Sinnlichkeit, Bildlichkeit und Einbildungskraft, die romantischen Akzentuierungen von Poetik, Ironie, Spiel, Zufall und Gefühl sowie die Leitorientierung am Wert des Geschmacks in einigen Bereichen des Lebens an den Pranger stellen. Dadurch jedoch, dass die Ästhetisierungskritik

---

7. Vgl. Jacques Rancière: *Die Aufteilung des Sinnlichen*, Berlin 2006, S. 25–49. Vgl. auch ders.: *Die Namen der Geschichte. Versuch einer Poetik des Wissens*, Frankfurt/M. 1994.
8. Vgl. dazu vor allem die Beiträge von Christoph Menke (»›Ästhetisierung‹. Zur Einleitung«, in diesem Band, S. 17–22) und Juliane Rebentisch (»Ästhetisierungen und Anästhetisierungen des Politischen. Zur Einleitung«, in diesem Band, S. 113–118).
9. Vgl. Platon: *Politeia*, in: *Sämtliche Werke in zehn Bänden*, Bd. V, Frankfurt/M., Leipzig 1991, 595a–608c. Vgl. Carl Schmitt: *Politische Romantik*, München, Leipzig 1919, S. 74–108.

all diese Faktoren normativer Erosion (Sinnlichkeit, Bildlichkeit, Theatralität, Imagination etc.) als Aspekte des »Ästhetischen« betrachtet – das heißt im Lichte einer genuin modernen Kategorie –, geben sie diesen implizit eine neue Wendung. Denn wenngleich der Begriff des Ästhetischen zunächst als bloßer Platzhalter für einen jener Faktoren (oder gleich für alle jene Faktoren) erscheint, so muss einer genaueren Lektüre klar werden, dass mit der Kategorie des Ästhetischen eine Charakteristik benannt wird, die auf den Bereich der Kunst nicht restringiert werden kann, sondern eine Dimension von kulturellen Praktiken überhaupt beschreibt.[10] Anders gesagt, unter dem Vorzeichen des »Ästhetischen« betrachtet erscheinen Bildlichkeit, Imagination, Theatralität, Illusion etc. als grundlegende Aspekte menschlicher Praxis. Die Tradition der Ästhetisierungskritik lässt sich vor diesem Hintergrund als Auseinandersetzung mit *besonderen ästhetischen Aspekten* politischer, epistemischer und religiöser Praktiken lesen, die *per se* eine ästhetische Dimension besitzen.[11] Diese Auseinandersetzung für die zeitgenössische Diskussion um das Ästhetische im Nichtästhetischen fruchtbar zu machen, ist das erste Ziel des Bandes.

Der zweite Schwerpunkt des Bandes schließt hier an: Es geht darum, die Frage nach der Aktualität des Begriffs der Ästhetisierung selbst zu diskutieren. Inwiefern ermöglicht dieser Begriff, Aspekte der immanenten Ästhetik von Politik, Wissen und Religion zu beschreiben? Auf diese Frage gibt es im vorliegenden Band keine eindeutige Antwort. Es lassen sich vielmehr zwei unterschiedliche Ansätze ausmachen, die entgegengesetzte Strategien wählen. Der erste Ansatz grenzt sich vom Begriff der Ästhetisierung ab. Ausgehend von der Überzeugung, dass dieser Begriff und sein prozessualer Sinn auf der Vorstellung eines externen Verhältnisses zwischen Ästhetik und Wissen, Religion oder Politik basiert – etwas, das an sich keine ästhetische Kontur besitzt, wird durch eine heterogene oder heteronome Operation in einen ästhetischen Zustand versetzt –, kommt dieser Ansatz zu dem Ergebnis, dass die Rede von »Ästhetisierung« nichts zu einem Verständnis der immanenten Ästhetik in den genannten Bereichen beitragen kann. Nicht zuletzt, weil sie traditionell mit dem Topos der Kritik am Ästhetischen verbunden ist, tendiert diese Rede vielmehr dazu, die Kontur des Ästhetischen zu verzerren, wenn es darum geht, die emanzipativen Potenziale einer ›Poetik des Wissens‹ respektive einer Ästhetik der Politik oder der Religion angemessen zu verstehen.

Der zweite Ansatz wählt dagegen die Strategie, die pejorative Leitvokabel des Genres der Ästhetisierungskritik einer neuen Deutung zu unterziehen und damit umzuwerten. Die immanente Ästhetik von Politik, Wissen und Religion im Zuge einer Auseinandersetzung mit der Ästhetisierungskritik (und ihren historischen

---

10. Vgl. dazu Jacques Rancière: »Die ästhetische Revolution und ihre Folgen. Erzählungen von Autonomie und Heteronomie«, in diesem Band, S. 23–40.
11. Vgl. die Einleitungen zum zweiten und vierten Kapitel: Dorothea von Hantelmann und Antje Wessels: »Vorbemerkungen zum Verhältnis von Ästhetischem und Epistemischem«, in diesem Band, S. 61–66, sowie Cornelia Temesvári: »Von der Abschaffung der Götter zur realpräsentischen Kunst. Vorbemerkungen zu ›Ästhetisierung‹ und Religion«, in diesem Band, S. 157–162.

Vorläufern) zu analysieren, trägt, diesem Ansatz zufolge, dazu bei, gewisse Vereinseitigungen zu vermeiden, die insbesondere in den Bild- und Kulturwissenschaften zu beobachten sind: die einseitige Betonung des Beitrags des Ästhetischen für das *Gelingen* epistemischer, politischer und religiöser Praktiken. Was der Ästhetisierungsdiskurs stets fokussiert hatte, war ja gerade die eigentümliche Gefahr, die das Ästhetische für die Konsistenz und Stabilität der normativen Ordnungen jener Praktiken bedeutet. Betrachtet man die Immanenz des Ästhetischen vor diesem Hintergrund, dann kann man sie nicht allein als notwendigen Faktor in der kreativen Entdeckung des Wahren, der Sensibilisierung für die grundlegenden Normen demokratischer Politik oder der Erschließung des Göttlichen oder Unendlichen im Endlichen deuten; die Behauptung einer Immanenz des Ästhetischen hätte dann vielmehr den Sinn, einen grundlegenden Wandel im Verständnis des Bezugs zum Wahren, Gemeinsamen und Göttlichen zu kennzeichnen – einen Wandel hinsichtlich des Verständnisses der Geschichtlichkeit von Wissen, politischen Ordnungen und religiösen Praktiken, die intern mit Momenten des Ästhetischen zu tun haben. In diesem Sinne steht »Ästhetisierung« emblematisch für die Macht und Relevanz von Sinnlichkeit, Theatralität, Einbildungskraft, Rhetorik, Bildlichkeit, Geschmack, Fiktion oder Illusion in nichtästhetischen Kontexten; und sie markiert zudem, dass diese Macht in erster Linie nicht von außen auf diese Kontexte wirkt, sondern von innen: als Möglichkeit einer ästhetischen Suspension oder Transformation normativer Orientierungen, als »Vermögen« einer ästhetischen Vollzugsweise von Praktiken, eines »Spiels« in und mit ihren Normen. In ähnlicher Weise wie das ungleich positiver konnotierte Wort »Politisierung« besitzt die Rede von »Ästhetisierung« hier einen prozessualen Sinn: Sie bezeichnet weniger ein inhärentes Merkmal denn einen Modus der Transformation.

Vor diesem Hintergrund erscheint die konstitutive Rolle des Ästhetischen in einem neuen Licht: Eine »Ästhetik der Politik«, eine »Ästhetik der Religion« oder eine »Poetik des Wissens« bezeichnen das Ästhetisch-werden-*können* von politischen, religiösen oder epistemischen Praktiken. Weil diese Ästhetisierbarkeit so etwas wie die Möglichkeit der Transformation oder Unterbrechung anzeigt, die den genannten Bereichen *als Potenzial* immanent ist, ermöglichen sie ein neues Verständnis von der Verfasstheit des Politischen, Religiösen oder des Wissens im Allgemeinen. Und insofern Ereignisse der Transformation von normativen Ordnungen oder Wissensordnungen über Prozesse der Ästhetisierung oder poetische Verfahren operieren, muss man sich fragen, was es für die Konstitution jener Bereiche bedeutet, *dass* ihre Transformation über Ästhetisierung verläuft, respektive *dass* in ihnen Ästhetisierung (»von innen her«) stattfinden kann.[12]

---

12. Vgl. zu dieser Neubestimmung von Ästhetisierung Christoph Menke: *Kraft. Ein Grundbegriff ästhetischer Anthropologie*, Frankfurt/M. 2008, S. 67–88.

II.

Der Band geht auf die Jahrestagung des Sonderforschungsbereichs 626 »Ästhetische Erfahrung im Zeichen der Entgrenzung der Künste« an der Freien Universität Berlin zurück, die unter dem Titel »›Ästhetisierung‹ – Geschichte und Gegenwart einer Krisendiagnose« im November 2008 im ICI Kulturlabor Berlin stattfand. Diese Tagung markiert den Kulminationspunkt eines Forschungsschwerpunktes des Sonderforschungsbereichs, welcher der Frage nach dem Verhältnis von Ästhetischem und Nichtästhetischem galt, oder genauer: der Rolle des Ästhetischen in den Bereichen des Wissens, der Politik und der Religion.[13] Dem Format dieser Tagung ist das Format des vorliegenden Bandes angepasst: Alle Beiträge werden durch kürzere Respondenzen von Mitgliedern des Sonderforschungsbereichs ergänzt, in denen es primär darum geht, die vorgestellten Argumentationen mit den oben dargestellten inhaltlichen Schwerpunkten zu konfrontieren. Alle Kapitel beginnen mit Überlegungen, welche in die jeweilige Thematik von *Ästhetik und...* einleiten und die einzelnen Beiträge mit Bezug auf die Problematik der Ästhetisierung situieren.

Das erste Kapitel beschäftigt sich direkt mit der Leitvokabel der Ästhetisierung und versucht, diese in sowohl historischer, als auch systematischer Hinsicht neu zu deuten. In seiner Einleitung zeigt Christoph Menke am Beispiel von Nietzsches Wagner-Kritik, dass der moderne Diskurs der Ästhetisierungskritik in zwei wesentlichen Zügen das antike Konzept der Theatrokratie beerbt. Der erste Zug besteht in der kritischen Diagnose, dass alle kulturellen Praktiken durch eine Subversion ihrer Normativität bedroht sind, die in dem Sinne eine Ästhetisierung beschreibt, als hier die Einsicht in Normen durch Einstellungen der bloßen Sinnlichkeit ersetzt wird. Der zweite Zug liegt in der These, dass die Bewegung der Ästhetisierung, die sich gegen normative Grenzen wendet, von den Künsten ausgeht und auf die ganze Kultur ausgreift. Neu am modernen Diskurs der Ästhetisierungskritik ist jedoch, wie Menke mit Bezug auf Nietzsche herausstellt, dass dieses zerstörerische Potenzial zugleich eine Quelle der Erneuerung und mithin der Geschichtlichkeit kultureller Praktiken darstellt.

Während Menke die Kontinuität zwischen dem Diskurs der Theatrokratie und demjenigen der Ästhetisierungskritik akzentuiert, konzentriert sich Jacques Rancière auf das Neue oder »Revolutionäre« des »Regimes« des Ästhetischen in der Moderne – und damit auf dasjenige, was bei Menke als ›Ambivalenz‹ der Ästhetisierung angedacht wird. Die These, die Rancière im Anschluss an Schiller entfaltet, lautet zugespitzt formuliert, dass das moderne Denken des Ästhetischen dadurch, dass es konstitutiv an eine paradoxe Dialektik von Autonomie und Heteronomie gebunden ist, wesentlich ein Denken der Ästhetisierung impliziert.

---

13. Der vorliegende Band dokumentiert damit sowohl in seinen Beiträgen, als auch in seiner Konzeption die Ergebnisse der interdisziplinären Zusammenarbeit von Mitarbeitern und Mitarbeiterinnen des Sonderforschungsbereichs. Die Herausgeber/innen möchten an dieser Stelle insbesondere Hermann Kappelhoff, Christoph Menke und Renate Schlesier für ihr Engagement danken, mit dem sie diese Zusammenarbeit getragen haben.

In dem Maße, wie Kunst auf der Autonomie eines genuin ästhetischen Modus der Erfahrung basiert, lässt sie sich nicht mehr als ein eigenständiger kultureller Bereich unter anderen bestimmen – schließlich liegt die Charakteristik eines ästhetischen »Sensoriums« gerade in der Suspension normativer Grenzziehungen, die mithin auch die Grenzen der Kunst selbst betrifft. Und wenn »das Ästhetische« gerade in dieser Erfahrung der »Entgrenzung« liegt, dann beschreibt es eine Bewegung der Ästhetisierung: eine Selbsttranszendierung der Kunst in Nicht-Kunst (das heißt: in Politik, Wissen oder Religion). In seinem Text verfolgt Jacques Rancière die verschiedenen Weisen, in denen in der Moderne jene Paradoxie des Ästhetischen – der »Knoten« von Autonomie und Heteronomie – entfaltet wurde. Ob und inwiefern ein neues und affirmatives Verständnis von Ästhetisierung im Anschluss an Rancière denkbar ist, untersuchen die beiden Respondenzen von Jan Völker und David Weber.

Das zweite Kapitel ist dem Verhältnis von »Ästhetik und Wissen« gewidmet. Dorothea von Hantelmann und Antje Wessels skizzieren in ihrer Kapiteleinleitung einen historischen Parcours, der mit Quintillians Entwurf einer integralen Vernetzung von Ästhetik und Wissen anhebt und in der modernen Ausdifferenzierung von Wissenschaft und Kunst kulminiert. Nicht zuletzt ist es diese historische Entwicklung der Ausdifferenzierung, die Ästhetisierungsdiagnosen und ihr Konzept eines externen Verhältnisses von Erkenntnis und Ästhetik plausibel zu machen scheint. Dem halten von Hantelmann und Wessels nicht nur das antike Konzept der *enárgeia* entgegen (der ästhetischen Plastizität von Gegenständen der Erkenntnis), sondern auch Tendenzen der Wiederannäherung von Wissenschaft und Kunst im zeitgenössischen Denken.

Die beiden Hauptbeiträge in diesem Kapitel setzen bei unterschiedlichen Vorstellungen einer Ästhetisierung der Erkenntnis an und kontern diese mit bestimmten Gestalten einer internen Relation zwischen Ästhetik und Wissen – zum einen mit Bezug auf den Begriff der ästhetischen Illusion im Anschluss an Kant, zum anderen mit Bezug auf die Figur eines präreflexiven und ästhetischen Verstehens im Anschluss an Plessner. Astrid Deuber-Mankowsky widmet sich einem Vertreter des Wissenschaftsprogramms der anthropologischen Ästhetik, mit dem Kant 1777 konfrontiert wurde. Dieses Programm verfolgt die Ambition, logische und metaphysische Erkenntnisse als Resultate einer Ästhetisierung des Wissens aufzuweisen. Statt mit einer Ästhetisierungskritik auf dieses Programm zu antworten, führt Kant jedoch den Begriff der ästhetischen Illusion ein, von dem Deuber-Mankowsky zeigt, dass er im Zentrum des komplexen Verhältnisses von Ästhetik und Wissen im Kantschen Denken steht.

Hans-Georg Soeffner unterscheidet in seinem Beitrag zwei Ebenen von Ästhetisierung. Während Max Weber in seiner Kritik am »Ästhetentum« »intellektualistischer Zeitalter« eine Ästhetisierung auf der Ebene des durch soziale Praktiken vermittelten kognitiven Weltbezugs konstatiert, versucht Soeffner am Beispiel von Plessners philosophischer Anthropologie, einen Akt der Ästhetisierung auf einer proto-sozialen Ebene zu denken: auf der Ebene einer »ursprünglichen Begegnung« mit der Welt, wo der Mensch im Zuge einer präreflexiven Verstehensleistung die offene Potenzialität entfaltet, die in der Synästhesie der menschlichen Wahrnehmung angelegt ist.

Die Beiträge zum Verhältnis von »Ästhetik und Politik« im dritten Kapitel des Bandes eröffnen einen durchaus konfrontativen Diskussionsraum. Zum einen werden darin Positionen verschiedener demokratietheoretischer Traditionen gegeneinander akzentuiert; zum anderen stehen zwei zentrale Topoi der Ästhetisierungskritik im Zentrum der Untersuchungen: die Kritik am Bild sowie der Zweifel an der Urteilsfähigkeit des Publikums. Juliane Rebentisch leitet in dieses Kapitel mit Überlegungen zur antiken Kritik der Theatrokratie ein. An den Beitrag Christoph Menkes anknüpfend unterzieht sie die platonische Bestimmung des Publikums einer Relektüre. Gerade im kritischen Rekurs auf die demokratiekritischen Argumente Platons gegen das Theater entwickelt Rebentisch Perspektiven eines demokratischen Urteilsbegriffs und eines urteilsfähigen Publikums. In diesem Zusammenhang setzt sie der Benjaminschen Ästhetisierungskritik an der faschistischen Masseninszenierung den Begriff der Anästhetisierung entgegen.

Gertrud Koch geht in ihrem Beitrag dem Zusammenhang von monotheistischem Bilderverbot und politischer Ästhetik nach. Sie untersucht die Argumente einer modernen »Bilderpolitik« und der ihr korrespondierenden politischen Ästhetik, in dem sie zunächst bei Kant die Gründungsfigur der modernen Debatte um das Bilderverbot aufsucht, um diese mit den Argumenten der romantischen Ästhetik zu vergleichen und von hier aus die Horizonte und Grenzen verschiedener historischer Ansätze einer politischen Ästhetik aufzuzeigen. Zugleich profiliert sie paradigmatische bildtheoretische Positionen gegeneinander: Kants Thesen zum Bilderverbot gegen Platons Unterscheidung in gute und schlechte Bilder, Deleuzes Umkehrung der platonischen Hierarchisierung von Urbild und Trugbild auf der einen Seite und ein pragmatisches Verständnis des Bildes als Akt bei Sartre, Pierce oder unlängst bei Didi-Huberman auf der anderen Seite.

Josef Früchtls Überlegungen zum Nutzen des Ästhetischen für eine demokratische Kultur setzen sich provokativ von einem »bürgerlich-normativen Kulturkonzept« ab, wie er es von der Romantik bis hin zu Adorno vertreten sieht, um mit Bezug auf Nietzsche und vor allem auf den amerikanischen Pragmatismus Argumente für den Nutzen des Ästhetischen innerhalb einer modernen »Kultur ohne Zentrum« zu formulieren. Damit bezieht Früchtl explizit eine demokratietheoretische Position, die derjenigen Rancières entgegengesetzt ist.

Das Kapitel »Ästhetik und Religion« schließt inhaltlich eng an die Diskussionen zum Verhältnis von Politik und Ästhetik an, indem das Thema der Bildkritik nun aus religionsanthropologischer Perspektive betrachtet und Walter Benjamins politische Ästhetisierungskritik in einem religionshistorischen Kontext situiert wird. Einleitend skizziert Cornelia Temesvári die Kopplung des Ästhetisierungsgedankens an Thesen vom Verschwinden und Verschwunden-Sein der Religion. Vor dem Hintergrund platonischer und normativ-religiöser Ambivalenzen gegenüber Kunst und Aspekten des Ästhetischen konfrontiert sie das ästhetisierungskritische Lamento des Verlusts eines sinnstiftenden Deutungsrahmens mit Tendenzen, den Begriff der Ästhetisierung zur Markierung einer innerweltlichen

Transzendenz im Kunstwerk heranzuziehen. Ästhetisierung wäre so entweder zu verstehen als Moment zerstörerischer Subversion religiöser Deutungszusammenhänge, die im Ende des Religiösen mündet oder mit diesem einhergeht, oder aber als versuchte Rettung religiöser Restbestände ins ästhetische Refugium der Kunst.

Heike Behrend diskutiert in ihrem Beitrag den Einfluss anikonischer Tendenzen des Islam auf fotografische Bildpraktiken an der Küste Ostafrikas und fragt, wie diese zur Entwicklung einer orts- und kulturspezifischen Fotografie-Ästhetik beitragen. Ausgehend von Pierre Bourdieus Lesart der Fotografie als nicht-künstlerischer Gattung und mithin zunächst nicht-ästhetischem Medium untersucht Behrend Collage-Praktiken des Bakor-Studios auf Lamu, die auf eine »Ästhetik der Invisibilisierung« zielen, welche das Bilderverbot gleichzeitig anerkennt und subvertiert. Dabei arbeitet Behrend vor der Folie der historischen Entwicklung einer ostafrikanischen »Bildlosigkeit« fotografische Strategien heraus, sich generelle Prinzipien islamischer Kunst wie Kalligraphie und Ornamentik anzueignen, sie auf ein neues Medium zu übertragen und damit die Spannungen zwischen religiöser Bilderkritik und fotografischer Bildlichkeit auszubalancieren.

Bruce Lincoln unterzieht die von Walter Benjamin in seinem Kunstwerkaufsatz formulierten Thesen zur Ablösung einer rituell-religiösen durch eine politische Fundierung des Kunstwerks im Zeitalter technischer Reproduzierbarkeit einer schematisierenden Analyse und kritischen Relektüre, indem er sie mit ästhetischen Objekten des persischen Achämenidenreichs konfrontiert. Dabei hinterfragt er einen modernen Kunstwerkbegriff sowie die These vom Ursprung der Kunst in der Religion und zeigt, wie bereits im alten Persien religiöse Narrative und auratische Überhöhung sowie ideologische Funktionalisierung ineinandergreifen und so Bestimmungsmerkmale, die Benjamin Lincoln zufolge allein für die faschistische »Ästhetisierung des politischen Lebens« postuliert, bereits hier wirksam sind.

Den Abschluss des Bandes bildet ein Gespräch mit dem Theatertheoretiker und -praktiker Carl Hegemann über die ästhetische Konzeption des Theaters, wie sie die Regiearbeiten von Schlingensief, Schleef, Castorf und Pollesch an der Berliner Volksbühne kennzeichnet. Im Zentrum der Diskussion steht die Dimension des Politischen im Gegenwartstheater und der vergleichende Rekurs auf historische Begriffe des Schauspiels, des Publikums und des Scheins, insbesondere bei Schiller und Brecht. Dabei profiliert Hegemann das Theater als einen Ort der Differenz-Erfahrung, an dem das paradoxe Verhältnis von Fremd- und Selbstbestimmung erfahren und aufgezeigt werden kann.

I.
»ÄSTHETISIERUNG«

Christoph Menke

»Ästhetisierung«
Zur Einleitung

I.

In einer Notiz, die seine beginnende Abwendung von Wagner und die damit einhergehende Neufassung seines Kunstbegriffs anzeigt, hat Nietzsche Anfang 1874 geschrieben: »Wagner versucht die Erneuerung der Kunst von der einzigen vorhandenen Basis aus, vom Theater aus: hier wird doch wirklich noch eine *Masse* aufgeregt und macht sich nichts vor wie in Museen und Concerten. Freilich ist es eine sehr rohe Masse, und die Theatrokratie wieder zu beherrschen hat sich bis jetzt noch als unmöglich erwiesen.«[1] Später wird Nietzsche Wagner bescheinigen, dass ihm dies – die Beherrschung der von ihm musikalisch erregten Masse – auch tatsächlich nicht gelungen ist: Bayreuth *ist* vollendete Theatrokratie, Zeichen und Ort des siegreichen »Massen-Aufstands« in der Kunst. Denn Wagners Kunst ist eine, die ganz auf Erregung oder Aufregung der Massen kalkuliert ist: »Wagner ist ein großer Verderb für die Musik. Er hat in ihr das Mittel errathen, müde Nerven zu reizen, – er hat die Musik damit krank gemacht. Seine Erfindungsgabe ist keine kleine in der Kunst, die Erschöpftesten wieder aufzustacheln, die Halbtoten in's Leben zu rufen. Er ist der Meister hypnotischer Griffe, er wirft die Stärksten noch wie Stiere um.«[2] Daher sein Erfolg: »Den Erschöpften *lockt* das Schädliche: den Vegetarier das Gemüse.«[3] Hier herrscht der »ganze romantische Aufruhr und Sinnen-Wirrwarr, den der gebildete Pöbel liebt, sammt seinen Aspirationen nach dem Erhobenen, Gehobenen, Verschrobenen«.[4] Das heißt Theatrokratie im Feld der Kunst: dass die Kunst von der »rohen Masse« her bestimmt und damit auf die Reizung der Nerven und Erregung der Sinne hin kalkuliert wird. Es ist nur eine andere Beschreibung desselben Phänomens – der Theatrokratie im Feld der Kunst –, wenn man sagt, dass die Kunst ästhetisch oder *ästhetisiert* wird: dass sie im Hinblick auf die Sinneseindrücke, Gefühle und Empfindungen bestimmt wird, die sie in ihrem Publikum hervorzubringen vermag.

Mit seiner Wagnerkritik hat Nietzsche das Modell aller folgenden Kritik der Massenkultur geliefert: Horkheimers und Adornos Analyse der Kulturindustrie und Heideggers Diagnose vom Ende der großen Kunst durch ihre Ästhetisierung schreiben Nietzsches Kritik ebenso fort wie Debords Reflexionen über

---
1. Friedrich Nietzsche: *Nachgelassene Fragmente, Anfang 1874–Frühjahr 1874*, 32[61], in: *Kritische Studienausgabe*, Bd. 7, hrsg. v. Giorgio Colli und Mazzino Montinari, München, Berlin, New York ²1988, S. 775.
2. Friedrich Nietzsche: *Der Fall Wagner. Ein Musikanten-Problem*, 5, in: *Kritische Studienausgabe*, Bd. 6, a.a.O., S. 23.
3. Ebd., S. 22.
4. Friedrich Nietzsche: *Die Fröhliche Wissenschaft*, Vorrede zur zweiten Ausgabe, 4, in: *Kritische Studienausgabe*, Bd. 3, a.a.O., S. 351.

die Gesellschaft des Spektakels. Aber diese Kritik ist offensichtlich selbst schon, wie die forcierte Aufnahme des Theatrokratie-Begriffs zeigt, die Reformulierung einer These, die so alt ist wie die Frage danach, warum Athen Sparta unterlag und zugrunde ging – nämlich, wie Rousseau wusste, wegen seiner »Theatermanie«.[5] Es geht um eine These, die also genauso alt ist wie die politische Geschichtsschreibung (Thukydides) und die politische Philosophie (Platon), die ja aus dieser Frage nach den Gründen für die Niederlage Athens geboren wurden. »Theatrokratie« heißt seit diesem Beginn des politischen Denkens, so Platon in Schleiermachers Übersetzung, die »schlimme Massenherrschaft [*theatrokratía*] des Publikums« in den Künsten, die die frühere »Herrschaft der Besten« verdrängt hat.[6] Ihr Kennzeichen ist die »Keckheit« des Publikums »im Urteil [...], gerade als ob [es] ein solches abzugeben fähig wäre.« Früher dagegen war es so: Die »musische Kunst« – von ihr ist wie bei Nietzsche auch hier bei Platon die Rede – »war damals bei uns in ihre besonderen Gattungen und Arten geteilt. [...] Alle diese und noch einige andere Arten hatten nun ihre festbestimmte Ordnung, und es war nicht gestattet, die eine Sangesgattung an Stelle einer andern zu gebrauchen. Auch traute man die richtige Einsicht hievon nicht der Menge zu und gab die Macht, nach dieser richtigen Einsicht zu urteilen und den Ungehorsamen zu bestrafen, nicht ihrem Zischen und rohen Geschrei, wie heutzutage, noch auch die Belobigung ihrem Beifallsklatschen anheim, sondern für die Gebildeten galt es als geziemend, ihrerseits schweigend bis zu Ende zuzuhören, die Knaben nebst ihren Aufsehern und die große Masse des Volkes aber wurden mittelst des Polizeistabes in Ordnung und Ruhe gehalten; und die ganze Bürgerschaft unterwarf sich in allen diesen Stücken willig solchen Anordnungen und begehrte nicht ihr Urteil durch Lärmen abzugeben.«[7] Wichtiger als wer urteilt – die Masse oder die Wenigen und Besten – ist also, so machen diese Überlegungen Platons klar, *wie* geurteilt wird: Theatrokratie, Ästhetisierung der Künste bedeutet, dass das Urteilen aufgrund von Einsicht und über die Form eines Werks ersetzt wird durch ein Urteil der Sinne, das sich nur auf Einzelnes und Oberflächliches, auf Reize richten kann; das Urteilen in Befolgung von »Gesetzen« wird ersetzt durch ein Urteil des Gefallens. In den Worten zweier anderer Platoniker: Theatrokratie in den Künsten ist (so König Claudius in *Hamlet*) die Herrschaft einer »distracted multitude

---

5. Jean-Jacques Rousseau: »Brief an Herrn d'Alembert. Über seinen Artikel ›Genf‹ im VII. Band der Enzyklopädie und insbesondere über den Plan, ein Schauspielhaus in dieser Stadt zu errichten«, in: *Schriften*, Bd. 1, hrsg. v. Henning Ritter, München, Wien 1987, S. 333–474, hier S. 458. – Zum politischen Gehalt der Theatrokratiediagnose vgl. Christoph Menke: »Die Depotenzierung des Souveräns im Gesang. Claudio Monteverdis *Die Krönung der Poppea* und die Demokratie«, in: Eva Horn, Bettine Menke und Christoph Menke (Hg.): *Literatur als Philosophie – Philosophie als Literatur*, München 2005, S. 281–296; Juliane Rebentisch: »Demokratie und Theater«, in: Felix Ensslin (Hg.): *Spieltrieb. Was bringt die Klassik auf die Bühne? Schillers Ästhetik heute*, Berlin 2006, S. 71–81.
6. Platon: *Nomoi*, 701a, in: *Sämtliche Werke*, Bd. IX, hrsg. v. Karlheinz Hülser, übers. v. Friedrich Schleiermacher, Frankfurt/M., Leipzig 1991.
7. Ebd., 700a–d.

/ Who like not in their judgment but their eyes«,⁸ das heißt die Ersetzung der »Stellungnahme verantwortlicher Kollektiva« durch »Reflexe und Sensationen«.⁹ Das bildet den Kern des kritischen Modells der Theatrokratie: Theatrokratie ist die Herrschaft der Sinne, die nicht weniger als eine Auflösung der Gesetzlichkeit der Künste bedeutet, – der Gesetzlichkeit ebenso der Hervorbringung wie der Beurteilung der Künste. Theatrokratie, die Ästhetisierung der Künste, ist Erosion oder Subversion ihrer Normativität.

Schon die Athener, die Platon in den *Nomoi* die Auflösung der normativen Ordnung der Künste durch ihre Unterwerfung unter den Sinnengeschmack der Massen beklagen lässt, sahen darin nur den Anfang eines rasch um sich greifenden Verfalls, der von den Künsten aus die Gesetzlichkeit des Gemeinwesens im Ganzen erfasst: »so [...] hat bei uns die allgemeine Einbildung, ein jeder verstehe sich auf alles, und die allgemeine Verachtung der Gesetze von der musischen Kunst her ihren Ursprung genommen, und an sie schloß sich erst die allgemeine und zügellose Freiheit. Denn im Vertrauen auf jene seine vermeintliche Einsicht verlor das Volk alle Furcht, und diese Furchtlosigkeit erzeugte Unverschämtheit; denn aus dreister Zuversicht vor dem Urteil der Besseren keine Scheu und Ehrfurcht zu haben, das ist bereits die schmähliche Unverschämtheit, welche die gewöhnliche Folge einer sich allzu viel herausnehmenden Freiheit ist.«¹⁰ Von den Künsten aus greift die Ästhetisierung auf die Kultur im Ganzen über. Die Ästhetisierung im Feld der Künste ist nur der Vorbote einer allgemeinen Auflösung der Fähigkeit zur vernünftigen Einsicht in Orientierung an den jeweiligen Gesetzen, Normen und Maßstäben, die die verschiedenen Felder der menschlichen Praxis regulieren. Was hier zuerst eingeübt wurde – die Freiheit, die Dinge nach ihrem sinnlichen Eindruck und Reiz, nach ihrer Oberfläche, nicht durch Vernunft in ihrem Gehalt und Wesen zu beurteilen – wird ubiquitär. Jetzt werden auch in den Feldern von Politik und Erkenntnis die Teilnehmer zum Publikum, zu bloßen Zuschauern, die sich »der Hörlust preisgeben«¹¹ und an die schönen Reden und Bilder halten, statt Teilnehmer am diskursiven Austausch von Argumenten für und wider die Gültigkeit einer politischen Maßnahme, einer künstlerischen Hervorbringung, einer theoretischen Erkenntnis zu sein. Dem entspricht, dass auch

---

8. William Shakespeare: *Hamlet*, in: *The Arden Shakespeare*, hrsg. v. Harold Jenkins, Walton-on-Thames 1997, IV. iii, S. 4f.
9. Walter Benjamin: »Was ist das epische Theater? <1>. Eine Studie zu Brecht«, in: Benjamin: *Gesammelte Schriften*, Bd. II/2, Frankfurt/M. 1977, S. 519–531, hier S. 528. Dass damit die komplexe Textstrategie, in der Benjamin das Motiv der Theatrokratie aufruft, um es gegen (ein bestimmtes Selbstverständnis von) Brecht zu wenden, selbstverständlich nicht erschöpfend charakterisiert ist, macht die detaillierte Lektüre von Nikolaus Müller-Schöll überzeugend deutlich. Vgl. ders.: *Das Theater des »konstruktiven Defaitismus«. Lektüren zur Theorie eines Theaters der A-Identität bei Walter Benjamin, Bertolt Brecht und Heiner Müller*, Frankfurt/M., Basel 2002, S. 19–44.
10. Platon: *Nomoi*, 701a–b.
11. Thukydides: *Die Geschichte des Peloponnesischen Krieges*, übers. v. Georg Peter Landmann, Reinbek bei Hamburg 1962, 3.38, S. 123.

in der Religion die Einstellungen von Glauben und Gehorsam durch die Selbstfeier der Zuschauer eines überwältigenden Spektakels ersetzt werden.[12]

II.

Der klassische Diskurs der Theatrokratie entwirft ein Konzept der Ästhetisierung, das in seiner Verknüpfung zweier zentraler Züge für die moderne Diskussion seit dem 18. Jahrhundert bestimmend geworden ist. Der eine Zug besteht, wie gesehen, in der kritischen Diagnose, dass alle kulturellen und sozialen Praktiken durch eine Erosion oder Subversion ihrer Normativität bedroht sind. Diese Erosion oder Subversion kulturell-sozialer Normativität tritt dadurch ein, dass das Vermögen der Vernunft als Vermögen der Einsicht in Gesetze – die Gesetze des Darstellens, Erkennens und Handelns – durch Einstellungen ersetzt wird, die die Tradition als solche der »Sinnlichkeit« beschreibt: Einstellungen bloß sinnlichen Urteilens durch Auge und Ohr – ohne Kenntnis der Sache; Einstellungen bloß unmittelbaren Reagierens auf Reize – durch Erregung; Haltungen also der negativen, grundlosen, »anarchischen« Freiheit von aller gesetzlichen Orientierung.

Der zweite zentrale Zug des klassischen Theatrokratiemodells, der für den modernen Ästhetisierungsdiskurs bestimmend geworden ist, betrifft die Rolle, die die Künste im Prozess der Erosion kultureller Normativität spielen: Von ihnen, den Künsten, so sehen es Platons Athener, geht die Bewegung der Ästhetisierung der Kultur aus. Das enthält zum einen eine wesentliche Einsicht in den ästhetischen Charakter der Künste – eine Einsicht in das, was erst die Ästhetik des 18. Jahrhunderts das »Ästhetische« nennen wird. Diese Einsicht besagt, dass das Ästhetische immer schon als Ästhetisierung verstanden werden muss. Das Ästhetische ist keine stabile, begrenzte Eigenschaft, schon gar kein stabiler, begrenzter Bereich, sondern ein Prozess und daher eine Tendenz, ein Trieb, eine Kraft, die sich gegen die Grenzziehungen richtet, auf denen die normativen Ordnungen, in den Künsten wie außerhalb von ihnen, beruhen. Das Ästhetische gibt es nur als oder im Prozess der Auflösung dessen, was ihm begrenzend gegenüber tritt.[13] Dieser Prozess der Ästhetisierung wird, so die Theatrokratiediagnose, im Feld der Künste zuerst, und dann gleich bis zum Ende, durchgeführt; von hier aus greift die Ästhetisierung auf die kulturellen Praktiken des Erkennens, Entscheidens und Glaubens über. Die Künste sind in diesem Bild also nicht nur das Feld, auf dem die Ästhetisierung beginnt und zuerst erfolgreich ist. Die Künste sind nicht nur das erste Opfer der Ästhetisierung (weil ihre Gesetze zuerst von den Kräften ästhetischer Freiheit zerrieben werden), die Künste sind auch die Quelle, die Instanz, ja die *Agenten* der Ästhetisierung. Von den Künsten geht die Ästhe-

---

12. Damit sind die kulturellen Felder genannt, für die die Theatrokratie- oder Ästhetisierungsdiagnose traditionell formuliert wurde: die Felder (1) des moralischen und politischen Handelns, (2) des künstlerischen Hervorbringens und Urteilens, (3) des theoretischen Erkennens und Argumentierens und (4) des religiösen Glaubens und Gehorsams.

13. Zu einer ausführlicheren Erläuterung vgl. Christoph Menke: *Kraft. Ein Grundbegriff ästhetischer Anthropologie*, Frankfurt/M. 2008, Kap. IV.

tisierung aus und von ihnen wird sie bis zur vollständigen Erosion aller Normativität vorangetrieben. Zu verstehen, weshalb das so ist, weshalb die Künste nicht nur Opfer, sondern Agenten der Ästhetisierung sind, heißt zugleich, ein komplexeres Verständnis des Problems der Ästhetisierung zu gewinnen.

In der eingangs zitierten Nachlassnotiz zu Wagner hat Nietzsche die Theatrokratie, also die Ästhetisierung der Künste durch ihre strategische Ausrichtung auf die Aufregung der »*sehr* rohen Masse«, doppelt beschrieben: Zum einen heißt es von der Ästhetisierung der Künste, dass sie »zu beherrschen [...] sich bis jetzt noch als unmöglich erwiesen« habe; die Ästhetisierung der Künste ist das Unbeherrschbare, weil in ihr eben alle gesetzliche Orientierung zuschanden wird. Zugleich aber sagt Nietzsche von der Ästhetisierung, die Ausrichtung auf die sinnliche Erregung der rohen Masse sei die »einzige vorhandene Basis« für eine »Erneuerung der Kunst«. Im Feld der Künste ist die Ästhetisierung bedrohlich – eine Zerstörung ihrer Gesetze, ihrer Ordnung und Formen – *und* die Quelle ihrer Erneuerung, damit ihres Fortbestehens. Ohne Ästhetisierung, die in ihrer Ordnungsfeindschaft die Künste aufzulösen droht, können keine neuen, damit überhaupt keine künstlerischen Formen und Gestalten hervorgebracht werden. Im Feld der Künste wirkt die Ästhetisierung zerstörerisch-auflösend und erneuernd-hervorbringend zugleich. Deshalb muss jeder Versuch, die kulturellen Praktiken des Erkennens, Entscheidens und Glaubens vor der Theatrokratie und damit vor ihrer Zerstörung durch die Ästhetisierung zu bewahren, indem die Ästhetisierung an ihrem Ursprungsort, im Feld der Künste, unterbunden wird, eine Zerstörung der Künste bedeuten. Die Künste können nicht gegen ihre Ästhetisierung geschützt werden, ohne eben damit von der Quelle ihrer Kraft abgeschnitten zu werden.

Von hier aus stellt sich die Frage, ob mit der Einsicht in die Zweideutigkeit der Ästhetisierung im Feld der Künste nicht auch der erste Zug der Theatrokratiediagnose der Revision bedarf. Die Theatrokratiediagnose besagt, dass die Ästhetisierung von Politik, Wissen und Religion eine Erosion ihrer Normativität bewirkt und daher, weil es ihre Normativität ist, die Politik, Wissen und Religion ausmacht, eine Zerstörung dieser Praktiken selbst herbeiführt. Es gibt Politik nur, wo Einsicht in das gemeinsame Gute gesucht, Wissen nur, wo Begründungen für Überzeugungen gegeben, Religion nur, wo geglaubt und gehorcht wird. Prozesse der Ästhetisierung zersetzen die Orientierung an Einsicht, Begründung, Glauben und damit zuletzt die Praktiken von Politik, Wissen und Religion selbst – so die Ästhetisierungsdiagnose. Ästhetisierung zu diagnostizieren heißt daher schon, sie zu kritisieren. Nicht aber in Nietzsches Notiz zu Wagner: Für die Künste soll gelten, dass ihre Ästhetisierung eine unbeherrschbare Bedrohung *und* die »einzige vorhandene Basis« ihrer Erneuerung ist. Sollte das nicht auch für Politik, Wissen und Religion gelten? Ist also die Ästhetisierung von Politik, Wissen und Religion gerade als Erosion ihrer Normativität nicht bloß ihre Zerstörung, sondern die Quelle, noch einmal: die »einzige vorhandene Basis« ihrer Erneuerung? Bedürfen also Politik, Wissen und Religion vielleicht sogar um ihrer selbst willen der Ästhetisierung? Und bedeutet das nicht weiterhin, dass der Begriff und die Diagnose der Ästhetisierung das Konzept der »Kritik«, der Kultur- oder Gesellschaftskritik, deren Urmodell der Theatrokratiediskurs ist, zuletzt sprengen, weil eben zwischen der bedrohlichen und der ermöglichenden, der negativen und der positiven Seite der Ästhetisierung keine Entscheidung, weil keine Scheidung vollzogen werden kann?

Jacques Rancière

Die ästhetische Revolution und ihre Folgen
Erzählungen¹ von Autonomie and Heteronomie

Am Ende des 15. Briefs *Über die ästhetische Erziehung des Menschen* behauptet Schiller ein Paradox und macht ein Versprechen. Er stellt fest, dass der Mensch »nur da ganz Mensch [ist], wo er spielt«, und er verspricht, dass dieses Paradox »das ganze Gebäude der ästhetischen Kunst und der noch schwürigern Lebenskunst tragen« wird.² Man könnte diesen Gedanken folgendermaßen reformulieren: Es gibt eine spezifische sinnliche Erfahrung – die ästhetische Erfahrung –, die das Versprechen einer neuen Welt der Kunst und eines neuen Lebens der Einzelnen und der Gemeinschaft in sich birgt. Es gibt verschiedene Wege, jene Behauptung und dieses Versprechen zu verstehen. Man könnte sagen, dass sie die ›ästhetische Illusion‹ gewissermaßen als eine Einrichtung bestimmen, welche die Tatsache verschleiert, dass das ästhetische Urteil durch die Herrschaft einer Klasse strukturiert ist. Meiner Ansicht nach ist das jedoch nicht die produktivste Herangehensweise. Man könnte umgekehrt sagen, dass die Behauptung und das Versprechen nur allzu wahr gewesen sind und dass wir die Realität dieser »Lebenskunst« und dieses »Spiels« sowohl in den totalitären Versuchen, die Gemeinschaft in ein Kunstwerk zu verwandeln, als auch im alltäglichen ästhetisierten Leben der liberalen Gesellschaften und ihrer kommerziellen Unterhaltungskultur erfahren haben. Obwohl diese Haltung karikaturistisch erscheinen mag, – ich denke, sie ist einschlägiger als jene. Denn der Punkt besteht darin, dass weder die Behauptung, noch das Versprechen folgenlos waren. Auf dem Spiel steht hier nicht der ›Einfluss‹ eines Denkers, sondern die Wirksamkeit eines *plot*, der die Aufteilung der Formen unserer Erfahrung umgestaltet.

Dieser *plot* hat seine Ausprägung sowohl in theoretischen Diskursen und praktischen Haltungen, als auch in Formen individueller Wahrnehmung, in sozialen Institutionen (Museen, Bibliotheken, Erziehungsprogrammen) und kommerziellen Erfindungen erhalten. Mein Ziel besteht darin, das Prinzip seiner Wirksam-

---

Dieser Text ist die Übersetzung von Jacques Rancière: »The Aesthetic Revolution and its Outcomes. Emplotments of Autonomy and Heteronomy«, in: *New Left Review* 14 (März/April 2002), S. 133–151. Der Abdruck erfolgt mit freundlicher Genehmigung der Zeitschrift, © 2002 London, New Left Review.

1. *Emplotment* wurde hier mit »Erzählung« übersetzt. Der Begriff des »emplotment« stammt von Hayden White, der ihn in seinem Buch *Metahistory. Die historische Einbildungskraft im 19. Jahrhundert in Europa* (Frankfurt/M. 1991) einführt und damit die »Modellierung« historischer Berichte beziehungsweise Formen narrativer Strukturierung bezeichnet. *Emplotment* ist laut White ein Begriff der Historiographie, der die Verbindung historischer Ereignisse in einer Narration durch einen *plot* meint. Vgl. auch Hayden White: »The Historical Text As Literary Artifact« (1978), in: Geoffrey Roberts (Hg.): *The History and Narrative Reader*, New York, London 2001, S. 223. (A.d.Ü.)
2. Friedrich Schiller: *Über die ästhetische Erziehung des Menschen*, Stuttgart 2000, S. 62f.

keit und seiner mannigfaltigen und antithetischen Veränderungen zu verstehen. Wie kann der Begriff der ›Ästhetik‹ als eine spezifische Erfahrung zugleich zur Idee einer reinen Welt der Kunst und der Selbstauflösung der Kunst im Leben, zur Tradition des Avantgarde-Radikalismus und zur Ästhetisierung der alltäglichen Existenz führen? In gewisser Hinsicht liegt das Problem in einer sehr kleinen Konjunktion. Schiller sagt, dass die ästhetische Erfahrung das ganze Gebäude der ästhetischen Kunst *und* der Lebenskunst tragen wird. Die ganze Frage der ›Politik der Ästhetik‹ – in anderen Worten, des ästhetischen Regimes der Künste – liegt in dieser kurzen Konjunktion. Die ästhetische Erfahrung ist so wirkungsvoll wie die Erfahrung dieses *und*. Sie begründet die Autonomie der Kunst, insofern sie die Kunst an die Hoffung auf ein ›neues Leben‹ bindet. Die Angelegenheit wäre eindeutig, wenn wir einfach – naiv – sagen könnten, dass die Schönheit der Kunst von jeder Form der Politisierung abgezogen werden muss, oder wenn wir – wissend – sagen könnten, dass die vorgebliche Autonomie der Kunst ihre Abhängigkeit von Herrschaft verdeckt. Doch so einfach ist es leider nicht: Schiller sagt, dass der *Spieltrieb* (im Original Deutsch) beides – das Gebäude der ästhetischen Kunst und das der Lebenskunst – tragen wird.

Militante Arbeiter der 1840er Jahre durchbrechen den Kreislauf der Unterdrückung nicht, indem sie populäre oder militante, sondern indem sie ›hohe‹ Literatur lesen und schreiben. Die bürgerlichen Kritiker der 1860er Jahre verurteilen Flauberts Haltung des ›l'art pour l'art‹ als Verkörperung der Demokratie. Mallarmé möchte die ›Wesenssprache‹ der Dichtung von der alltäglichen Rede trennen und behauptet zugleich, dass die Dichtung der Gemeinschaft dasjenige Siegel aufdrückt, das ihr fehlt. Rodtschenko fotografiert die sowjetischen Arbeiter und Turner aus einer erhöhten Perspektive, die ihre Körper und Bewegungen verzerrt, um so eine Oberfläche der egalitären Äquivalenz von Kunst und Leben zu schaffen. Adorno schreibt, die Kunst müsse vollkommen selbstbezogen sein, um so die Spuren des Unbewussten besser sichtbar zu machen und die Lüge der autonomisierten Kunst zu entlarven. Lyotard sieht die Aufgabe der Avantgarde darin, die Kunst von den Ansprüchen der Kultur zu befreien, damit sie umso eindeutiger von der Heteronomie des Denkens zeugen kann. Man könnte diese Liste unendlich verlängern. All diese Positionen enthüllen dieselbe grundlegende narrative Modellierung [*emplotment*] eines *und*, denselben Knoten, der Autonomie und Heteronomie verbindet.

Um die ›Politik‹ zu verstehen, die dem ästhetischen Regime der Künste eignet, muss man verstehen, wie Autonomie und Heteronomie ursprünglich in Schillers Formulierung verbunden sind.[3] Dies lässt sich in drei Punkten zusammenfassen.

---

3. Ich unterscheide zwischen drei Regimes der Kunst. Im ethischen Regime haben die Kunstwerke keine Autonomie. Sie sind Bilder, die auf ihre Wahrheit und ihre Wirkung auf das Ethos der Individuen und der Gemeinschaft hinterfragt werden. Platons *Politeia* bietet ein perfektes Modell für diese Regime. Im repräsentativen Regime gehören die Kunstwerke der Sphäre der Imitation an und unterstehen derart nicht mehr den Gesetzen der Wahrheit und den allgemeinen Regeln des Nutzens. Sie sind weniger Kopien der Realität als vielmehr Arten, einer Materie eine Form aufzuerlegen. Als solche sind sie einer Anzahl intrinsischer Normen unterworfen: einer Hierarchie der Genres, einer Entsprechung von Ausdruck und

Erstens ist die Autonomie, die das ästhetische Regime der Künste inszeniert, nicht diejenige des Kunstwerks, sondern die Autonomie eines Erfahrungsmodus. Die ›ästhetische Erfahrung‹ ist zweitens eine Erfahrung der Heterogenität, insofern sie für das Subjekt der Erfahrung zugleich den Verlust einer bestimmten Autonomie bedeutet. Und drittens ist der Gegenstand dieser Erfahrung ›ästhetisch‹, insofern er keine – oder zumindest nicht ausschließlich – Kunst ist. Das ist die dreifache Beziehung, die Schiller in dieser ›Urszene‹ der Ästhetik begründet.

I. Das Sensorium der Göttin

Am Ende des 15. Briefs stellt Schiller sich selbst und seine Leser vor ein Beispiel der ›freien Erscheinung‹ – eine griechische Statue, die als Juno Ludovisi bekannt ist. Die Statue ist ›selbstgenügsam‹ und ›ruht in sich selbst‹, wie es einer Göttin – in ihrem »Müßiggang«, ihrer Freiheit von jeglicher Sorge oder Pflicht, von jeglicher Absicht oder jeglicher Willensäußerung – geziemt.[4] Denn die Göttin hat alle Spuren des Willens oder der Neigung ausgelöscht. Offensichtlich sind die Eigenschaften der Göttin auch diejenigen der Statue. Die Statue stellt also paradoxerweise etwas vor, was nie hergestellt wurde, was nie Gegenstand des Willens war. In anderen Worten, die Statue verkörpert die Eigenschaften desjenigen, was kein Kunstwerk ist. (Am Rande ist zu bemerken, dass Formulierungen der Art ›dies ist ein Kunstwerk‹ oder ›dies ist kein Kunstwerk‹, ›dies ist eine Pfeife‹ oder ›dies ist keine Pfeife‹ auf diese Urszene bezogen werden müssen, wenn sie mehr als nur abgedroschene Witze sein sollen.)

Der Zuschauer, der angesichts der ›freien Erscheinung‹ das freie Spiel des Ästhetischen erfährt, genießt dementsprechend eine ganz bestimmte Autonomie. Dabei handelt es sich nicht um die Autonomie der Vernunft, die die Anarchie der Sinneseindrücke ordnet. Vielmehr ist es die Suspension dieser Art von Autonomie. Es ist eine Autonomie, die grundsätzlich mit einem Machtentzug verbunden ist. Die ›freie Erscheinung‹ steht uns gegenüber, unnahbar, unverfügbar für unser Wissen, unsere Neigungen und unsere Wünsche. Dem Subjekt wird von dieser Statue eine neue Welt versprochen, die er doch in keiner Weise besitzen kann. Die Göttin und der Zuschauer, das freie Spiel und die freie Erscheinung, sind gemeinsam in einem spezifischen Sensorium gefangen, in dem die Gegensätze zwischen Aktivität und Passivität, Willen und Widerstand aufgehoben sind. Die ›Autonomie der Kunst‹ und das ›Versprechen der Politik‹ werden einander nicht entgegengestellt. Denn die Autonomie ist diejenige der Erfahrung, nicht die des

---

Sujet, einer Übereinstimmung zwischen den Künsten etc. Das ästhetische Regime bricht mit dieser Normativität und der Beziehung zwischen Form und Materie, auf der sie beruht. Kunstwerke werden nun darüber bestimmt, ob sie einem spezifischen Sensorium angehören, das eine Ausnahme zum normalen Regime des Sinnlichen darstellt, das uns eine unmittelbare Übereinstimmung von Denken und sinnlicher Materialität darbietet. Für weitere Ausführungen vgl. Jacques Rancière: *Die Aufteilung des Sinnlichen*, Berlin 2006.
4. Schiller: *Über die ästhetische Erziehung des Menschen*, a.a.O., S. 63.

Kunstwerks. Oder, um es anders zu formulieren, das Kunstwerk partizipiert am Sensorium der Autonomie, insofern es kein Kunstwerk ist.

Dieses ›kein Kunstwerk sein‹ bekommt nun unmittelbar einen neuen Sinn. Die freie Erscheinung der Statue ist die Erscheinung desjenigen, was nicht als Kunst geschaffen wurde. Das heißt, dass es die Erscheinung einer Lebensform ist, in der die Kunst keine Kunst ist. Die ›Selbstgenügsamkeit‹ der griechischen Statue erweist sich als ›Unabhängigkeit‹ eines kollektiven Lebens, das sich nicht in getrennte Handlungssphären aufspaltet – als Selbstgenügsamkeit einer Gemeinschaft, in der Kunst und Leben, Kunst und Politik, Leben und Politik nicht voneinander getrennt sind. Das griechische Volk, dessen Autonomie in der Selbstgenügsamkeit der Statue ihren Ausdruck findet, war angeblich so beschaffen. Ob diese Einschätzung des alten Griechenland zutrifft, steht hier nicht zur Diskussion. Vielmehr steht hier eine Verschiebung im Begriff der Autonomie auf dem Spiel, die mit dem Heteronomiebegriff zusammenhängt. Zunächst war die Autonomie mit der ›Unverfügbarkeit‹ des Gegenstands ästhetischer Erfahrung verbunden. Dann erweist sie sich als Autonomie eines Lebens, in dem die Kunst keine getrennte Existenz hat und ihre Produkte tatsächlich Selbstdarstellungen des Lebens sind. Als Begegnung mit einer Heterogenität existiert die ›freie Erscheinung‹ nicht mehr. Sie hört auf, eine Aufhebung der Gegensätze von Materie und Form, Aktivität und Passivität zu sein, und wird zum Produkt eines menschlichen Geistes, der die Oberfläche der sinnlichen Erscheinungen in ein neues Sensorium zu verwandeln sucht, das der Spiegel seiner eigenen Aktivität ist. Schillers letzte Briefe entwickeln diesen *plot*: Hier lernt der primitive Mensch schrittweise, einen ästhetischen Blick auf seine Arme oder Werkzeuge oder auf seinen eigenen Körper zu richten und den Genuss der Erscheinung von der Funktionalität der Gegenstände zu trennen. Das ästhetische Spiel wird zur Ästhetisierung. Der *plot* des ›freien Spiels‹, der die Macht der aktiven Form über die passive Materie aufhebt und einen gänzlich unbekannten Zustand der Gleichheit verspricht, wird zu einem anderen *plot*, in dem die Form die Materie bezwingt und die Selbsterziehung der Menschheit ihre Emanzipation von der Materialität ist, insofern sie die Welt zu ihrem eigenen Sensorium macht.

So enthüllt die Urszene der Ästhetik einen Widerspruch, der nicht dem Gegensatz von Kunst und Politik, von hoher Kunst und Populärkultur oder von Kunst und Ästhetisierung des Lebens entspricht. All diese Gegensätze sind besondere Merkmale und Interpretationen eines grundsätzlicheren Widerspruchs. Im ästhetischen Regime der Künste ist die Kunst insofern Kunst, als sie etwas anderes als Kunst ist. Sie ist immer ›ästhetisiert‹, das heißt immer als eine ›Lebensform‹ gesetzt. Die Grundformel des ästhetischen Regimes der Künste besagt, dass Kunst eine autonome Lebensform ist. Diese Formel kann jedoch auf zweierlei Weisen gelesen werden: Entweder ist die Autonomie über das Leben gestellt oder das Leben über die Autonomie, – und diese Interpretationslinien können gegensätzlich sein oder sich kreuzen.

Diese Gegensätze und Kreuzungen können als Zusammenspiel von drei großen Szenarien nachgezeichnet werden: Kunst kann zum Leben werden; Leben kann zur Kunst werden; Kunst und Leben können ihre Eigenschaften austauschen.

Diese drei Szenarien geben drei Konfigurationen des Ästhetischen statt, die in drei Versionen von Zeitlichkeit eingelassen [*emplotted*] sind. Gemäß der Logik des *und* ist jedes Szenario auch eine Variante der Politik der Ästhetik oder, besser gesagt, der ›Metapolitik‹ der Ästhetik, das heißt der Weise, wie die Ästhetik ihre eigene Politik macht, nämlich indem sie entweder der Politik eine Neuanordnung ihres Raums anträgt, die Kunst als eine politische Angelegenheit gestaltet, oder aber sich selbst als wahre Politik behauptet.

II. Die neue kollektive Welt schaffen

Das erste Szenario ist dasjenige der ›Kunst, die zum Leben wird‹. In diesem Schema wird Kunst nicht einfach als ein Ausdruck des Lebens verstanden, sondern als eine Form seiner Selbsterziehung. Dies bedeutet, dass das ästhetische Regime der Künste, jenseits seiner Zerstörung des repräsentativen Regimes, mit dem ethischen Regime der Bilder eine doppelte Beziehung eingeht. Es verwirft dessen Aufteilungen von Zeiten und Räumen, Orten und Funktionen, aber es ratifiziert sein grundlegendes Prinzip: Fragen der Kunst sind Fragen der Erziehung. Kunst als Selbsterziehung ist die Gestaltung eines neuen Sensoriums – eines Sensoriums, das zugleich ein neues Ethos bedeutet. Im Extremfall läuft diese ›ästhetische Selbsterziehung der Menschheit‹ auf die Ausbildung eines neuen kollektiven Ethos hinaus. Die Politik der Ästhetik zeigt sich als der richtige Weg, um dasjenige zu erreichen, was die Ästhetik der Politik mit ihrer polemischen Gestaltung der kollektiven Welt umsonst versucht hatte. Die Ästhetik verspricht eine nicht polemische, konsensuelle Bildung der gemeinsamen Welt. Die Alternative zur Politik ist damit die Ästhetisierung, die hier als die Konstitution eines neuen kollektiven Ethos verstanden wird. Dieses Szenario wurde zum ersten Mal in jener kurzen Skizze entworfen, die mit Hegel, Hölderlin und Schelling assoziiert wird und unter dem Namen »Das älteste Systemprogramm des deutschen Idealismus« bekannt ist. Es löst die Politik in den blanken Gegensatz zwischen den toten Staatsmechanismen und der lebendigen Kraft der Gemeinschaft auf, die von der Macht des lebendigen Denkens ausgebildet wird. Die Berufung der Poesie – die Aufgabe der ›ästhetischen Erziehung‹ – besteht darin, die Ideen sinnlich werden zu lassen, indem sie diese zu lebendigen Bildern macht, um auf diese Weise eine Entsprechung der antiken Mythologie als Gewebe einer kollektiven Erfahrung zu schaffen, die von der Elite und dem gemeinen Volk geteilt wird. Oder in den Worten des Systemprogramms: »die Mythologie muß philosophisch werden und das Volk vernünftig, und die Philosophie muß mythologisch werden, um die Philosophen sinnlich zu machen.«[5]

Dieser Entwurf ist mehr als nur ein vergessener Traum der 1790er Jahre. Vielmehr hat er den Grundstock gelegt für eine neue Idee der Revolution. Auch wenn Marx ihn nie gelesen hat, kann man doch denselben *plot* in seinen bekannten

---

5. »Das älteste Systemprogramm des deutschen Idealismus« (o.V.), in: Georg Wilhelm Friedrich Hegel: *Werke*, Bd. 1, Frankfurt/M. 1979, S. 236.

Texten der 1840er Jahre wiederfinden: Die kommende Revolution ist zugleich die Vollendung und die Abschaffung der Philosophie; sie wird nicht länger nur ›formal‹ oder ›politisch‹ sein, sondern eine ›menschliche‹ Revolution. Diese ist ein Nachkomme des ästhetischen Paradigmas, was auch die Verbindung zwischen der Marxistischen Avantgarde und der künstlerischen Avantgarde der 1920er Jahre erklärt, denn beide Seiten hingen demselben Programm an: der Konstruktion von neuen Lebensformen, in denen die Selbstauflösung der Politik der Selbstauflösung der Kunst entsprechen würde. In diesem Extremfall dreht sich die ursprüngliche Logik eines ›ästhetischen Zustands‹ um. Die freie Erscheinung war eine solche, die auf keine dahinter oder daneben liegende Wahrheit verwiesen hat. Aber sobald sie zum Ausdruck eines bestimmten Lebens wird, bezeichnet sie erneut eine Wahrheit, von der sie zeugen soll. Im nächsten Schritt wird diese verkörperte Wahrheit dann der Lüge der Erscheinung entgegengesetzt. Wenn die ästhetische Revolution die Gestalt einer ›menschlichen‹ Revolution annimmt und die ›formale‹ Revolution außer Kraft setzt, schlägt die ursprüngliche Logik um. Die Autonomie und die Unverfügbarkeit der müßigen Göttin haben einmal das Versprechen eines neuen Zeitalters der Gleichheit getragen. Nun wird die Erfüllung dieses Versprechens mit der Handlung eines Subjekts identifiziert, das all jene Erscheinungen beseitigt, die nur der Traum von etwas waren, das es nun in Wirklichkeit besitzen muss.

Doch wir sollten das Szenario der Kunst, die zum Leben wird, nicht vorschnell mit den Desastern des ›ästhetischen Absoluten‹ gleichsetzen, das in der totalitären Gestalt der Gemeinschaft als Kunstwerk verkörpert ist. Denn dasselbe Szenario kann auch in besonneneren Versuchen, Kunst zu einer Lebensform zu machen, aufgezeigt werden – wie beispielsweise in der Theorie und Praxis der *Arts-and-Crafts*-Bewegung, die den Sinn für ewige Schönheit und den mittelalterlichen Traum der Handwerks- und Kunstgewerbegilden mit der Ausbeutung der Arbeiterklasse und dem Gang des alltäglichen Lebens sowie mit der Frage der Funktionalität verbunden hat. William Morris war einer der ersten, der behauptet hat, ein Sessel sei schön, wenn man auf ihm gemütlich sitzen könnte, und nicht, wenn er die bildlichen Fantasien seines Besitzers befriedigen würde. Oder sehen wir uns Mallarmé an, ein Dichter, der oft als Verkörperung des künstlerischen Purismus angesehen wird. Diejenigen, die seinen Satz von der ›unsinnigen Geste des Schreibens‹ als Formel für die ›Intransitivität‹ des Texts lesen, vergessen allzu oft das Ende dieses Satzes, in dem der Dichter vor die Aufgabe gestellt wird, »alles aus Reminiszenzen wieder zu erschaffen, um zu zeigen, dass wir uns tatsächlich an dem Ort befinden, an dem wir sein sollen«.[6] Die vorgeblich ›reine‹

---

6. Im Original: »Un homme au rêve habitué, vient ici parler d'un autre, qui est mort.
Mesdames, Messieurs
(Le causeur s'assied)
Sait-on ce que c'est qu'écrire ? une ancienne et très vague mais jalouse pratique, dont gît le sens au mystère du cœur. Qui l'accomplit, intégralement, se retranche. Autant, par ouï-dire, que rien existe et soi, spécialement, au reflet de la divinité éparse: c'est, ce jeu insensé d'écrire, s'arroger en vertu d'un doute – la goutte d'encre apparentée à la nuit sublime – quelque devoir de tout recréer, avec des réminiscences, pour avérer que l'on est bien là où l'on doit

Schreibpraxis wird hier mit der Notwendigkeit einer Formschöpfung verbunden, die Teil der allgemeinen Neubildung der menschlichen Welt ist, so dass die Produktion des Dichters im selben Atemzug mit den Zeremonien des kollektiven Lebens – wie beispielsweise dem Feuerwerk des 14. Juli – und den privaten Ornamenten des Haushalts genannt wird.

Es ist kein Zufall, dass Kant in der *Kritik der Urteilskraft* als Beispiel für die ästhetische Auffassungsfähigkeit gemalte Verzierungen anführt, die insofern ›freie Schönheit‹ sind, als sie kein Sujet darstellen, sondern ausschließlich zum Genuss eines Orts der Gemeinsamkeit beitragen.[7] Wir wissen, wie eng die Veränderungen der Kunst und ihre Sichtbarkeit mit den Kontroversen über das Ornament verbunden waren. Die polemischen Programme, die im Stil von Adolf Loos alles Ornament auf Funktionen zu reduzieren suchten, oder aber seine autonome Bedeutungsmacht loben wollten, wie Alois Riegl oder Wilhelm Worringer, beriefen sich alle auf dasselbe grundlegende Prinzip: Kunst ist vor allem eine Frage des Lebens in einer kollektiven Welt. Dementsprechend stützen sich sowohl die abstrakte Malerei als auch das Industriedesign auf dieselbe Diskussion um das Ornament. Der Begriff einer Kunst, die zum Leben wird, unterstützt nicht einfach nur demiurgische Projekte eines ›neuen Lebens‹. Vielmehr webt er eine gemeinsame Zeitlichkeit der Kunst, die in einer einfachen Formel zusammengefasst werden kann: Ein neues Leben braucht eine neue Kunst. ›Reine‹ und ›engagierte‹ Kunst, ›freie‹ und ›angewandte‹ Kunst haben gleichermaßen an dieser Zeitlichkeit Teil. Natürlich verstehen und realisieren sie diese auf sehr verschiedene Weise. Als Mallarmé 1897 *Un coup de dés jamais n'abolira le hasard*[8] schrieb, wollte er, dass die Anordnung der Linien und die Größe der Buchstaben auf der Buchseite der Form seiner Idee – den fallenden Würfeln – entsprechen. Einige Jahre später entwarf Peter Behrens die Lampen und Kessel, das Markenzeichen und die Kataloge der Elektrizitätsgesellschaft AEG. Was haben beide gemeinsam?

Die Antwort liegt, denke ich, in einer bestimmten Auffassung von Design. Der Dichter will den dargestellten Gegenstand der Dichtung durch den Entwurf einer allgemeinen Form ersetzen, um das Gedicht wie eine Choreographie oder wie das Entfalten eines Fächers zu gestalten. Er nennt diese allgemeinen Formen ›Typen‹. Der Industriedesigner will Gegenstände herstellen, deren Formen ihrer Funktion angepasst sind, und er will eine Werbung haben, die ohne kommerzielle Beschönigung genaue Informationen über die Gegenstände bietet. Auch er nennt diese Formen ›Typen‹. Er versteht sich selbst als Künstler, wenn er versucht, eine Kultur des alltäglichen Lebens zu schaffen, das heißt, wenn er sich am Fortschritt der industriellen Produktion und des künstlerischen Designs und nicht an kommerziellen Routinen und kleinbürgerlichem Konsum orientiert. Seine Typen

---

être (parce que, permettez-moi d'exprimer cette appréhension, demeure une incertitude). Un à un, chacun de nos orgueils, les susciter, dans leur antériorité et voir.« Stéphane Mallarmé: *Quelques médaillons et portraits en pied* in: *Œuvres Complètes*, Paris 1998, S. 113–152.
7. Vgl. Immanuel Kant: *Kritik der Urteilskraft*, in: *Werke in zwölf Bänden*, Bd. X, hrsg. v. Wilhelm Weischedel, Frankfurt/M. 1968, § 14, B 39–44.
8. Stéphane Mallarmé: *Un coup de dés jamais n'abolira le hasard*. In: *Igitur, Divagations, Un coup de dés*, Paris 2003, S. 417–444.

sind Symbole des kollektiven Lebens. Doch das sind auch diejenigen Mallarmés. Sie sind Teil eines Projekts, das oberhalb der Finanzökonomie eine symbolische Ökonomie errichtet, die eine kollektive ›Gerechtigkeit‹ oder ›Herrlichkeit‹ darstellt, eine Feier der menschlichen Welt anstatt der einsamen Zeremonien von Thron und Religion. Auch wenn der symbolistische Dichter und der funktionalistische Ingenieur zunächst weit voneinander entfernt scheinen, teilen sie dennoch die Idee, dass die Formen der Kunst Modi der kollektiven Erziehung sein sollen. Sowohl die industrielle Produktion als auch die künstlerische Schöpfung sind noch etwas anderem verpflichtet, als was sie sonst tun – sie schaffen nicht nur Gegenstände, sondern ein Sensorium, eine neue Aufteilung des Sinnlichen.

III. Das Leben der Kunst gestalten

Das ist das erste Szenario. Das zweite folgt dem Schema des ›Lebens, das zur Kunst wird‹ oder des ›Lebens der Kunst‹. Dieses Szenario kann nach dem Buch des französischen Kunsthistorikers Elie Faure *Der Geist der Formen*[9] benannt werden: das Leben der Kunst als Entwicklung einer Serie von Formen, in denen das Leben zur Kunst wird. Dabei handelt es sich eigentlich um den *plot* des Museums, das nicht als Gebäude oder Institution begriffen wird, sondern als eine Art und Weise, das ›Leben der Kunst‹ sichtbar und verstehbar zu machen. Wir wissen, dass die Geburt solcher Museen um 1800 erbitterte Debatten ausgelöst hat. Die Gegner der Museen argumentierten, dass die Kunstwerke nicht aus ihrer Umgebung, dem physikalischen und spirituellen Boden, aus dem sie geboren waren, gerissen werden dürften. Von Zeit zu Zeit wird diese Polemik heutzutage wieder aufgewärmt und das Museum als Mausoleum verurteilt, das ausschließlich der Betrachtung toter, vom Leben der Kunst abgetrennter Ikonen gewidmet ist. Andere wiederum behaupten, dass Museen weiße Oberflächen sein müssen, so dass der Betrachter entgegen der anhaltenden Kulturalisierung und Historisierung der Kunst mit dem Kunstwerk selbst konfrontiert wird.

Meiner Meinung nach irren sich Gegner und Befürworter der Museen gleichermaßen. Denn es gibt keinen Gegensatz zwischen Leben und Mausoleum, zwischen leerer Oberfläche und historisiertem Kunstprodukt. Von Anfang an war das Szenario des Kunstmuseums dasjenige des ästhetischen Zustands, in dem die Juno Ludovisi weniger das Werk eines Meisterbildhauers als vielmehr eine ›lebendige Form‹ ist, die zugleich die Unabhängigkeit der ›freien Erscheinung‹ und den vitalen Geist der Gemeinschaft zum Ausdruck bringt. Unsere Kunstmuseen zeigen keine reinen Exemplare freier Kunst. Sie zeigen historisierte Kunst: wie beispielsweise Fra Angelico zwischen Giotto und Masaccio, um so eine Idee der Pracht Florentiner Prinzen und des religiösen Eifers zu vermitteln; oder Rembrandt zwischen Hals und Vermeer, um so das häusliche und städtische Leben in Holland und den Aufstieg der Bourgeoisie zu repräsentieren, und so

---

9. Vgl. Elie Faure: *Histoire de l'art. L'esprit des Formes*, Paris 1992.

fort. Sie stellen einen Zeitraum der Kunst als eine solche Vielheit von Momenten der Verkörperung des Denkens aus.

Diesen *plot* auszubilden war die erste Aufgabe jenes Diskurses, der ›Ästhetik‹ genannt wurde, – und wir wissen, wie Hegel, nach Schelling, sie bewältigt hat. Das Prinzip ist klar: Die Eigenschaften der ästhetischen Erfahrung werden auf das Kunstwerk selbst übertragen, um so ihre Projektion auf ein neues Leben zu unterlaufen und die ästhetische Revolution außer Kraft zu setzen. Der ›Geist der Formen‹ wird zum umgekehrten Bild der ästhetischen Revolution. Diese Umarbeitung beruht auf zwei wesentlichen Bewegungen: Erstens erweisen sich die Äquivalenzen zwischen Aktivität und Passivität sowie zwischen Form und Materie, die die ästhetische Erfahrung charakterisierten, als Zustände des Kunstwerks selbst, das nun als Identität zwischen Bewusstsein und Unbewusstsein, Willen und Nicht-Willen postuliert wird. Zweitens verleiht diese Identität der Gegensätze der Kunst zugleich ihre Geschichtlichkeit. Der ›politische‹ Charakter der ästhetischen Erfahrung wird hier gleichsam umgekehrt und in der Geschichtlichkeit der Statue eingekapselt. Die Statue ist eine lebendige Form. Doch die Bedeutung der Beziehung zwischen Kunst und Leben hat sich verschoben. Nach Hegel ist die Statue nicht deswegen Kunst, weil sie Ausdruck einer kollektiven Freiheit wäre, sondern weil sie die Entfernung darstellt, die zwischen diesem kollektiven Leben und der Art liegt, wie es sich selbst ausdrückt. Die griechische Statue ist laut Hegel das Werk eines Künstlers, der eine Idee präsentiert, der er sich zugleich bewusst und nicht bewusst ist. Er will die Idee der Göttlichkeit in einer steinernen Figur verkörpern, doch kann er nur jene Idee von Göttlichkeit zum Ausdruck bringen, die er selbst fühlt und die der Stein zu artikulieren vermag. Die autonome Form der Statue verkörpert eine Göttlichkeit, wie die Griechen sie sich bestenfalls vorstellten – das heißt ihrer Innerlichkeit beraubt. Es ist unerheblich, ob wir uns diesem Urteil anschließen oder nicht. Wichtig ist, dass in diesem Szenario die Grenze des Künstlers, seiner Idee und seines Volks, zugleich die Bedingung für den Erfolg des Kunstwerks ist. Die Kunst ist lebendig, so lange sie einen Gedanken ausdrückt, der sich selbst unklar ist, und zwar in einer Materie, die ihm widersteht. Sie lebt, insofern sie etwas anderes ist als Kunst, nämlich eine Überzeugung und eine Lebensart.

Dieser *plot* vom Geist der Formen führt zu einer zweideutigen Geschichtlichkeit der Kunst. Auf der einen Seite schafft er ein autonomes Leben der Kunst als Ausdruck einer Geschichte, die für neue Arten von Entwicklung offen ist. Wenn Kandinsky für einen neuen abstrakten Ausdruck eine innere Notwendigkeit einfordert, die die Impulse und Formen der primitiven Kunst wiederbelebt, hält er am Geist der Formen fest und setzt dessen Erbe dem Akademismus entgegen. Auf der anderen Seite beinhaltet der *plot* vom Leben der Kunst ein Todesurteil. Die Statue ist autonom, insofern der Wille, der sie produziert, heteronom ist. Wenn Kunst nicht mehr ist als Kunst, vergeht sie. Wenn der Inhalt des Denkens sich selbst transparent ist und keine Materie ihm widersteht, läuft dieser Erfolg auf das Ende der Kunst hinaus. Und wenn der Künstler tut, was er will, fällt er laut Hegel in den Modus zurück, dem Papier oder der Leinwand bloß sein Markenzeichen aufzudrücken.

Der *plot* vom so genannten ›Ende der Kunst‹ ist jedoch nicht einfach eine persönliche Theoretisierung von Hegel. Vielmehr haftet sie am *plot* vom Leben der Kunst als ›Geist der Formen‹. Dieser Geist ist das ›heterogene Sinnliche‹, die Identität von Kunst und Nicht-Kunst. Der *plot* besagt, dass eine Kunst, die aufhört, Nicht-Kunst zu sein, auch keine Kunst mehr ist. Dichtung ist Dichtung, sagt Hegel, so lange die Prosa mit der Dichtung verwechselt wird. Wenn Prosa nur Prosa ist, gibt es keine heterogene Sinnlichkeit mehr. Die Aussagen und die Ausstattung des kollektiven Lebens sind nichts anderes als die Aussagen und die Ausstattung des kollektiven Lebens. Damit wird die Formel von der Kunst, die zum Leben wird, ungültig: Ein neues Leben braucht keine neue Kunst. Im Gegenteil ist es gerade die Besonderheit des neuen Lebens, dass es keine Kunst benötigt. Die gesamte Geschichte der Kunstformen und der Politik der Ästhetik im ästhetischen Regime der Künste könnte als Zusammenstoß dieser beiden Formeln – ein neues Leben braucht eine neue Kunst; das neue Leben braucht keine Kunst – inszeniert werden.

IV. Metamorphosen des Antiquitätenladens

In dieser Perspektive wird die Umwertung des ›heterogenen Sinnlichen‹ zum grundlegenden Problem. Und dies betrifft nicht nur die Künstler, sondern auch die Idee eines neuen Lebens selbst. So muss die ganze Frage des ›Warenfetischismus‹ von diesem Standpunkt aus neu gedacht werden: Marx muss beweisen, dass die Ware ein Geheimnis birgt und dass sie die Chiffre eines heterogenen Moments im alltäglichen Warenaustausch darstellt. Die Revolution ist möglich, weil die Ware, wie auch die Juno Ludovisi, eine doppelte Natur besitzt: Sie ist ein Kunstwerk, das uns entkommt, wenn wir versuchen, seiner habhaft zu werden. Der Grund hierfür besteht darin, dass der *plot* vom ›Ende der Kunst‹ die Moderne als eine neue Aufteilung des Sinnlichen konfiguriert, in der kein heterogenes Moment vorkommt. In dieser Aufteilung wird die Rationalisierung der verschiedenen Sphären des Handelns zur Antwort auf die alte hierarchische Ordnung und auf die ›ästhetische Revolution‹. Das ganze Motto der Politik des ästhetischen Regimes kann dann folgendermaßen formuliert werden: Lasst uns das ›heterogene Sinnliche‹ retten.

Dafür gibt es zwei Wege, die jeweils eine spezifische Politik mit ihrer je eigenen Verbindung zwischen Autonomie und Heteronomie beinhalten. Der erste Weg beschreibt ein Szenario, in dem ›Kunst und Leben ihre Eigenschaften tauschen‹ und das der romantischen Poetik im weitesten Sinne eignet. Es wird oft angenommen, dass die romantische Poetik eine Sakralisierung der Kunst und des Künstlers impliziert, doch das ist eine einseitige Sichtweise. Das Prinzip der ›Romantik‹ besteht vielmehr in einer Multiplizierung der Zeitlichkeiten der Kunst, die ihre Grenzen durchlässig macht. Die Zeitlichkeitslinien zu vervielfachen bedeutet, die geradlinigen Szenarien von der Kunst, die zum Leben wird, vom Leben, das zur Kunst wird, oder vom ›Ende‹ der Kunst zu komplizieren und letztendlich zu verwerfen – es bedeutet, sie durch Szenarien der Latenz und Re-Aktualisierung zu ersetzen. Darin besteht die Bürde der Schlegelschen Idee der ›progressiven Universalpoesie‹, die keinen geradlinigen Gang des Fortschritts meint. Vielmehr läuft die ›Romantisierung‹ der Werke der Vergangenheit darauf hinaus, sie als metamorphotische Elemente zu begreifen, die schlafen, erwachen und für verschiedene Reaktualisierungen gemäß neuer Zeitlichkeitslinien empfänglich sind. Die Werke der Vergangenheit haben die Möglichkeit, als Formen für neue Inhalte oder als Rohmaterial für neue Anordnungen betrachtet zu werden. Sie können neu gesehen, neu gerahmt, neu gelesen und neu gemacht werden. In diesem Sinne haben die Museen den starren *plot* des ›Geistes der Formen‹ exorziert, der zum ›Ende der Kunst‹ führt, und sie haben dabei geholfen, neue Formen der Sichtbarkeit von Kunst zu etablieren, die zu neuen Praktiken führen. Außerdem wurden künstlerische Brüche möglich, weil das Museum eine Multiplizierung der Zeitlichkeiten der Kunst bot, was beispielsweise Manet erlaubte, ein Maler des modernen Lebens zu werden, indem er Velasquez und Tizian neu gemalt hat.

Diese Multi-Temporalität bedeutet zugleich auch eine Durchlässigkeit der Grenzen der Kunst. Eine Angelegenheit der Kunst zu sein heißt, eine Art metamorphotischen Status zu besitzen. Die Werke der Vergangenheit können in Schlaf verfallen und aufhören, Kunstwerke zu sein, oder sie können aufgeweckt werden und auf verschiedene Weise ein neues Leben beginnen. Sie stellen dadurch ein Kontinuum von Formen der Metamorphose dar. Dieser Logik gemäß können auch alltägliche Gegenstände die Grenze überschreiten und in das Reich der künstlerischen Kombinationen eingehen. Und sie können dies umso leichter tun, als das Künstlerische und das Geschichtliche nun miteinander verbunden sind, so dass jeder Gegenstand aus den Bedingungen seines alltäglichen Gebrauchs herausgelöst und als poetischer Körper betrachtet werden kann, der die Spuren seiner Geschichte trägt. In diesem Sinne kann das Urteil vom ›Ende der Kunst‹ gekippt werden. In Hegels Todesjahr veröffentlichte Honoré de Balzac seinen Roman *Das Chagrinleder*. Am Anfang des Romans betritt der Held Raphael den Lagerraum eines großen Antiquitätenladens, in dem ein Durcheinander von alten Statuen und Bildern, altmodischen Möbeln, Geräten und Haushaltswaren ausgestellt ist. »Dieses Meer von Hausrat, Erfindungen, Moden, Kunstwerken und Bruchstücken«, so Balzac, »bildete für ihn ein endloses Poem.«[10] Das Sammelsurium des Ladens ist zugleich eine Mischung von Dingen und Zeiten, von Kunstwerken und Accessoires. Jedes dieser Dinge ist wie ein Fossil, das auf seinem Körper die Geschichte einer Ära oder einer Zivilisation trägt. In diesem Sinne schreibt Balzac, dass der größte Dichter des neuen Zeitalters kein Dichter im herkömmlichen Sinne ist: nicht Byron, sondern der Naturalist Cuvier, der aus versteinerten Spuren Wälder und aus verstreuten Knochen Völker von Riesen wiederauferstehen lässt.

Im Lagerraum der Romantik wird die Macht der Juno Ludovisi auf jeden beliebigen Gegenstand des alltäglichen Lebens übertragen, der so zu einem poetischen Objekt, zu einem Gewebe aus Hieroglyphen wird, die eine Geschichte chiffrieren. Der alte Antiquitätenladen stellt eine Entsprechung her zwischen dem Museum

---

10. Honoré de Balzac: *Das Chagrinleder*, Frankfurt/M. 1990, S. 24.

für bildende Kunst und dem ethnographischen Museum. Er verwirft das Argument des prosaischen Gebrauchs oder der Kommodifizierung. Wenn das Ende der Kunst bedeutet, dass die Kunst zur Ware wird, dann besteht das Ende der Ware darin, zur Kunst zu werden. In dem Maße, wie sie obsolet erscheint, unverfügbar für den alltäglichen Konsum, wird jede Ware oder jeder vertraute Gegenstand für die Kunst als ein Körper verfügbar, der eine Geschichte chiffriert und Gegenstand eines ›interesselosen Wohlgefallens‹ sein kann. Waren und vertraute Objekte werden derart auf eine neue Weise re-ästhetisiert. Das ›heterogene Sinnliche‹ ist überall. Die Prosa des alltäglichen Lebens wird zu einem gewaltigen, fantastischen Gedicht. Jeder beliebige Gegenstand kann die Grenze überschreiten und das Reich der ästhetischen Erfahrung neu bevölkern.

Wir wissen, was aus jenem Antiquitätenladen hervorging. Vierzig Jahre später wird die Macht der Juno Ludivisi von Emile Zola und Claude Lantier – dem impressionistischen Maler, den Zola in *Der Bauch von Paris* erfindet – auf das Gemüse, die Würste und die Verkäufer der Pariser Hallen übertragen. Danach folgen, unter anderem, die Kollagen von Dada oder des Surrealismus, die Pop Art und unsere zeitgenössischen Ausstellungen von recycelten Waren oder Videoclips. Die herausragendste Metamorphose von Balzacs Fundgrube ist jedoch das Schaufenster des altmodisches Schirmladens in der Pariser *Passage de l'Opéra*, in dem Louis Aragon einen Traum von deutschen Meerjungfrauen wiederfindet. Die Jungfrau aus *Der Pariser Bauer* ist die Juno Ludovisi, die ›unverfügbare‹ Göttin, die durch ihre Unverfügbarkeit eine neue sinnliche Welt verspricht. Walter Benjamin wird sie auf seine Art wiedererkennen: Die Passage der veralteten Waren enthält das Versprechen der Zukunft. Er wird nur hinzufügen, dass die Passage geschlossen, das heißt unverfügbar gemacht werden muss, damit das Versprechen eingelöst werden kann.

Es gibt also eine Dialektik der Durchlässigkeit von Kunst und Leben innerhalb der romantischen Poetik. Diese macht alles für die Rolle des heterogenen, unverfügbaren Sinnlichen verfügbar. Indem sie das Gewöhnliche zum Außergewöhnlichen macht, verwandelt sie gleichzeitig das Außergewöhnliche ins Gewöhnliche. Aus diesem Widerspruch bildet sie ihre eigene Art von Politik – oder Metapolitik. Diese Metapolitik lässt sich als eine Hermeneutik der Zeichen beschreiben: ›Prosaische‹ Dinge gewinnen den Status von Zeichen der Geschichte, die entziffert werden müssen. Derart wird der Dichter nicht nur zu einem Naturalisten oder Archäologen, der Fossilien ausgräbt und ihr poetisches Potenzial entfaltet; er wird auch zu einem Symptomatologen, der sich in der dunklen Kehrseite oder im Unbewussten einer Gesellschaft vergräbt, um jene Botschaften zu entziffern, die in das Fleisch der gewöhnlichen Dinge eingraviert sind. Die neue Poetik bildet eine neue Hermeneutik aus, die es sich zur Aufgabe macht, der Gesellschaft ihre eigenen Geheimnisse bewusst zu machen. Dafür verlässt sie die laute Bühne der politischen Forderungen und Doktrinen und versinkt in die Tiefen des Sozialen, um so die Rätsel und Fantasien aufzudecken, die in den intimen Realitäten des alltäglichen Lebens versteckt sind. In der Folge einer solchen Poetik konnte die Ware als Trugbild dargestellt werden: als ein Ding, das zunächst trivial erscheint, das sich bei näherem Hinsehen jedoch als Gewebe aus Hieroglyphen und als Puzzle aus theologischen Mucken erweist.

V. Unendliche Verdopplung?

Marx' Warenanalyse ist Teil jenes romantischen *plot*, der das ›Ende der Kunst‹ als Homogenisierung der sinnlichen Welt verneint. Man könnte sagen, dass die Marxsche Ware aus Balzacs Laden heraustritt. Die Vorstellung des Warenfetischismus hat deshalb Benjamin in die Lage versetzen können, die Struktur von Baudelaires Bildersprache durch die Topographie der Pariser Passagen und den Charakter des Flaneurs zu erklären. Denn Baudelaire hat weniger in den Passagen herumgelungert, als vielmehr im *plot* vom Antiquitätenladen als neuem Sensorium, dem Ort des Austauschs zwischen dem alltäglichen Leben und dem Reich der Kunst. Das *Explanans* und das *Explanandum* sind Teil desselben poetischen *plot*. Darum passen sie so gut zueinander, – vielleicht sogar zu gut. In einem weiteren Sinne ist dies der Fall für den Diskurs der *Kulturkritik* [i. Orig. dt.] in seinen verschiedenen Formen, – einen Diskurs, der vorgibt, die Wahrheit über die Kunst zu sagen, die Wahrheit über die Illusionen des Ästhetischen und ihrer sozialen Bedingungen, die Wahrheit über die Abhängigkeit der Kunst von alltäglicher Kultur und Kommodifizierung. Doch die Verfahren selbst, mit denen dieser Diskurs zu enthüllen versucht, was Kunst und Ästhetik wirklich sind, wurden zuallererst auf der ästhetischen Bühne entworfen. Sie sind Formen des gleichen Gedichts. Die Kulturkritik kann als epistemologische Seite der romantischen Poetik verstanden werden, als Rationalisierung des Austauschs der Zeichen der Kunst und der Zeichen des Lebens. Sie will den Blick der ernüchterten Vernunft auf die Produktionen der romantischen Poetik werfen. Aber diese Ernüchterung ist selbst Teil der romantischen Neu-Verzauberung, die das Sensorium der Kunst auf das Feld nicht mehr genutzter Dinge, die eine Kultur chiffrieren, *ad infinitum* erweitert, die zugleich das Reich der zu entziffernden Fantasien unendlich ausgedehnt und die Verfahren dieser Entzifferung ausgebildet hat.

Derart widersteht die romantische Poetik der Entropie, die vom ›Ende der Kunst‹ und seiner ›De-Ästhetisierung‹ ausgeht. Doch ihre Verfahren der Re-Ästhetisierung werden von einer anderen Art von Entropie bedroht: ihrem eigenen Erfolg. Die Gefahr besteht in diesem Falle nicht darin, dass alles prosaisch wird. Sie liegt vielmehr darin, dass alles künstlerisch wird – dass der Austausch und das Überschreiten der Grenzen einen Punkt erreichen, an dem die Grenze vollkommen verwischt, an dem nichts, wie prosaisch es auch sei, dem Bereich der Kunst entkommt. Das passiert, wenn die Kunstausstellungen uns bloße Verdopplungen von Konsumgegenständen oder kommerziellen Videos zeigen, die auch als solche etikettiert sind. Hier wird von der Annahme ausgegangen, dass die Artefakte, allein weil sie eine exakte Verdopplung der Waren darstellen, als radikale Kritik der Kommodifizierung funktionieren. Diese Ununterscheidbarkeit erweist sich als die Ununterscheidbarkeit des kritischen Diskurses, der dazu verdammt ist, entweder bei der Etikettierung mitzumachen, oder sie *ad infini-*

tum zu verurteilen, – und zwar durch die Behauptung, das Sensorium der Kunst und das Sensorium des alltäglichen Lebens seien nichts anderes als die unendliche Reproduktion des ›Spektakels‹, in dem Herrschaft zugleich widergespiegelt und verneint wird.

Diese harsche Kritik wird jedoch bald selbst zu einem Teil des Spiels. Ein interessanter Fall dieses doppelten Diskurses ist eine Ausstellung, die zuerst in den USA unter dem Titel *Let's entertain* und dann in Frankreich als *Au-delà du spectacle* gezeigt wurde. Die Pariser Ausstellung hat auf drei verschiedene Ebenen angespielt: erstens auf eine popkulturelle Anti-Hochkultur-Provokation; zweitens auf Guy Debords Kritik der Unterhaltung als Spektakel, das heißt als Triumph des entfremdeten Lebens; und drittens auf die Identifizierung von ›Unterhaltung‹ mit Debords Begriff des ›Spiels‹ als Gegengift zur ›Erscheinung‹. Die Begegnung zwischen dem freien Spiel und der freien Erscheinung wurde hier auf die Konfrontation zwischen einem Billardtisch, einem Kicker, einem Karussell und den neo-klassischen Büsten von Jeff Koons und seiner Frau reduziert.

VI. Entropien der Avantgarde

Solche Folgen machen eine zweite Antwort auf das Dilemma der De-Ästhetisierung der Kunst erforderlich – einen alternativen Weg, die Macht des ›heterogenen Sinnlichen‹ wieder geltend zu machen. Diese Antwort ist das genaue Gegenteil der ersten. Hier wird behauptet, dass die Einbahnstraße der Kunst in der romantischen Verwischung ihrer Grenzen liegt. Es wird für die Notwendigkeit einer Trennung zwischen der Kunst und den Formen der Ästhetisierung des alltäglichen Lebens argumentiert. Diese Forderung mag ausschließlich im Namen der Kunst selbst erhoben werden, doch sie könnte auch auf ihre emanzipatorische Macht zielen. In beiden Fällen handelt es sich um dieselbe grundlegende Forderung: Die *Sensoria* müssen getrennt werden. Das erste Manifest gegen den Kitsch, lange bevor das Wort überhaut existierte, lässt sich in Flauberts *Madame Bovary* finden. Die gesamte Handlung des Romans dreht sich um die Unterscheidung zwischen dem Künstler und seiner Romanfigur, deren größtes Verbrechen in dem Wunsch besteht, die Kunst in ihr Leben zu bringen. Diejenige, die ihr Leben ästhetisieren will und die Kunst zu einer Angelegenheit des Lebens macht, verdient den Tod – literarisch gesprochen. Die Grausamkeit des Schriftstellers wird zur Strenge des Philosophen werden, wenn Adorno dieselbe Anklage gegen das Äquivalent von Madame Bovary erhebt – gegen Strawinsky als demjenigen Musiker, der jede Form von Harmonie oder Disharmonie für verfügbar hält, der klassische Akkorde mit modernen Dissonanzen, Jazz und primitiven Rhythmen mischt und so die bürgerliche Hörerschaft in Aufruhr versetzt. Die Passage aus der *Philosophie der neuen Musik*, in der Adorno ausführt, dass bestimmte Akkorde der Salonmusik des 19. Jahrhunderts heute nicht mehr hörbar sind – es sei denn, so fügt er hinzu, alles ist ›Tricktechnik‹ –, ist in einem außerordentlich pathetischen Tonfall geschrieben.[11] Wenn jene Akkorde weiterhin verfügbar sind, wenn sie immer noch gehört werden können, dann hat sich das politische Versprechen der ästhetischen Szene als Lüge erwiesen und der Weg zur Emanzipation ist verstellt.

Egal ob es sich um eine Suche nach der Kunst selbst oder nach einer Emanzipation durch Kunst handelt: sie findet immer auf derselben Bühne statt. Auf dieser Bühne muss die Kunst sich vom Territorium des ästhetisierten Lebens losreißen und eine neue Grenze ziehen, die nicht passierbar ist. Diese Position kann nicht einfach dem avantgardistischen Beharren auf der Autonomie der Kunst zugeschrieben werden. Denn diese Autonomie ist eigentlich eine doppelte Heteronomie. Wenn Madame Bovary sterben soll, dann muss Flaubert verschwinden. Zunächst muss er das Sensorium der Literatur dem Sensorium jener Dinge ähnlich machen, die nicht fühlen: kleine Steine, Muscheln oder Staubkörner. Um das zu erreichen, muss er seine Prosa von der Prosa des alltäglichen Lebens seiner Charaktere ununterscheidbar machen. In diesem Sinne entspricht auch die Autonomie von Schönbergs Musik, wie sie Adorno auf den Begriff gebracht hat, einer doppelten Heteronomie: Um die kapitalistische Arbeitsteilung und die Ornamente der Kommodifizierung zu verurteilen, muss die Musik Schönbergs diese Arbeitsteilung noch weiter treiben, sie muss noch technischer, noch ›unmenschlicher‹ sein als die Erzeugnisse der kapitalistischen Massenproduktion. Gleichwohl macht diese Unmenschlichkeit die Spur des Unterdrückten sichtbar und unterbricht so die technisch perfekte Anordnung des Werks. Die ›Autonomie‹ des Avantgarde-Kunstwerks wird zur Spannung zweier Heteronomien – zur Spannung zwischen den Fesseln, die Odysseus an den Mast binden, und dem Gesang der Sirenen, gegen den er seinen Gefährten die Ohren verstopft.

Man kann diesen beiden Positionen auch die Namen eines griechischen Götterpaares geben: Apollo und Dionysos. Ihre Gegenüberstellung ist nicht einfach nur ein Konstrukt der Philosophie des jungen Nietzsche. Sie entspricht vielmehr der Dialektik des ›Geistes der Formen‹ im Allgemeinen. Die ästhetische Identifizierung von Bewusstsein und Unbewusstsein, *logos* und *pathos*, kann auf zweierlei Weisen interpretiert werden. Entweder ist der Geist der Formen der *logos*, der sich seinen Weg durch seine eigene Opazität und den Widerstand der Materialien sucht, um zum Lächeln einer Statue oder dem Licht auf einer Leinwand zu werden – das wäre der apollinische *plot*. Oder der Geist der Formen wird mit einem *pathos* identifiziert, das die Formen der *doxa* unterbricht und so die Kunst zur Einschreibung einer Macht werden lässt, die Chaos, radikale Alterität ist. Die Kunst schreibt die Immanenz des *pathos* im *logos*, des Undenkbaren im Denken, auf der Oberfläche des Werks ein. Das ist der dionysische *plot*. Und beide sind Erzählungen der Heteronomie. Selbst die Perfektion der griechischen Statue in Hegels *Vorlesungen über die Ästhetik* ist die Form einer Unangemessenheit. Dasselbe trifft umso mehr auf Schönbergs perfekte Konstruktion zu. Die Kunst der ›Avantgarde‹ muss dementsprechend die Macht der Heteronomie hervorheben,

---

11. Vgl. Theodor W. Adorno: *Die Philosophie der neuen Musik*, Frankfurt/M. 1976, S. 191.

die die Autonomie untermauert, um dem Versprechen der ästhetischen Szene treu bleiben zu können.

VII. Scheitern der Einbildungskraft?

Diese innere Notwendigkeit führt zu einer anderen Art von Entropie, welche die Aufgabe der autonomen Kunst der ›Avantgarde‹ mit der Aufgabe gleichsetzt, von der schieren Heteronomie zu zeugen. Diese Entropie wird von Jean-François Lyotards ›Ästhetik des Erhabenen‹ beispielhaft ausgeführt. Auf den ersten Blick erscheint diese Ästhetik als eine Radikalisierung der Dialektik der Avantgarde-Kunst, die sich in die Umkehrung ihrer eigenen Logik verdreht. Die Avantgarde muss eindeutig die Trennlinie zwischen der Kunst und der Warenkultur ziehen und unendlich die Bindung der Kunst an das ›heterogene Sinnliche‹ einschreiben. Doch sie muss dies tun, um die ›Betrügerei‹ des ästhetischen Versprechens selbst unendlich zu entwerten, um gleichzeitig die Versprechen der revolutionären Avantgarden und die Entropie der Warenästhetisierung zu unterlaufen. Die Avantgarde hat die paradoxe Pflicht, von der unvordenklichen Abhängigkeit des menschlichen Denkens zu zeugen, die jedes Emanzipationsversprechen zu einer Täuschung macht.

Diese Argumentation nimmt die Gestalt einer radikalen Neulektüre von Kants *Kritik der Urteilskraft* an, das heißt einer Umbildung des ästhetischen Sensoriums, die als implizite Zurückweisung der Schillerschen Vision eine Art Gegen-Urszene bestimmt. Die gesamte ›Aufgabe‹ der modernen Kunst wird von Lyotard aus Kants Analytik des Erhabenen abgeleitet, die er als radikale Erfahrung des Widerstreits der Vermögen interpretiert, in der die synthetische Einbildungskraft von der Erfahrung einer Unendlichkeit besiegt wird, die eine Lücke zwischen dem Sinnlichen und dem Übersinnlichen begründet. In Lyotards Analyse wird derart der Raum der modernen Kunst als Manifestation des Undarstellbaren, als ›Verlust einer dauerhaften Beziehung zwischen dem Sinnlichen und der Idee‹ bestimmt.[12] Dies ist eine paradoxe Aussage: erstens weil das Kantische Erhabene keinen Raum der Kunst definiert, sondern den Übergang von einer ästhetischen zu einer ethischen Erfahrung markiert; und zweitens weil die Erfahrung der Disharmonie zwischen Vernunft und Einbildungskraft zur Entdeckung einer höheren Harmonie tendiert – zur Selbstwahrnehmung des Subjekts als Teil einer übersinnlichen Welt von Vernunft und Freiheit.

Lyotard will der Hegelschen Ästhetisierung die Kantische Lücke des Erhabenen entgegensetzen. Doch muss er dafür Hegels Begriff des Erhabenen als unmögliche Entsprechung von Denken und sinnlicher Darstellung entleihen. Und er muss dem *plot* des ›Geistes der Formen‹ das Prinzip der Gegen-Konstruktion einer Urszene entleihen, um so eine Gegen-Lektüre des *plot* vom ›Leben der Formen‹ zu ermöglichen. Natürlich ist diese Verwirrung keine zufällige Fehllektüre.

---

12. Vgl. Jean-François Lyotard: »Das Erhabene und die Avantgarde«, in: ders.: *Das Inhumane. Plaudereien über die Zeit*, Wien 1989, S. 172ff.

Sie beschreibt vielmehr eine Möglichkeit, den ursprünglichen Weg von der Ästhetik zur Politik zu blockieren und eine Umleitung einzusetzen, die von der Ästhetik zur Ethik führt. Auf diese Weise kann der Gegensatz zwischen dem ästhetischen Regime der Künste und dem repräsentativen Regime als Gegensatz zwischen der Kunst des Undarstellbaren und der Kunst der Darstellung interpretiert werden. Und so sind die ›modernen‹ Kunstwerke zu ethischen Zeugen des Undarstellbaren geworden. Streng genommen jedoch existieren undarstellbare Gegenstände – das heißt solche, bei denen Form und Materie in keiner Weise zusammenpassen – nur innerhalb des repräsentativen Regimes der Künste. Der ›Verlust einer dauerhaften Beziehung‹ zwischen dem Sinnlichen und dem Intelligiblen ist kein Verlust des Vermögens, Beziehung herzustellen, sondern vielmehr die Vervielfachung der Formen dieses Vermögens. Im ästhetischen Regime der Künste ist nichts ›undarstellbar‹.

Es wurde viel darüber geschrieben, dass der Holocaust undarstellbar sei, dass er nur Zeugen, aber keine Kunst zulasse. Diese Behauptung wird jedoch von der Arbeit der Zeugen selbst widerlegt. So wurde beispielsweise das parataktische Schreiben von Primo Levi oder Robert Antelme als Modus reiner Zeugenschaft verstanden, die der Erfahrung der Entmenschlichung durch die Nazis angemessen ist. Zugleich stellt dieser parataktische Stil, der aus der Verknüpfung kleiner Wahrnehmungen und Empfindungen besteht, eines der wichtigsten Charakteristika der literarischen Revolution des 19. Jahrhunderts dar. Die kurzen Aufzeichnungen am Anfang von Antelmes *Das Menschengeschlecht*, welche die Latrinen und die Szenerie des Lagers von Buchenwald beschreiben, entsprechen demselben Muster wie die Beschreibung des Innenhofes von Emma Bovarys Bauernhaus. In ähnlicher Weise wurde auch Claude Lanzmanns Film SHOAH als Zeugnis des Undarstellbaren gesehen. Doch Lanzmann setzt dem repräsentativen *plot* der amerikanischen Fernsehserie THE HOLOCAUST einen anderen filmischen *plot* entgegen – die Erzählung einer gegenwärtigen Untersuchung, die eine enigmatische oder ausgelöschte Vergangenheit rekonstruiert und bis zu Orson Welles Rosebud in CITIZEN KANE zurückverfolgt werden kann. Das Argument der Undarstellbarkeit passt nicht zur Erfahrung der künstlerischen Praxis. Vielmehr antwortet es auf das Verlangen nach Undarstellbarem, Unverfügbarem, um so die Notwendigkeit eines ethischen Umwegs in die Kunst einschreiben zu können. Die Ethik des Undarstellbaren ist derart eine umgekehrte Form des ästhetischen Versprechens.

Es mag scheinen, als würde ich mit diesen Entwürfen entropischer Szenarien der Politik der Ästhetik eine pessimistische Sicht auf die Dinge vorstellen. Das ist jedoch nicht meine Absicht. Es ist unbestreitbar, dass heutzutage, vor allem in Frankreich, eine bestimmte Melancholie über die Bestimmung der Kunst und ihre politischen Einsätze vermehrt zum Ausdruck kommt. Die Luft ist erfüllt mit Erklärungen über das Ende der Kunst, das Ende des Bildes, das Reich der Kommunikation und der Werbung, die Unmöglichkeit der Kunst nach Auschwitz, mit Nostalgie für ein verlorenes Paradies der verkörperten Präsenz und mit Anklagen gegen ästhetische Utopien, die unweigerlich zu Totalitarismus oder Kommodifizierung führen würden. Es war nicht meine Absicht, in diesen Trauerchor einzufallen. Ich denke im Gegenteil, dass wir uns von dieser gegenwärtigen Laune distanzieren können, wenn wir verstehen, dass das ›Ende der Kunst‹ kein bösartiges Schicksal der Moderne ist, sondern die Kehrseite des Lebens der Kunst. Insofern die ästhetische Formel Kunst und Nicht-Kunst von Anfang an verbindet, verortet sie das Leben zwischen zwei Fluchtpunkten: die Kunst, die im Leben aufgeht, und die Kunst, die zur reinen Kunst wird. Ich habe gesagt, dass im Extremfall beide Szenarien ihre eigene Entropie, ihr eigenes Ende der Kunst verursachen. Doch das Leben der Kunst im ästhetischen Regime besteht gerade in einer Pendelbewegung zwischen diesen beiden Szenarien, insofern es eine Autonomie gegen eine Heteronomie und eine Heteronomie gegen eine Autonomie ausspielt, das heißt *eine* Verbindung von Kunst und Nicht-Kunst gegen andere Verbindungen von Kunst und Nicht-Kunst.

Jedes dieser Szenarien schließt eine bestimmte Metapolitik ein: eine Kunst, welche die hierarchischen Aufteilungen des Sinnlichen aufhebt und ein kollektives Sensorium ausbildet; oder eine Kunst, die anstelle der Politik die sinnliche Welt gestaltet; oder eine Kunst, die sich zu einer Art sozialen Hermeneutik entwickelt; oder sogar eine Kunst, die in ihrer totalen Isolation zum Wächter des Emanzipationsversprechens wird. Jede dieser Positionen kann vertreten werden und wurde auch vertreten. Das bedeutet, dass es eine Unentscheidbarkeit in der ›Politik der Ästhetik‹ gibt. Es gibt eine Metapolitik der Ästhetik, welche die Möglichkeiten der Kunst entwirft. Ästhetische Kunst verspricht eine politische Leistung, die sie nicht erbringen kann, und entfaltet sich auf dieser Zweideutigkeit. Deswegen verfehlen diejenigen, welche die Ästhetik von der Politik isolieren wollen, den zentralen Punkt. Und aus demselben Grund sind diejenigen, die sich wünschen, dass die Ästhetik ihre politischen Versprechen einlöst, zur Melancholie verdammt.

Aus dem Englischen von Maria Muhle

Jan Völker

Rancières Reästhetisierungen

Gibt es eine Bedeutung des Begriffes der Ästhetisierung bei Rancière? Wäre dieser Begriff der Ästhetisierung ein historischer, ein philosophischer oder ein »ästhetischer«? Es ist zunächst einzugestehen, dass »Ästhetisierung« als Begriff in der Tat nur äußerst selten in den Texten Rancières erscheint. Eine der wenigen ausführlicheren Verwendungen des Begriffs findet sich in dem im vorliegenden Band abgedruckten Aufsatz »Die ästhetische Revolution und ihre Folgen«.

Und dennoch mag dies verwundern. Fasst man Ästhetisierung, wie neuerdings Christoph Menke, als »Unbestimmtmachen«[1] und damit als Tätigkeit, die in der Analogie zum »Spiel« Gegenstände zu schönen gerade dadurch werden lässt, dass sie deren Bestimmungen neutralisiert, so scheint Rancières ästhetisches Regime zunächst einer solchen strukturellen Bewegung nicht allzu fern zu liegen. »Im ästhetischen Regime der Künste«, schreibt Rancière, »werden die Dinge, die der Kunst zugerechnet sind, durch ihre Zugehörigkeit zu einem spezifischen Regime des Sinnlichen identifiziert. Dieses Sinnliche, aus seinen üblichen Verbindungen gelöst, wird von einer heterogenen Macht bewohnt, von der Macht eines Denkens, das sich selbst fremd geworden ist: ein Produkt, das kein Produkt ist, ein Wissen, das in Nichtwissen verwandelt wurde, ein *logos*, der zugleich *pathos* ist, die Intention des Nichtintendierten etc.«[2]

Unabdingbar sind diese Auflösungen der Bestimmungen durch Kontradiktion Resultate von ambivalenten Akten, und nicht etwa Exzesse der Passivität. Dass diese Akte aber auch nicht als Ästhetisierungen bei Rancière verstanden werden können, scheint an ihrer spezifischen Struktur zu liegen, die sie stets an »übliche Verbindungen« knüpft und den Akt als Re-Akt-ion erkennen lässt. Nimmt man so zunächst einmal hin, dass ein Begriff der Ästhetisierung bei Rancière keine tragende Rolle zu spielen scheint, soll im Folgenden die Überlegung skizziert werden, inwiefern bei Rancière von einer ›Ästhetik der Reästhetisierung‹ gesprochen werden kann.

Es ist Schillers Verknüpfung von »der ästhetischen Kunst *und* der Lebenskunst«,[3] die die grundlegende Erfahrung des spezifischen Sensoriums des ästhetischen Regimes genau in jenem *und* eröffnet. Dieses *und* wird von Rancière in dreifacher Hinsicht als Verbindung von Autonomie und Heteronomie gelesen:

> »Erstens ist die Autonomie, die das ästhetische Regime der Künste inszeniert, nicht diejenige des Kunstwerks, sondern die Autonomie eines Erfahrungsmodus. Die

---

1. Christoph Menke: *Kraft. Ein Grundbegriff ästhetischer Anthropologie*, Frankfurt/M. 2008, S. 87.
2. Jacques Rancière: *Die Aufteilung des Sinnlichen. Die Politik der Kunst und ihre Paradoxien*, Berlin 2006, S. 39.
3. Jacques Rancière: »Die ästhetische Revolution und ihre Folgen«, in diesem Band, S. 24.

›ästhetische Erfahrung‹ ist zweitens eine Erfahrung der Heterogenität, insofern sie für das Subjekt der Erfahrung zugleich den Verlust einer bestimmten Autonomie bedeutet. Und drittens ist der Gegenstand dieser Erfahrung ›ästhetisch‹, insofern er keine – oder zumindest nicht ausschließlich – Kunst ist. Das ist die dreifache Beziehung, die Schiller in dieser ›Urszene‹ der Ästhetik begründet.«[4]

Rancières Schlüsselbeispiel für das ästhetische Regime ist zunächst die Beschreibung der Statue der Juno Ludovisi durch den Verfasser der *Briefe zur ästhetischen Erziehung*. Die in sich selbst ruhende Statue präsentiert ein spezifisches Desinteresse und auf diese Weise die Absenz jeglichen Willens. Sie umschließt eine Disqualifizierung der Oppositionen von Aktivität und Passivität, Willen und Widerstand. Kunst ist die Statue, insofern sie etwas verkörpert, was nicht Kunst ist. Dem Betrachter zur Erscheinung gebracht wird wiederum die Aufhebung der Autonomie der Vernunft, und im Zwischenspiel zwischen Betrachter und Statue eröffnet sich ein ›spezifisches Sensorium‹, welches seinerseits als autonom verstanden werden muss. Diese Autonomie ist in ihrem Beginn eine Erfahrung von Heteronomie.

Insofern das Kunstwerk etwas verkörpert, was nicht Kunst ist, verkörpert es eine neue Lebensform, es birgt in sich die emanzipatorische Kraft einer neuen ›Aufteilung des Sinnlichen‹. Würde Kunst zu dieser Form des Lebens gebracht, hörte sie auf, Kunst zu sein, und das Leben ihrer Form wäre die Form ihres Endes. Diese Tendenz, die Kunst in Leben aufzulösen, beschreibt Rancière als Ästhetisierung:

»Schillers letzte Briefe entwickeln diesen *plot*: Hier lernt der primitive Mensch schrittweise, einen ästhetischen Blick auf seine Arme oder Werkzeuge oder auf seinen eigenen Körper zu richten und den Genuss der Erscheinung von der Funktionalität der Gegenstände zu trennen. Das ästhetische Spiel wird zur Ästhetisierung.«[5]

Kunst zeigt sich jedoch derart als immer schon ästhetisiert, da sie nach dem Schillerschen Paradigma je schon auf eine Form des Lebens zielt.[6] »Die Grundformel des ästhetischen Regimes der Künste besagt, dass Kunst eine autonome Lebensform ist.«[7] Entscheidend ist jedoch, dass diese zwei *plots* – der Kunst und des Lebens – im ästhetischen Regime zu einem basalen Widerspruch verknüpft sind, in welchem allein sie sich aufeinander beziehen und existieren. Die beiden möglichen Auflösungen dieses Widerspruchs tendieren je auf ein Ende des ästhetischen Regimes. Dass Kunst Leben werden kann, mag zur Orientierung an einem neuen kollektiven Ethos führen. Kunst referiert nun erneut auf ein bestimmtes Leben, und die Unbestimmtheit der freien Erscheinung der Juno Ludovisi geht

---

4. Ebd., S. 25.
5. Ebd., S. 26.
6. Vor diesem Hintergrund ist auch Rancières Zurückweisung von Benjamins These der Ästhetisierung der Politik zu lesen. Vgl. Rancière: *Die Aufteilung des Sinnlichen*, a.a.O., S. 51ff.
7. Rancière: »Die ästhetische Revolution und ihre Folgen«, in diesem Band, S. 26.

verloren. Dass das Leben zu Kunst werden kann, befördert die Historisierung der Kunst, die in der Statue eine Verkörperung des heterogenen Sinnlichen ausmacht, aber als Kunst im dauerhaften Abstand zum Leben des schaffenden Künstlers steht. Die Auflösung dieses Abstandes wäre ein Ende der Kunst zu Gunsten eines Lebens, in dem Form und Inhalt in eins gehen; die Übertragung der Kunst auf das Leben hingegen läuft auf die Forderung einer neuen Kunst für ein neues Leben hinaus, die zugleich die Abschaffung der Kunst im Akt des Lebens implizierte.[8]

Zwei Strategien knüpfen an diese beiden Seiten des *plot* des ästhetischen Regimes an und versuchen die immanente Deästhetisierung aufzuhalten: zum einen die Strategie der Romantiker mit dem systematischen Programm einer ästhetischen Revolution, in welchem nicht Kunst schlicht in das Leben übertragen werden soll, sondern das Sensorium der Kunst *ad infinitum* ausgeweitet wird; und zum anderen die Strategie der Avantgarden, die versuchen, die Widerständigkeit der Kunst in ihrer Distanz zur Gewöhnlichkeit aufrechtzuerhalten. So zielt Flaubert gerade auf die Unterscheidung des Autors von der Deästhetisierung als Verkitschung, die Emma vollzieht.

Diese Strategie lässt sich als Reästhetisierung beschreiben, so wie andererseits auch die Romantiker versuchten, die Kunst nicht im Leben aufzulösen, sondern das Leben zu ästhetisieren. Man kann in diesem Sinne zwei Strategien der Reästhetisierung unterscheiden, die gegen die inhärenten Deästhetisierungen des ästhetischen Regimes zum Einsatz gelangen. Beide versuchen auf je verschiedene Weise die Verknüpfung von Heteronomie und Autonomie des Ästhetischen zu bewahren und weisen dennoch auf die Enden des Ästhetischen.

Es lassen sich auch von theoretischer Seite zwei Momente bestimmen, in die sich diese beiden Tendenzen übersetzen. Zum einen hat Rancière oft den Verlust des emanzipatorischen Potenzials der Kunst in den Arbeiten Lyotards angeprangert. Lyotard denkt Kunst als Kunst des Unrepräsentierbaren und zerstört dadurch die Verknüpfung zwischen Kunst und Leben, zwischen Kunst und einer neuen Politik, da er sie von der Seite des Lebens abzieht. Im Vergleich zu dieser Depolitisierung kann der Weg einer Ästhetisierung, die zu einer ontologischen Ästhetik tendiert, bei Deleuze nachvollzogen werden. Deleuze lässt das Leben selbst zu einer ästhetisierten Sphäre werden, was zur Folge hat, dass die Seite der Kunst verschwindet. Beide Lektüren sind Hyperlektüren der *Kritik der Urteilskraft*. Bei Deleuze wird im Nachklang auf die Kantsche Theorie des Erhabenen Kunst zum Ausdruck der Erfahrung und Äußerung einer »Transzendenz des Lebens«,[9] wohingegen sie für Lyotard Zeuge der Abhängigkeit des Geistes vom Sinnlichen wird. Beide sind sie Zeugen eines verwobenen Erbes des ästhetischen Regimes, dessen dionysische und apollinische Kinder.

Der grundlegende Widerspruch des ästhetischen Regimes wird für Rancière in besonderer Form durch die Literatur ausgedrückt. Literatur in ihrem historischen Auftritt ließe sich als Gründung des ästhetischen Regimes verstehen, insofern sie die bereits bei Platon vorhandene Furcht vor dem demokratischen

---

8. Vgl. dazu auch Jaques Rancière: *Das Unbehagen in der Ästhetik*, Wien 2007, S. 50f.
9. Jacques Rancière: *Ist Kunst widerständig?*, Berlin 2008, S. 31.

Zeichen auf dem weißen Blatt Papier aktualisiert. Jedoch ist Literatur ein spezifischer Ausdruck des ästhetischen Regimes, der sein eigenes Pendant wiederum im politischen ›Unvernehmen‹ findet. Während die Politik auf die Verrechnung im Ganzen zielt und danach trachtet, jeden Beliebigen in die Zählung aufzunehmen, interveniert die Literatur auf einer mikrologischen Ebene.

> »Die Politik bearbeitet das Ganze, die Literatur die Einheiten. Ihre eigene Form des Dissenses besteht darin, neue Formen der Individualität zu erschaffen, die die etablierten Entsprechungen zwischen Körperzuständen und Bedeutungen auflösen«.[10]

Literatur, wie Rancière sie versteht, kann nicht als Kanon einer Reihe von Werken verstanden werden, sondern bezeichnet vielmehr eine Technik des Schreibens. Dieses Schreiben entfernt sich latent von den Konstruktionen des politischen Unvernehmens, indem es diese unterminiert. Literatur ist nur ein zweifelhafter Agent politischer Emanzipation. Sie hat ihre »eigene Politik oder vielmehr Metapolitik.«[11] Das ästhetische Regime bringt eine Vielzahl von Metapolitiken hervor.

Es liegt nahe, nun die Frage zu stellen, inwiefern dieses Verhältnis von Literatur und Politik in einer Beziehung zu den Schriften Rancières steht, insofern letztere genau diese Ambivalenzen des ästhetischen Regimes widerspiegeln. Die Texte Rancières sind Auseinandersetzungen mit dieser Vielzahl der Metapolitiken, vor allem mit dem politischen Unvernehmen und dem literarischen Missverständnis. Seine eigenen Bücher hat Rancière selbst als Interventionen gekennzeichnet, die nicht darauf zielen, einzelne Theorien auszuformulieren.[12] Die Bücher intervenieren vielmehr in konkrete historische *plots*, indem sie konkrete historische Szenen wieder auf die Bühne bringen und eine bestimmte Möglichkeit der Politik wieder in das Feld der Sichtbarkeit zurückzuholen suchen. Auch die Texte zum ästhetischen Regime müssen als solche Interventionen gelten. Sie lassen sich nicht als Repräsentationen oder Narrative einer spezifischen Epoche verstehen. Sie geben zwar zeitliche Rahmungen, Daten, Zeitspannen an, – als Intervention sind diese Markierungen jedoch zugleich Öffnungen weiterer Temporalitäten, die darauf insistieren, in den benannten Momenten (Schillers Beschreibung der Juno Ludovisi) konfligierende Zeitlichkeiten zu reinszenieren.

Die Szenen bedürfen einer Reinszenierung, da die Verfasstheit der jeweiligen Metapolitiken prekär ist, insofern sie strukturell zu ihrer eigenen Abschaffung tendieren. Es gibt nicht die eine Metapolitik des ästhetischen Regimes, die in einer Darstellung zu fassen und zu zeigen wäre. Es gibt singuläre Fälle, die sich zu differierenden Metapolitiken verdichten (»Literatur«, »Politik«), deren Darstellung zugleich eine Reinszenierung sein muss, da sie nur so zu fassen bekommt, was ihre Relevanz ausmacht: dass nämlich in den jeweiligen Fällen ein Streit über

---

10. Jacques Rancière: *Politik der Literatur*, Wien 2007, S. 58.
11. Ebd., S. 61.
12. Vgl. Jacques Rancière: »A few remarks on the method of Jacques Rancière«, in: Parallax, 15:3 (2009), S. 114–123, hier S. 114.

etwas Ungezähltes oder über die Struktur der Zählung ausgetragen wird. Sie sind nicht Streite über nichts, aber Streite über die Grundlosigkeiten der Zählungen und der Individualitäten. Eine willentlich und versuchsweise distanzierte Schilderung dieser Einsätze würde die Äußerungen dieser Streite nicht zwangsläufig vollkommen verfehlen. Aber sie würde ihre Einsätze strukturell nicht zu fassen bekommen, die Unbestimmung, wie ich es hier nennen möchte, der Oppositionen, die sich nur im Verlauf einer Abfolge von Reaktionen zeigt. Anders gesagt müssen die Texte zum ästhetischen Regime in dasselbe intervenieren, wollen sie nicht Teil einer Lösung, einer Bestimmung des Konflikts werden, den sie als grundlegend erkennen. Das ästhetische Regime fordert dazu auf, die Bewahrer seiner grundsätzlichen Widersprüche von denen zu trennen, die sie befrieden. Darin liegt der in seinem Grunde angelegte Universalismus: nicht darin, dass alles, nahezu schöngeistig, von einem Widerspruch durchzogen wäre, sondern darin, dass jede seiner Szenen von einem grundlegenden Widerspruch geprägt ist, der gegenüber seinen Enden durchgehalten werden muss.

Das ästhetische Regime ist so auch nicht der Titel einer anderen ›großen Erzählung‹, sondern der Name einer Intervention. Diese Intervention philosophisch zu nennen, würde Rancière vielleicht zurückweisen, – und dennoch lässt sich hier die Grenze markieren, an der der historische, auf das sinnliche Detail gerichtete Blick von einer philosophischen Achse geschnitten wird. Eine grundlegende Intention Foucaults ist bei Rancière wiederzufinden, die darin besteht, dass Philosophie dem Umgang mit konkreten Situationen dient, dass Philosophie ein Werkzeug eines zeitgenössischen Denkens ist. Von der Philosophie als einer ›Werkzeugkiste‹ zu sprechen, lehnt Rancière nichtsdestotrotz ab; zu nahe wäre die Vermutung, dass der philosophische Begriff abgelöst sein könnte von der Situation, in der er existiert.

Von einer Ästhetik der Reästhetisierung zu sprechen, würde zunächst meinen, den intervenierenden Charakter der Rancièreschen Texte zu unterstreichen. Sie zielen gegen die Enden, gegen die Unterbindungen der Unbestimmtheit. Ein Begriff der Reästhetisierung müsste dann auch ein schwacher Begriff in genau dem Sinne sein, dass er die philosophische Achse als uneigenständige zeichnet, die sich insofern nicht mehr von den Situationen, auf die sie sich bezieht, unterscheidet, als auf ihr nur rückwirkend und behelfsmäßig ausgedrückt werden kann, was in den einzelnen Momenten auf dem Spiel stand. In diesem Sinne könnten die Rancièreschen Interventionen in das ästhetische Regime als Reästhetisierungen verstanden werden. Das »Re-« geht zurück zu der grundlegenden Ästhetisierung; *Re*ästhetisierungen sind Versuche, den grundlegenden Widerspruch des Ästhetischen wiederzubeleben. Gegenüber klassischen Konzepten der Ästhetisierung (wie sie Rancière ja auch für die Romantiker anführt), versucht die Rancièresche Reästhetisierung nicht, einzelne Bereiche wie das »Epistemische«, das »Leben« oder die »Politik« zu ästhetisieren oder vor der Ästhetisierung in Schutz zu nehmen. Sie versucht vielmehr, die Logik des Ästhetischen dort, wo sie sich an ihrem Ende zeigt, wieder sichtbar zu machen und somit zu zeigen, dass der Konflikt der einzelnen Bereiche – vor allem der Kunst und der Politik – diesen vorweg geht und die jeweilige Gestaltung der einzelnen Bereiche ein Ergebnis des Umgangs mit dem grundlegenden Widerspruch ist. Wo Ästhetisierung weiß, dass es etwas zu ästhetisieren gibt, hat sie das Ästhetische bereits verabschiedet, das darin besteht, zugleich nicht ästhetisch zu sein. Eine Reästhetisierung wäre in diesem Sinne je auch eine Repolitisierung, das Aufsuchen dessen, was im Ästhetischen als solches bereits konstitutiv nicht ästhetisch ist. Die Reästhetisierung zielte gegen die Schließungen der Akten und Bücher, ihre Unbestimmung wäre ein Wieder-Unbestimmt-machen, nachdem sich gezeigt haben wird, dass die Unbestimmtheit am Anfang gestanden haben wird und die Reästhetisierung gegen die Enden des Ästhetischen interveniert, die in der Bestimmung liegen. Sie wäre auch nicht Ausdruck eines Willens, kein Programm, da diese auf nichts zielen könnten als auf den Wiedereintrag der Absenz des Willens oder eines Programms.

Die Reästhetisierung funktioniert als Schrift, da sich im Schreiben Literatur und Denken verknüpfen. Auch in Rancières Texten sind ästhetische Strategien am Werk, insofern erstere über Beispiele operieren und sich nicht auf die klare Logik ihnen vorhergehender Theorien verlassen wollen. Die Linie der Beispiele steht im Gegensatz zur herkömmlichen, affirmierten oder kritisierten Ästhetisierung. Es sind Beispiele, die die grundlegende Ästhetisierung überhaupt erst aus sich entlassen. Eine ›ästhetische‹, oder besser: eine am sinnlichen Detail ausgerichtete Methode des Textes mag hier zunächst bedeuten, in den Beispielen deren sinnlicher Evidenz zu folgen, die Arten und Weisen des Machens, Sehens und Hörens nachzuverfolgen. Das, was rückwirkend, durch den Einsatz der Reinszenierung und der Reästhetisierung, an ihnen sichtbar wird, was sie bereits immer ausgezeichnet haben wird, ist ein politisches und logisches Moment in einem: die Gleichheit. Die Gleichheit der sinnlichen Erfahrung ist die zentralste Struktur des ästhetischen Regimes. Auch sie lässt sich in einer Referenz auf Schiller lesen. Mit den Briefen *Über die ästhetische Erziehung des Menschen*

> »[...] wurde erstmalig die Vorstellung artikuliert, dass Herrschaft und Knechtschaft in erster Linie ontologische Verteilungen sind (Aktivität des Denkens vs. Passivität der Materie). Und es wurde ein neutraler Zustand definiert, ein Zustand der doppelten Aufhebung [*annulation*, J.V.], in dem die Aktivität des Denkens und die sinnliche Empfänglichkeit zu einer einzigen Wirklichkeit und einem neuen Bereich des Seins werden – den des selbständigen Scheins und freien Spiels –, wodurch es möglich wird, jene Gleichheit zu denken, deren unmögliche direkte Verwirklichung die Französische Revolution in Schillers Augen bewiesen hat.«[13]

Auf diese Weise falten sich auch in Rancières Schriften ästhetische Methode und Denken ineinander. Wenn man die Linie der Beispiele zunächst eine ästhetische Strategie nennen kann, so entspringt ihr eine philosophische Linie an der Stelle, an der die Beispiele sich innerhalb der Axiomatik der Gleichheit vereinen.

Ließe sich diese Strategie, die danach trachtet, in historische *plots* zu intervenieren, um konkrete Beispiele zurück auf die Bühne der Sichtbarkeit zu holen,

---

13. Rancière: *Die Aufteilung des Sinnlichen*, a.a.O., S. 45.

eine Metapolitik nennen, so wie Rancière der Literatur oder dem politischen Unvernehmen eine Metapolitik attestiert? Die Antwort auf diese Frage ist letztlich bedingt von dem Verhältnis der Texte zu ihren Objekten. Rancières Texte als Reästhetisierungen zu lesen bedeutet, sie in Abhängigkeit ihrer Gegenstände zu lesen. Diese Abhängigkeit ist keine des verweisenden Bezugs, sondern eine, in der das Andere als solches in den Text eingehen muss. Nicht die Theorie erläutert die Literatur, sondern die Theorie schreitet selbst auch über literarische Bewegungen voran. Sicherlich dürfte man auch dieses Verhältnis nicht derart einebnen, wie Rancière es so oft im Zusammenhang mit dem ästhetischen Regime kritisiert hat: Weder sollte die Theorie ästhetisiert werden, noch sollte der ästhetische Gehalt zu Gunsten der reinen Theorie diminuiert werden. Selbst im philosophischen Text, selbst in jedem einzelnen Wort wird eine Unentscheidbarkeit wach zu halten, anzuhören, hervorzurufen sein, die ein spezifisches Sensorium offen hält, in welchem eine Form der Autonomie mit einer Heteronomie verbunden ist.

Versucht man so, die Texte Rancières einer Strategie der Reästhetisierung zu subsumieren, so zeigt sich nicht nur, wie sehr Rancières Texte selbst dem ästhetischen Regime unterstehen, sondern es zeigt sich zugleich auch ein bisher nur angedeutetes Problem. Unklar wird, auf welchem Grund diese Strategie aufruht. Rancières Zurückweisung starker philosophischer Ansprüche leitet sich aus dem Anspruch her, für die eigenen Texte keine vorausgesetzte Wahrheit anzunehmen: Nicht etwas lehren, *was* man weiß, sondern lehren, *wie* man von selbst begreifen kann – das war bereits die Lektion des unwissenden Lehrmeisters Jacotot.[14] Die Gleichheit, der axiomatische Grundsatz des ästhetischen Regimes, ergibt sich jedoch jedes Mal nur im Nachhinein der Reästhetisierungen. Der Grund ihrer Behauptung wird transformiert in den Akt ihrer Einsetzung. Dieser Akt scheint jedoch die Texte Rancières einem Prinzip zu verpflichten. Wenn dieses Prinzip Einsatz einer Wette ist, die darauf setzt, dass es sich erwiesen haben wird, dann behauptet dieses Prinzip auch, dass es wieder erschienen sein wird, dass es wieder aufgetaucht sein wird. Die singulären Akte verknüpfen sich zu einer Linie, die von der Gleichheit ausgebildet wird. Das »Re-« der Reästhetisierung, das auf den grundlegenden ästhetischen Dissens zurückgeht, kann sich somit nie zu einer Strategie auf etwas hin ausbilden, weil es sich an der Leere der Gleichheit ausrichtet. Dies bleibt die große Frage in den Texten Rancières: Was diese Gleichheit in der Gegenwart der reästhetisierenden Einsätze selbst ist, wenn sie sich nur rückwirkend als Grund des Streits gezeigt haben wird, aber zugleich nur durch Reästhetisierungen als leerer Grund wieder hervorgearbeitet werden kann. Anders gesagt ergibt sich aus der Reästhetisierung auch die Frage nach dem Prinzip dieser Einsätze selbst, nach der rätselhaften Verpflichtung zu etwas, das sie nicht manifestieren können, sondern nur *in actu* auszutragen vermögen, um es nicht bereits verraten zu haben.

---

14. Vgl. Jacques Rancière: *Der unwissende Lehrmeister. Fünf Lektionen über die intellektuelle Emanzipation*, Wien 2009.

David Weber

Ästhetisierung als Beschreibung

I.

Von Kunst zu reden, so Rancière, »bedeutet, ein bestimmtes Identifizierungsregime von Kunst zu definieren, das heißt ein spezifisches Verhältnis zwischen Praktiken, Formen der Sichtbarkeit und Weisen der Verständlichkeit, die ihre Erzeugnisse als zur Kunst [...] gehörig zu identifizieren erlauben.«[1] Historisch, aber nicht in einander ausschließender Abfolge, lassen sich drei Regime der Kunst unterscheiden: Im *ethischen* Regime (in der Tendenz der Antike und Platons Verständnis von Kunst zugeordnet) werden Kunstwerke nicht als autonom, sondern als eine Klasse von Bildern gesehen, die man auf ihre Vorlage und ihren Wahrheitsgehalt (treu/trügerisch) befragt, und zwar in Hinsicht auf die Wirkung, die sie auf das Ethos von Individuen und Gemeinschaft ausüben. Das *repräsentative* beziehungsweise *poetische* Regime (vor allem bis zum Ende des 18. Jahrhunderts) grenzt, pragmatisch, aus dem allgemeinen Feld der Tätigkeitsformen solche Künste aus, die mimetische Darstellungen, also Nachahmungen, herstellen. Unterwerfen die repräsentativen Künste so ihren Stoff einer Form, sind sie einerseits, autonom, von den »ethischen« Kategorien Wahrheit und Nützlichkeit freigestellt, unterstehen aber andererseits intrinsischen Kriterien der Gattung, Darstellbarkeit und Wahrscheinlichkeit. Das Mimetische in der Repräsentation meint dabei, im Anschluss an Aristoteles' *Poetik*, nicht eine Verpflichtung auf Ähnlichkeit, sondern das Einrichten von Strukturen der Verständlichkeit. Nachahmend sind diese Strukturen aber insofern, als Anordnung und Würde von Figuren und Gegenständen in der Fiktion (im *Gemachten*) einer unterstellten hierarchischen Ordnung der Gemeinschaft korrespondieren.

Im *ästhetischen* Regime (mit der Wende zum 19. Jahrhundert) werden nun Kunstwerke nicht länger als ein bestimmter Typ gegebener Objekte begriffen, die eine gewisse Klasse von Bildern oder eine ausgezeichnete Weise der Herstellung repräsentieren; vielmehr werden sie zurückgestellt in den allgemeineren, das heißt nicht allein »ästhetischen« Zusammenhang einer *Aufteilung des Sinnlichen*. Aufteilung des Sinnlichen nennt Rancière, in Anlehnung an Kants »transzendentale Ästhetik«, »ein[en] Rahmen der Sichtbarkeit und Intelligibilität, der Dinge oder Praktiken unter einer Bedeutung vereint und so einen bestimmten Sinn für Gemeinschaft entwirft«.[2] Als historische, wenn man so will »quasi-transzendentale«, Formen der Anschauung bestimmt dieser Rahmen die »Formen der Anwesenheit bestimmter Körper in einem spezifischen Raum und in einer

---

1. Jacques Rancière: »Die Ästhetik als Politik«, in: *Das Unbehagen der Ästhetik*, Wien 2007, S. 39.
2. Jacques Rancière: *Die Aufteilung des Sinnlichen*, Berlin 2006, S. 71.

spezifischen Zeit.«[3] Während eine Aufteilung des Sinnlichen so die Bedingung der Möglichkeit für das Erscheinen jedweden Körpers liefert, sind Kunstwerke insofern autonom, das heißt spezifisch »ästhetisch«, als »sie einem spezifischen Sensorium angehören, das eine Ausnahme zum normalen Regime des Sinnlichen darstellt«.[4] Autonomie wird also nicht dem Kunstobjekt als solchem zugesprochen, sondern dem Erfahrungsmodus, in dem es figuriert: »die Autonomie ist diejenige der Erfahrung, nicht die des Kunstwerks.«[5] Der Modus der Erfahrung, die »sinnliche[...] Seinsweise«,[6] ist aber immer mehr als ein einzelnes Kunstwerk, er markiert eine Lebensform – er bestimmt, wer, wann und wo, wovon spricht. Wenn Kunstwerke daher als »ästhetisch« durch ihre Teilhabe an einer differenten Aufteilung des Sinnlichen ausgewiesen sind, verweisen sie je schon auf einen Zusammenhang, der über sie selbst hinausgeht: »der Gegenstand dieser Erfahrung [ist] ›ästhetisch‹, insofern er keine – oder zumindest nicht ausschließlich – Kunst ist.«[7] Schillers »›Urszene‹ der Ästhetik«[8] von ›freier Erscheinung‹ und ›freiem Spiel‹ im Angesicht der Juno Ludovisi bindet so Ästhetik als den »Knoten«[9] von Autonomie und Heteronomie: Es ist der freie Schein der Kunst als Kunst – Kunst als autonom gegenüber anderen Sphären des Lebens und der Gemeinschaft –, der auf ein heterogenes Sinnliches verweist, das die Ordnungen einer über die sinnliche Erfahrung gebietenden Vernunft, einer Handlungslogik von Mitteln und Zwecken suspendiert und so die Trennung der Lebensbereiche einer hierarchischen Gemeinschaft unterläuft, die – noch – Bedingung von Kunst als autonomer ist. Insofern Kunst gerade als autonome, das heißt von gesellschaftlichen Funktionen enthobene,[10] die Aufhebung gesellschaftlicher Teilung betreibt, tendiert das Kunstwerk als widerständige Form zu seiner eigenen Auflösung in (ein verändertes) Leben. Anderseits meint das im, oder als, Kunstwerk figurierende heterogene Sinnliche (als Ausnahme der geläufigen Aufteilung des Sinnlichen) bereits etwas anderes als Kunst: Nur als Nicht-Kunst, das heißt als nicht von Leben und Wirklichkeit gesonderter Bereich, kann Kunst einen Eingriff in den symbolischen Raum der Aufteilung des Sinnlichen vorstellen (dies ist ihre »Politik der Ästhetik«). Heteronome, über Kunst als Kunst hinausweisende Kunst hat bereits Anteil an der modifizierten Aufteilung des Sinnlichen und kündet so von einer Wirklichkeit, in der kein Bereich, auch nicht Kunst, autonom segregiert.

Wenn im ästhetischen Regime so »Kunst« in den Horizont einer Erfahrungsweise zurückgestellt wird, indem das Attribut »ästhetisch« nicht einer Klasse von

---

3. Rancière: »Die Ästhetik als Politik«, in: *Das Unbehagen der Ästhetik*, a.a.O., S. 37.
4. Jacques Rancière: »Die ästhetische Revolution und ihre Folgen. Erzählungen von Autonomie und Heteronomie«, in diesem Band, S. 25.
5. Ebd., S. 25.
6. Rancière: *Die Aufteilung des Sinnlichen*, a.a.O., S. 39.
7. Rancière: »Die ästhetische Revolution und ihre Folgen«, in diesem Band, S. 25.
8. Ebd.
9. Rancière: »Die Ästhetik als Politik«, in: *Das Unbehagen der Ästhetik*, a.a.O., S. 46.
10. Rancière zitiert Adorno: »Die gesellschaftliche Funktion der Kunst ist die, keine zu haben« (ebd., S. 51).

Objekten, sondern einem historisch spezifischen Sensorium zugeordnet wird, schürzt sich mit dem Knoten von Autonomie und Heteronomie zugleich der Knoten diverser *emplotments*: historischer Tendenzen in Bezug auf Stellung und Rolle von Kunst, die den Knoten jeweils in die Richtung von Autonomie beziehungsweise Heteronomie auflösen wollen.[11] Sei es, dass Kunst als Selbsterziehung der Menschheit zu einem veränderten Sensorium und Ethos führt, das erstmals das Versprechen der Ästhetik der Politik auf Emanzipation einlösen soll, und so Kunst restlos in Leben überführt (*Ältestes Systemprogramm*, junger Marx, *Arts & Crafts*); sei es, dass sich die Geschichtlichkeit der Kunst als ein autonomes Leben erweist, in dem Kunst sich entwickelt bis sie endet, weil ihre Differenz zum Leben ihres Gegenübers, der menschlichen Gemeinschaft, schwindet (Hegel, Kandinsky). Gegen diese heteronomen Bestrebungen, Kunst in ihr Anderes, also in Leben, beziehungsweise Leben in Kunst aufzulösen, reagieren Tendenzen, die das Eigenrecht der Kunst, das heißt vor allem den autonomen, heterogenen Status des von ihr bezeichneten Sinnlichen verteidigen wollen. Die Romantik liest Heterogenes noch von den alltäglichsten Oberflächen ab und überzieht so pauschal das Prosaische mit einem ästhetischen Firnis: Die Inflation des Heterogenen ist dabei von einer schieren Ästhetisierung des Lebens, die selten mehr ist als seine zweideutige Verdoppelung, kaum zu unterscheiden. Gegen diese paradoxe Pauschalisierung des autonomen Ästhetischen durch die Ausdehnung seiner Grenzen insistieren »ästhetizistische« Tendenzen auf der Gleichgültigkeit und damit Distanz der Kunst gegenüber (falschem) Leben und (falscher) Welt. Adorno wie Flaubert sehen den Index des Egalitären in Kunst gerade durch deren Strenge und Differenz in Form und Stil bewahrt; Lyotard lässt das autonom-alteritäre Moment von Kunst in der Bezeugung erhabener Undarstellbarkeit aufgipfeln.

Gleichwohl, die Spannungen dieser Tendenzen lassen sich, so Rancière, in ihrer historischen Kopplung (seit 1800) in einem Gesamtbild beziehungsweise Regime des Ästhetischen nur verstehen, wenn »Kunst« nicht länger allein als Kunst verstanden wird: »Ästhetisch« ist eine abweichende Aufteilung des Sinnlichen, die immer auch Nicht-Kunst einschließt beziehungsweise betrifft. Die Nicht-Kunst in Kunst ist ein Leben, das »autonom«, weil anders als die überkommene Verteilung der Körper in Räumen und Zeiten existiert. Das »grundlegende Paradox«[12] des ästhetischen Regimes lautet dementsprechend: »Kunst [ist] insofern Kunst, als sie etwas anderes als Kunst ist«, nämlich »eine autonome Lebensform«.[13] In diesem Sinne ist ästhetische Kunst immer »»ästhetisiert««:[14] der Verweis auf eine Lebensform, auf Nicht-Kunst ist ihr eingeschrieben. Nur so ist sie (Nicht-)Kunst.

---

11. Vgl. Rancière: »Die ästhetische Revolution und ihre Folgen«, in diesem Band, S. 26ff.
12. Rancière: »Die Ästhetik als Politik«, in: *Das Unbehagen der Ästhetik*, a.a.O., S. 47.
13. Rancière: »Die ästhetische Revolution und ihre Folgen«, in diesem Band, S. 26.
14. Ebd.

II.

Man muss allerdings fragen, inwieweit eine solche generelle Bestimmung der ›Ästhetisierung‹ (im Sinne von ›Ästhetisiertheit‹) von Kunst instruktiv ist, sobald es darum geht, tatsächlich Prozesse der Ästhetisierung zu beschreiben – Prozesse der Ästhetisierung jetzt verstanden als das Aufeinandertreffen von Kunst und Nicht-Kunst, sprich von als Kunst[15] geltenden Verfahren und Erfahrungsweisen und solchen Phänomene, die diese Geltung stören, irritieren, verändern; und so auch den Vorgriff gewähren auf modifizierte, eben ästhetisiert-ästhetische Erfahrungsweisen. Rancière scheint zu sagen, dass Kunst der Schauplatz oder die Bühne ist, auf denen konfligierende Erfahrungsweisen einander begegnen. Wird aber in der Rede von der ›Ästhetisiertheit‹ der (ästhetischen) Kunst diese Konflikthaftigkeit (das Dissensuelle) einfach als Attribut gutgeschrieben, oder wird ein Modell vorgeschlagen, wie die Praxis, Grammatik oder ›Struktur‹ eines solchen Konflikts beschrieben werden kann?

Vielleicht lässt sich an einem prominenten, wiederkehrenden Beispiel Rancières Aufschluss über diese Fragen gewinnen. Den modernen realistischen Roman (Stendhal, Flaubert, auch Balzac) und insbesondere seine Technik der detaillierten, nach tradierten Maßstäben exzessiven Beschreibung liest Rancière als Musterfall des Bruchs mit dem repräsentativen Regime der Kunst und also als paradigmatisch für eine Kunst im Stande der Ästhetisierung. *Realismus*, so Rancière, hieße hier gerade nicht die Reproduktion der »Tatsachen in ihrer Wirklichkeit«,[16] also »Ähnlichkeit aufzuwerten«;[17] vielmehr handle es sich darum, qua Details der Beschreibung »ein neues Regime der Anpassung zwischen der Bedeutung der Wörter und der Sichtbarkeit der Dinge zu entfalten«,[18] »die rohe Präsenz an die Stelle der rationalen Verkettungen der Geschichte [im aristotelischen Sinne des repräsentativen Regimes; D.W.] [zu setzen]« und so »die Rahmenbedingungen zu zerstören, innerhalb derer die Ähnlichkeit bis dahin funktionierte«, sprich »die Hierarchien der Repräsentation umzustürzen«.[19] Einerseits liefert der Realismus ein neues, heterogenes Sinnliches in »Naheinstellung«;[20] andererseits, aber in Konsequenz von Rancières Begriff der Aufteilung des Sinnlichen, sind diese ›thematischen‹ oder ›referentiellen‹ Verschiebungen verknüpft mit Modifikationen der Erfahrungsweise überhaupt, das heißt mit den Positionen und Erlebnissen der Körper. Mit Blick auf einen »pyramidenförmigen Haufen von Schachteln und Kartons«[21] auf einem alten Klavier bemerkt Rancière: »they [die Schachteln] are filled with the insignificant events and sensations of all those common people

---

15. An diesem Punkt noch nicht notwendig »ästhetischer« Kunst.
16. Jacques Rancière: »Politik der Literatur«, in: *Politik der Literatur*, Wien 2007, S. 27.
17. Rancière: *Die Aufteilung des Sinnlichen*, a.a.O., S. 41.
18. Rancière: »Politik der Literatur«, in: *Politik der Literatur*, a.a.O., S. 27.
19. Rancière: *Die Aufteilung des Sinnlichen*, a.a.O., S. 41f.
20. Ebd., S. 41.
21. Gustave Flaubert: *Ein schlichtes Herz*, in: *Drei Erzählungen*, Frankfurt/M. 1996, S. 9.

who were not counted within the representative logic«.²² Die »concatenations of sensory micro-events«²³ in den Beschreibungen Flauberts liest Rancière als signifikant für eine literarische »Demokratie«, die der Ordnung aristokratischer Handlungen das Durcheinander destrukturierter Bilder zwischen die Beine wirft: »only pictures, nailed together«.²⁴ Diese Bilder versteht Rancière dann nicht länger als repräsentativ, sondern als Operatoren im Gefüge einer veränderten Aufteilung des Sinnlichen, wo ein jeder, freigestellt von den Hierarchien der Repräsentation, jedes Leben leben kann – und: »anybody can feel anything«.²⁵ Wenn demzufolge das repräsentative Regime den Exzess der realistischen Beschreibung nicht funktional verorten kann, so ist dies das Indiz, dass im Realismus eine Politik der Ästhetik am Werk ist: Angereichert, das heißt ›ästhetisiert‹ durch ein heterogenes Sinnliches setzt sie »einem *Ganzen* ein anderes *Ganzes*«²⁶ (lies: Sensorium, Wirklichkeit, Welt) entgegen: »What is at stake in this ›excess‹ [...] is the conflict of two worlds, the conflict of two distributions of the sensible.«²⁷

Scheint sich so Rancières Diskussion des realistischen Romans kohärent in seine Beschreibung des ästhetischen Regimes ›ästhetisierter‹ (Nicht-)Kunst zu fügen, bleibt die oben gestellte Frage nach der prozessualen Feinstruktur der Ästhetisierung bis dato offen. Man kann sie nun so formulieren: Wie gewinnt Flaubert jene Bilder, die als »only pictures« operativ wirksam werden? Gibt Rancière hierauf eine Antwort? Sind es Bilder von ›anderen‹, ›heterogenen‹ Dingen (»›Blätter‹, die dem Besitzer den Baum verdecken [...] Kleingebäck [...] blaue Blasen«²⁸)? Von bislang Übersehenem? Vielleicht. Also ein ›glücklicher Empirismus‹? Ikonophilie der Zwischenräume?

Rancières Begriff der Ästhetisierung lässt sich am Fall des realistischen Romans einer eingehenderen Analyse unterziehen, indem man seine Beschreibung des Realismus mit der Roland Barthes' kontrastiert – was Rancière zuletzt selbst mehrfach getan hat.²⁹ Rancière unterstellt Barthes, in seinem Aufsatz *Der Wirklichkeitseffekt* eine restitutive Absicht zu verfolgen: Beunruhigt angesichts der nach Maßgabe strukturaler Analyse funktionslosen exzessiven Details der Beschreibung, entwerfe Barthes eine Art meta-strukturalistisches Supplement: »either the structure or the remainder«³⁰ – was sich funktionell der Struktur nicht füge, werde als der singuläre »Rest« verstanden, der in ihr nicht aufgehe, damit aber gewissermaßen als ihr Außen negativ in die Struktur zurückgeholt;

---

22. Jacques Rancière: »The Reality Effect and the Politics of Fiction«, unveröffentlicht, S. 3 (zitiert aus dem Manuskript des Vortrags, den Rancière als Research Fellow des Sonderforschungsbereichs 626 im ICI Kulturlabor Berlin am 21.09.2009 gehalten hat).
23. Ebd.
24. Ebd., S. 4.
25. Ebd.
26. Jacques Rancière: »Das literarische Missverständnis«, in: *Politik der Literatur*, a.a.O., S. 55.
27. Rancière: »The Reality Effect and the Politics of Fiction«, a.a.O., S. 5.
28. Rancière: »Das literarische Missverständnis«, in: *Politik der Literatur*, a.a.O., S. 58f.
29. Vgl. u.a. Rancière: »The Reality Effect and the Politics of Fiction«, a.a.O.; ders.: »Das literarische Missverständnis«, in: *Politik der Literatur*, a.a.O.
30. Rancière: »The Reality Effect and the Politics of Fiction«, a.a.O., S. 5.

als »Reales«, das nichts bestimmt Wirkliches (Realistisches) mehr bezeichne, sondern nur mehr tautologisch wiederhole: »*wir sind das Wirkliche*«.[31] Auch sei darin das spätere Interesse Barthes' am »Es-ist-so-gewesen« der Fotografie vorgezeichnet, quasi als die dann nurmehr traumatisch zu begreifende Rückkehr des Referenten zur referenzlosen, selbstbezüglichen Struktur des Strukturalismus der sechziger Jahre.[32] Insofern Barthes den funktionslosen Rest des Details als eine neue Form der Wahrscheinlichkeit – immer nur das Reale als das Reale versichernd – begreife, restituiere er einen Strukturalismus noch angesichts des Struktur-losen und bleibe damit, wie jeder Strukturalist, dem repräsentativen Regime und seiner hierarchischen Ordnung treu. In diesem Sinne setzt Rancière gegen Barthes' tautologischen und damit diesseits des Politischen operierenden Signifikanten des Realen die oben beschriebene These eines dissensuellen Realismus: Dessen Beschreibungen »stage a reality against another« und unterlaufen so die repräsentative Logik, »separating the realm of poetic fiction from the realm of prosaic reality«.[33]

Tatsächlich verfolgt Barthes im *Wirklichkeitseffekt* aber eine andere Strategie und Zielsetzung als Rancière glauben machen will. Zunächst einmal teilt Barthes Rancières Bestreben, die »jahrhundertealte Ästhetik der ›Repräsentation‹ radikal in Frage [zu stellen]«[34] – die unterschiedlichen Weisen dieser Infragestellung scheinen jedoch, im Angesicht exzessiver Beschreibung, auf unterschiedliche Begriffe der Ästhetisierung zu deuten. Offenbar kommt dem Wirklichkeitseffekt im Zusammenhang von Barthes' Werk eine gewisse Scharnierposition zu: Der Wunsch, den modernen Realismus einer Art Ideologiekritik zu unterziehen – um nämlich am Ende des Textes die »Grundlegung [eines] uneingestandenen Wahrscheinlichen«[35] zu belegen – weist zurück auf die *Mythen des Alltags* (1957) und ihr Projekt einer »sozialen Mythologie«.[36] Andererseits deutet die Orientierung an einer »Leerung« des Zeichens im Kontrast zur Regression des Realismus voraus auf das »Genre« Textualität der siebziger Jahre. Derweil bleibt, 1968, eine unterdessen gelockerte Semiologie das Werkzeug der kritisch-strukturalen Analyse.[37]

---

31. Roland Barthes: »Der Wirklichkeitseffekt«, in: *Das Rauschen der Sprache*, Frankfurt/M. 2006, S. 171. Tatsächlich hatte Barthes bereits zwei Jahre zuvor die Frage »ist in einer Erzählung alles funktionell?« gestellt und dann, struktural zuspitzend, hart tautologisch erklärt: »alles Erwähnte [ist...] erwähnenswert« – Ausdruck der »Lust, eine *Systematik* zu erproben«? (Roland Barthes, »Einführung in die strukturale Analyse von Erzählungen«, in: *Das semiologische Abenteuer*, Frankfurt/M. 1988, S. 109, 9.)
32. Vgl. Jacques Rancière: »Notes on the Photographic Image«, in: *Radical Philosophy* 156 (July/August 2009), S. 8–15; Jacques Rancière: »Seeing, showing, demonstrating«, unveröffentlicht (Vortrag vom 23.09.2009 im Rahmen der Gesprächsreihe »How German Is It?« zur Ausstellung *Thomas Demand. Nationalgalerie*, Neue Nationalgalerie Berlin).
33. Rancière: »The Reality Effect and the Politics of Fiction«, a.a.O., S. 5.
34. Barthes: »Der Wirklichkeitseffekt«, in: *Das Rauschen der Sprache*, a.a.O., S. 172.
35. Ebd., S. 171.
36. Vgl. betreffs der Phasen von Barthes' Werk den Eintrag »Phasen« in: Roland Barthes: *Über mich selbst*, München 1978, S. 158.
37. »[J]ede Ideologiekritik [... kann nur und muss] semiologisch sein« (Roland Barthes: »Das semiologische Abenteuer«, in: *Das semiologische Abenteuer*, a.a.O., S. 9).

Ausgehend von Flauberts »Schachteln und Kartons« zu Beginn von *Ein schlichtes Herz* fragt Barthes nach der Rolle »unnützer Details« »nicht nennenswerter Natur«[38] und der »Bedeutung dieser Bedeutungslosigkeit«.[39] Insoweit ist Rancière zuzustimmen, dass Barthes diese Frage im Horizont einer strukturalen *clôture* stellt: noch das Bedeutungslose soll (a-)signifikant sein. Im Durchgang durch die möglichen historischen Antworten erweist sich dann aber Barthes' tendenziell bereits post-strukturalistisches Interesse an der Struktur von Struktur selbst, beziehungsweise an den (vielleicht ›ästhetisch‹ oder ›ästhetisierend‹ zu nennenden) Prozessen, denen Struktur (hier: das Zeichen) selbst unterliegt. Historische Kandidaten einer Finalität (beziehungsweise Re-Finalisierung) des bedeutungslosen Details sind die Ekphrasis der Neorhetorik, Flauberts »ästhetische Wahrscheinlichkeit«,[40] oder die vom Postulat des Wahrscheinlichen freigestellte Ordnung der Historiographie[41] (im Unterschied zur »Poesie«) im klassischen Diskurs.[42] Durch seine erklärte Absage an die Codes der Rhetorik und qua der zeitgenössischen Orientierung am historischen Diskurs, die ihn zum Bruch mit der Wahrscheinlichkeit klassischer Fiktion (»*Nehmen wir an...*«[43]) nötigt, muss der moderne Realismus nun eine »neue Wahrscheinlichkeit«[44] entwickeln. Dies ist die »referentielle Illusion«[45] einer das Signifikat auslassenden direkten Verschweißung von Signifikant und Referent – als wenn der Signifikant natürlich bedeutete (eben ohne – weil ohne Signifikat, ohne strukturierende Struktur – zu bedeuten: illusionistisch). Um ein Raster verschoben[46] kehrt das Signifikat, allerdings uneingestanden, wieder; als Konnotation bedeutet es kein spezifisches Wirkliches, sondern ›Wirklichkeit überhaupt‹: das ›Reale‹. Alles wirklich, und kaum ahnt man den Zeichenapparat (»im Grunde die narrative Struktur«[47]), der es vorstellt: dies ist die Illusion oder die Ideologie des Realismus.

Die Pointe der neuen, realistischen Wahrscheinlichkeit ist nun, dass sie gar keine dissensuelle Beziehung zu den »repräsentativen« »Gesetzen der Gattung« unterhält – zumindest wenn dies bedeutete, ein bis dato restringiertes Wahres zur Erscheinung zu bringen. Produziert die neue Wahrscheinlichkeit einerseits, »auf gewissermaßen regressive Weise«, den Effekt einer »referentiellen Fülle«[48] (etwa ›Leben‹ oder ›Wirklichkeit‹), hängt ihr Funktionieren kaum an neuen, »heterogenen« Inhalten, am Personal oder an Themen; vielmehr teilt

---

38. Barthes: »Der Wirklichkeitseffekt«, in: *Das Rauschen der Sprache*, a.a.O., S. 165.
39. Ebd., S. 166.
40. Vgl. ebd., S. 167f.: »als wäre Rouen nur seiner Substitutionen wegen nennenswert«.
41. Vgl. ebd., S. 169f.: »das ›konkrete Wirkliche‹ [...] das Lebendige [...] wie eine Kriegsmaschine gegen den Sinn«.
42. Zu den Einzelheiten vgl. ebd., S. 166ff.
43. Ebd., S. 171.
44. Ebd.
45. Ebd.
46. Hier ist die Nähe zur Argumentation der »sozialen Mythologie« evident; vgl. schematisch Roland Barthes: *Mythen des Alltags*, Frankfurt/M. 1964, S. 93.
47. Barthes: »Der Wirklichkeitseffekt«, in: *Das Rauschen der Sprache*, a.a.O., S. 171.
48. Ebd.

sie die »große Angelegenheit der Moderne«,[49] den »Zerfall des Zeichens«[50] zu betreiben, also die Struktur der Darstellung selbst durchzuarbeiten. Zunächst gewissermaßen wider ihren ideologischen Einsatz. Gleichwohl, die neue Wahrscheinlichkeit wird generiert nicht durch eine neue, heterogene Referenz, sondern in der Bezugnahme, Umsetzung und Umschrift des Textes der Repräsentation. Lautete oben die Frage, wie Flaubert jene Bilder gewinnt, die als »only pictures« operativ wirksam werden, so ist zu antworten, dass *Ein schlichtes Herz* eine Umschrift von Lamartines *Geneviève* ist, die Flaubert »wie ein Puzzle«, »als Signifikantenmaterial«[51] verwendet. Außer der Entstellung der in Lamartines Text figurierenden »Klassenprivilegien«[52] (wer spricht: der feudale Autor oder seine deklassierte Figur?), durchkreuzt der Text die Schließung der Repräsentation noch im vermeintlich repräsentativsten Bild. Die Bilder der Repräsentation »frieren ein«,[53] verdrehen so den Apparat der Repräsentation hin auf eine nur mehr (in der strukturalistischen Terminologie der Zeit) »konnotative« Bedeutung (der ›eigentliche‹, ›erste‹ Sinn findet nicht länger sein ›hermeneutisches‹ Signifikat). Der Effekt ist dann kein ideologischer mehr, sondern, wenn man so will, ein genuin »ästhetischer«: Text richtet sich auf Text, um eine andere Lesbarkeit einzurichten; um gegebenem Text seine je nur geliehene Verbindlichkeit vorzulesen; um die angeblich verbriefte Struktur von Text und Referenz und so auch die Verteilung der Sichtbarkeit zu stören. In diesem Sinne ist der, so verstanden, »ästhetische« Text sehr wohl dissensuell. Sinn-entstellend, Sinn-bestreitend aber ist er, so scheint es, in einer fataleren Weise als die »Ästhetik« eines heterogenen Sinnlichen, die Rancière vorschlägt. In den Re-Implementierungen der Figuren[54] – Figuren machen Sinn nur in den Bezügen ihrer Implementierung: das hieße *Lesen* – wird der ›alte‹ Text der Repräsentation nicht bloß beiseite geschoben, sondern als ein anderer lesbar; als anders lesbar. Die Welt wird nicht anders, sie war es schon.

Man könnte diese, in einer Weise, ›reflexive‹ Bezugnahme auf den ›alten‹ Text seine »Ästhetisierung« nennen: Dass solch eine Operation möglich ist, weist den Text beziehungsweise das Textgefüge als ästhetisch aus. Dass der Ab- und Umbau der klassischen Struktur des Zeichens möglich ist, verrät etwas über ihren ›(onto-)logischen‹ Status – nenne man ihn »ästhetisch«. Zugleich ist klar, dass Ästhetisierung nicht geschehen muss (meist unterbleibt sie zugunsten der Iterationen, der Wiederkehr des Altvertrauten); sie ist also kein generelles Attribut, das die Seinsweise von Kunstobjekten im Regime des Ästhetischen kennzeichnen würde. Sie ist ein möglicher Prozesstyp, der möglich ist, weil die Objekte, die

---

49. Ebd.
50. Ebd.
51. Barbara Vinken: *Eine Legende der Moderne. Flauberts Einfaches Herz*, Berlin 2009, S. 44.
52. Ebd., S. 48.
53. Mitunter in ihrer Kontur nachgezogen durch den Tempuswechsel ins Präsens: »Im Garten befindet sich eine Terrasse, von der aus man die Seine erblickt« (Flaubert: *Ein schlichtes Herz*, in: *Drei Erzählungen*, a.a.O., S. 32).
54. Vinken: *Eine Legende der Moderne*, a.a.O., S. 14f.

er betrifft, ästhetischen Status besitzen. Der Vorzug dieses Begriffs von »Ästhetisierung«, im Unterschied zu jenem Rancières, ist vielleicht, dass er die Feinstruktur des Ästhetisierungs-Prozesses näher zu erläutern erlaubt: Wie gewinnt man »only pictures«-*pictures*? Der politische Einsatz beider Begriffe ist ähnlich. Aber das würde Rancière vermutlich bestreiten, denn ihm erschiene eine solche »Ästhetisierung« wohl nur als Variante der »romantischen« Verdoppelung des Lebens,[55] als dessen wie immer ironische Iteration, politisch desinteressiert. Aber ist »Ästhetisierung« in diesem Sinne ironisch, ist sie nicht eher sehr ernst und traurig? Flaubert über *Un cœur simple*: »Cela n'est nullement ironique, comme vous le supposez, mais au contraire très sérieux et très triste.«[56]

---

55. Rancière: »Die ästhetische Revolution und ihre Folgen«, in diesem Band, S. 36.
56. Gustave Flaubert: »Lettre à Mme Roger des Genettes«, 19. Juni 1876, zitiert nach Vinken: *Eine Legende der Moderne*, a.a.O., S. 54.

II.

ÄSTHETIK UND WISSEN

Dorothea von Hantelmann, Antje Wessels

Vorbemerkungen zum Verhältnis von Ästhetischem und Epistemischem

Wenn der Titel des vorliegenden Bandes den Begriff der Ästhetisierung in Anführungsstriche gesetzt hat, dann deshalb, weil das Wort in seinem geläufigen Verständnis zu implizieren scheint, dass etwas ›Nicht-Ästhetisches‹ durch ein Hinzutun in den Zustand des Ästhetischen versetzt wird. Bezogen auf das Verhältnis zwischen Ästhetischem und Epistemischem, um das es in den folgenden Beiträgen gehen soll, hieße dies, dass es sich um zwei zwar aufeinander ausgreifende, doch grundsätzlich verschiedene Bereiche handelt, von denen einer, der des Wissens, dem anderen vorausgeht, und der andere, der des Ästhetischen, für eben diesen eine potenzielle Gefährdung oder auch Verbesserung darstellt. Aber lassen sich Wissen und Ästhetik tatsächlich immer trennen? Muss ›Ästhetisierung von Wissen‹ zwangsläufig einen Verrat an Wahrheit, Wissenschaft, Vernunft bedeuten? Oder ist das Ästhetische nicht vielmehr umgekehrt als deren Voraussetzung, wenn nicht gar als deren integraler Bestandteil zu denken? Die folgenden Beiträge wollen diesem letztgenannten Verdacht nachgehen, und es sei daher, bevor wir uns in einem kleinen Parcours durch die Wendungen dieses Verhältnisses wagen, an eine berühmte antike Anekdote erinnert, die eine solche *integrale* Vernetzung von Wissen und Ästhetik beschreibt – und zwar in genretypischer Manier: ausgehend von ihrem Scheitern.

Im achten Buch seiner *Institutio oratoria* erzählt der Redner und Rhetoriklehrer Quintilian von einem bei Livius erwähnten Lehrer, der seine Schüler mit dem Schlachtruf *skótison* (»verdunkele«!) dazu angetrieben haben soll, mutwillig und mit allen Mitteln der Stilistik darauf hinzuarbeiten, möglichst unklar zu sprechen: Sobald es einem seiner Schüler gelungen sei, den Gegenstand der Rede *so* einzudunkeln, dass keiner der Zuhörer mehr verstehen konnte, was er denn nun sagen wollte, rief er das Lob aus: *tanto melior, ne ego quidem intellexi* – »Klasse, sogar *ich* hab nichts verstanden!«[1]

Versierte Exklusionsstrategen wie der um Dunkelheit und Dünkeltum bemühte Lehrer mögen mit ihrer dubiosen Technik Nachfolger gefunden haben. Die Gnade Quintilians fanden sie nicht. Im Gegenteil. Sei es, dass einfach nur die *Fähigkeit* zu klarem Ausdruck fehlt, sei es, dass der Redner mutwillig und mit allen Mitteln der Kunst darauf hinarbeitet: Satzungetüme, die keine Lunge auszuhalten vermag (*ultra quam ullus spiritus durare possit*), unverständliche Ausdrücke (*adianóeta*) oder eine *brevitas*, die selbst auf das verzichtet, was notwendig ist, zählt Quintilian zu den größten Fehlern, die einem Redner unterlaufen können.

---

1. Quintilian: *Institutio oratoria* VIII, 2.18 (dt.: Marcus Fabius Quintilianus: *Ausbildung des Redners*, Lateinisch-Deutsch, 2 Bde., hrsg. v. Helmut Rahn, Darmstadt 1988). Die Livius-Stelle selbst ist nicht überliefert.

In anekdotischer Verdichtung bringt Quintilian hier auf den Punkt, dass das Ästhetische nicht etwa dazu dienen soll, einen Gegenstand hinter einer Maske zum Verschwinden zu bringen, sondern, im Gegenteil, zu seiner Veranschaulichung, mithin zur Präzisierung beizutragen hat. Denn mit seinem Verdikt der Dunkelheit,[2] in das er die Anekdote einbettet, will Quintilian in Erinnerung rufen, dass die Vermittlung von Wissen überhaupt nur dann gelingen kann, wenn sich der Redner auf einen gezielten Einsatz des Ästhetischen besinnt, wenn er den *ornatus* also *so* auswählt, dass der Gegenstand eine besondere Plastizität – *enárgeia*[3] – gewinnt und dem Adressaten dadurch *so* vor Augen steht, als ob er selbst, leibhaftig, präsent sei.

Nun weckt der Begriff des *ornatus*, der ja mit »Rede*schmuck*« zu übersetzen ist, nicht gerade die Assoziation, als handele es sich hierbei um etwas, auf das sich nicht verzichten ließe – Quintilian selbst spricht davon, dass er die Dinge »glänzender« mache.[4] Man denkt also zunächst an eine ›Aufglänzung‹ oder ›Verschönerung‹. Doch ist der *ornatus* nicht einfach schmückendes ›Kostüm‹, durch das etwas schon Deutliches ›verhübscht‹ werden soll. Die stilistische Ausarbeitung (*elocutio*), der er zugeordnet wird, ist vielmehr ein notwendiges Mittel, um das räumlich, zeitlich oder sinnlich Abwesende, mithin das sich der sinnlichen Erfahrung ganz oder in Teilen noch Entziehende so zu veranschaulichen, dass es – durch Gleichnis, Metapher, Vergleich oder Ähnliches – eine leibliche Gestalt gewinnt und der sinnlichen Erfahrungswelt auf diese Weise erst einmal zugänglich gemacht wird.

Sinn und Sinnlichkeit, Sachlichkeit und Redeschmuck, Begriff und Lebendigkeit – und wie sich an der *actio* noch zeigen ließe, selbst Verstand und Körper:

---

2. Das Gegenstück zur Dunkelheit (*obscuritas*), deren Un- und Abarten Quintilian mit diesem Beispiel vorführt, ist die *perspicuitas*, die sprachliche und inhaltliche Durchsichtigkeit der Rede, bekanntlich eine der vier bzw. fünf *virtutes dicendi*, zu denen auch die *latinitas*, das *aptum* und der *ornatus* zählen. Zu den verschiedenen Aspekten des produktiven rhetorischen und literarischen Einsatzes der *obscuritas* vgl. Manfred Fuhrmann: »Obscuritas. Das Problem der Dunkelheit in der rhetorischen und literarästhetischen Theorie der Antike«, in: Wolfgang Iser (Hg.): *Immanente Ästhetik. Ästhetische Reflexion*, München 1966, S. 47–72.
3. Der auf das griechische Adjektiv *argés* – »glänzend«, »leuchtend«, »weiß« – zurückgehende Begriff der *enárgeia* wird im Lateinischen nicht nur mit *illustratio* und *evidentia* übersetzt (vgl. Cicero: *Partitiones oratoriae* VI, 20; dt.: Cicero: *Rhetorik in Frage und Antwort*, Lateinisch-Deutsch, hrsg. v. Karl Bayer, Zürich, München 1994), sondern auch als *repraesentatio*, Vergegenwärtigung von etwas, das ohne diese überhaupt nicht (oder doch zumindest nicht in dieser Form) *da* sein könnte. Dabei ist dieses Nicht-da-sein *mehr* als eine nur *räumlich* oder *zeitlich* bedingte Absenz. Es bezieht sich auch auf die fehlende Präsenz und Wirksamkeit von Gegenständen, mithin auf die Dringlichkeit, die Präsenz eines Gegenstandes so wiederherzustellen, wie das die reine Bezeichnung seines Namens nicht leisten könnte. Zur *enárgeia*, auf die Quintilian in *Institutio oratoria* VI, 2. 32 und VIII, 3. 62ff. eingeht, vgl. Gyburg Uhlmann: »Über eine vergessene Form der Anschaulichkeit in der griechischen Dichtung«, in: *Antike und Abendland. Beiträge zum Verständnis der Griechen und Römer und ihres Nachlebens*, 55 (2009), S. 1–22. Vgl. auch Rüdiger Campe: »Form und Leben in der Theorie des Romans«, in: Armen Avanessian, Winfried Menninghaus und Jan Völker (Hg.): *Vita aesthetica. Szenarien ästhetischer Lebendigkeit*, Zürich, Berlin 2009, S. 193–211.
4. Quintilian: *Institutio oratoria* VIII, 3.61f.

Mimik, Gestik, Körperhaltung – schließen sich nicht etwa aus; sie stehen vielmehr in einem wechselseitigen Bedingungsverhältnis.

Wie sehr das Ästhetische in der Antike Teil der erkenntnistheoretischen Diskurse war, zeigen nicht nur die seit Aristoteles[5] geführten *enárgeia*- und *phantasía*-Diskussionen,[6] sondern auch die heftigen Debatten, die sich schon lange zuvor am Begriff der Sinnestäuschung oder im Zusammenhang mit der Erzeugung von Illusion[7] entzündeten. So kam mit dem Begriff der *apáte*,[8] der vom Dichter ganz bewusst und spielerisch erzeugten Täuschung, ein Begriff ins Spiel, in dem sich in Abgrenzung zum *pseúdos*, das für objektive Falschheit einzustehen hat, der Unterschied von Wahr- und Falschheit aufhob. Nur Rätsel, Paradoxa und Ambivalenzen, so hat das möglicherweise schon der homerische Hermeshymnos implizieren wollen, können dem *lógos* gerecht werden, während die normale Sprache dessen Tiefe niemals erreichen werde. In eine ähnliche Richtung schließlich zielt die Skepsis gegenüber der Sprache, die Platon[9] zur Wahl einer poetischen Form der Dialoge veranlasst, oder auch die mehr als eine poetische Einkleidung zu verstehende Ästhetisierung religiöser Wahrheiten, wie sie etwa mit dem Zeus-Hymnos des Stoikers Kleanthes[10] anzutreffen ist.

Demgegenüber gerät mit der Kontrastierung von Sinnlichkeit und Erkenntnis, wie sie in der Spätantike, etwa durch den Neuplatonismus zunehmend forciert wird und im Mittelalter, etwa im Bilderverbot des Bernhard von Clairvaux (12. Jahrhundert)[11] nachgerade zur Entgegensetzung von Wissen und Ästhetik führt, das Bewusstsein für die erkenntnisfördernden Kräfte des Ästhetischen vorläufig in den Hintergrund. Erst Mitte des 18. Jahrhunderts wird es mit der Ästhetik Baumgartens und schließlich Kants gelingen, die Aspekte des Sinnlichen – die Sinne selbst, die Anschauung, die Illusion – als erkenntnistheoretische Kategorien in die Diskussion zurückzuholen und die in den antiken Diskursen

---

5. Aristoteles: *De anima* III, 3 427a ff. (dt.: Aristoteles: *Über die Seele*, Griechisch-Deutsch, hrsg. v. Horst Seidel, Hamburg 1998).
6. Zur Verschränkung von Erkenntnis und Sinnlichkeit vgl. Gregor Vogt-Spira: »Visualität und Sprache im Horizont antiker Wahrnehmungstheorie. Einige Überlegungen zur Bild-Text-Debatte«, in: Jürgen Paul Schwindt (Hg.): *Klassische Philologie inter disciplinas*, Heidelberg 2002, S. 25–39, insb. S. 35–39.
7. Zum Begriff der Illusion vgl. Irmgard Männlein-Robert: *Stimme, Schrift und Bild. Zum Verhältnis der Künste in der hellenistischen Dichtung*, Heidelberg 2007, S. 87–93.
8. Laut Plutarch hat der Sophist Gorgias behauptet, dass derjenige, der mit der *apáte* arbeitet, *dikaióteros*, also »gerechter« sei – was soviel bedeutet, als dass die Strategie der Täuschung und Illusionserzeugung als literarisches Verfahren ehrlicher ist (Plutarch: *De Gloria Atheniensium* V, 348 C = *Gorgias*, B 23, dt.: Gorgias: *Reden, Fragmente und Testimonien*, hrsg. v. Thomas Buchheim, Hamburg 1989). Zum Begriff der *apáte* vgl. Thomas G. Rosenmeyer: »Gorgias, Aeschylus, and Apate«, in: *The American Journal of Philology* 76.3 (1955), S. 225–260.
9. Zu Platons Sprachskepsis vgl. insb. *Platons Siebter Brief. Einleitung, Text, Übersetzung, Kommentar*, übers. v. Rainer Knab, Hildesheim 2006, sowie *Phaidros*, in: Platon: *Sämtliche Werke*, Bd. 2, Berlin 1940, S. 411–482.
10. Vgl. *Stoicorum Veterum Fragmenta* I 537, hrsg. v. Hans Arnim, Stuttgart 1964, S. 121f.
11. Bernhard von Clairvaux: *Apologia ad Guillelmum Sancti Theoderici abbatem XII*, in: *Patrologia latina*, Bd. 182, Paris 1862. Vgl. dazu Hans Robert Jauß: *Ästhetische Erfahrung und literarische Hermeneutik*, Frankfurt/M. ²1984, S. 31f.

angedeuteten Zusammenhänge neu zu formulieren. Verstand und Sinnlichkeit erscheinen nun als zwei einander bedingende Quellen der Erkenntnis, und mag sich die als hierarchisch gedachte Substruktur dieses Bedingungsverhältnisses auch vielleicht nicht restlos aufheben lassen, so wird das Ästhetische gleichwohl als Vermögen anerkannt, das dem Verstand mindestens analog, wenn nicht gar in Gestalt der »freien Einbildungskraft« gemäß ist.

Und doch weist gerade der Gedanke der Eigengesetzlichkeit des Sinnlich-Ästhetischen und die sich anbahnende Autonomisierung der Kunst auch auf die Möglichkeit voraus, die Räume des Ästhetischen und die des Wissens wieder als zwei komplementäre Bereiche zu fassen und voneinander zu entkoppeln. So vollzieht sich mit der Aufklärung und vor allem dann im 19. Jahrhundert die systemische Ausdifferenzierung von Wissen und Ästhetik in Wissenschaft und Kunst, mithin in disparate Kulturen, die wenig miteinander zu tun haben wollten, ja die sogar in einem Konkurrenzverhältnis zueinander standen.[12] Dieser Wandel ging einher mit einem veränderten Selbstverständnis der Wissenschaften und der Künste. Die Wissenschaften orientierten sich an einem strikten Objektivitätsideal und strebten im Zuge dieser Entwicklung immer mehr danach, jede Dimension des Subjektiven und der Rhetorik auszuschalten.[13] Dieses Ideal billigte der Kunst bestenfalls eine ausgleichende Funktion zu – gleichsam als Kompensation für die zunehmende Entseelung der heranwachsenden Industriegesellschaft. Umgekehrt subjektivierten sich die Künste und besetzten somit als Gegenpol zu den Wissenschaften eine neue Rolle. Sie zelebrierten den Regelbruch und die Subversion, kultivierten den Geniekult und behaupteten damit nicht nur ihre Autonomie neben den Wissenschaften, sondern versuchten in letzter Konsequenz jene zu überbieten.[14] In der Kunstphilosophie Friedrich Nietzsches findet dieses Bestreben seinen wohl rigorosesten Niederschlag. Denn die von ihm geforderte »Umkehrung aller Werte« deklarierte implizit das Primat und Vorrecht künstlerischer Verfahrensweisen vor jenen der Wissenschaft. Die Künste, gedacht als Quelle und Medium allen Wissens und damit Antrieb jedes wissenschaftlichen Erkenntnisanspruchs, vermochten darüber hinaus auch das Existentielle tiefer zu ergründen. Erkenntnis und Wirklichkeit scheinen damit ebenso wie Argument und Diskursivität im Ästhetischen verortet.

Nicht zuletzt vor dem Hintergrund ihres Nietzsche-Bezugs hat sich der Avantgardismus des frühen 20. Jahrhunderts vielfach in ein kritisches Verhältnis zur Wissenschaft gesetzt. Wenn Max Ernst in seinen *Paramyths* von 1949, einer Sammlung von Collagen und Dichtungen, auf Anatomieabbildungen, mathematische Karten oder elektromagnetische Felddarstellungen zurückgreift, so ist dies

---

12. Vgl. Dieter Mersch und Michaela Ott (Hg.): *Kunst und Wissenschaft*, München 2007, insb. dies.: »Tektonische Verschiebung zwischen Kunst und Wissenschaft«, S. 9–31.
13. Zur Geschichte der Objektivität vgl. Lorraine Daston und Peter Galison: *Objektivität*, Frankfurt/M. 2007.
14. Vgl. Jochen Schmidt: *Die Geschichte des Genie-Gedankens in der deutschen Literatur, Philosophie und Politik 1750–1945*, Darmstadt 1985, insbesondere Bd. 2: »Von der Romantik bis zum Ende des Dritten Reichs«; vgl. auch Jens Szczepanski: *Subjektivität und Ästhetik*, Bielefeld 2007, insb. das Kapitel »Subjekt, Rationalismus, Ästhetik«, S. 51–83.

als eine Kritik am Rationalismus der Wissenschaft zu verstehen. Es ist die negative Bezugnahme, die hier das künstlerische Verhältnis zur Wissenschaft prägt, die in ihrer künstlerischen Rezeption gleichsam zur Parodie ihrer selbst wird.

Kunst und Wissenschaft scheinen damit endgültig in zwei weit voneinander entfernten Sphären sesshaft geworden zu sein, und dennoch fällt auf, dass beide von analogen Entwicklungen gezeichnet sind. Bedingt durch eine Krise des wissenschaftlichen Wahrheitsanspruchs sowie eine radikale Infragestellung der Kunst findet in beiden Bereichen ein Prozess der Selbsthinterfragung und Selbstreflexion statt – nicht zuletzt aufgrund der erschütternden Erfahrung des Zweiten Weltkriegs, die das Selbstverständnis der europäischen Avantgarden nachhaltig verunsicherte, sowohl moralisch als auch kulturell und wissenschaftlich. Paradoxerweise ist es nun gerade dieses Bedürfnis nach Selbstreflexion, das eine erneute Annäherung von Wissenschaft und Kunst möglich machte und diese Annäherung zugleich als ein kritisch-selbstreflexives Projekt auswies – und auch heute im besten Fall ausweist.[15] Ein Beispiel dafür ist die Neudefinition der Kunstgeschichte als eine (erweiterte) Bildwissenschaft, die maßgeblich angeregt wurde durch die Konfrontation mit den neuen bildgebenden Verfahren der Naturwissenschaften, mithin einer neuartigen Bildlichkeit, die jenseits von Abbild, Ähnlichkeit oder Repräsentation liegt.[16]

Nun trägt dieses Kapitel nicht den Titel »Kunst und Wissenschaft« sondern eben »Ästhetik und Wissen«, was darauf hindeutet, dass es weniger um die skizzierte systemische Ausdifferenzierung und ihre Überwindung, Nivellierung oder Hybridisierung geht, wie sie sich aktuell etwa in der Übernahme wissenschaftlicher Verfahrensweisen durch zeitgenössische Künstler beschreiben ließe. Der hier veranschlagte Ausgangspunkt ist vielmehr eine »tieferliegende Entgrenzung«,[17] jenes Ineinandergreifen, wie es das eingangs angeführte *enárgeia*-Konzept bereits gezeigt hat. Wir gehen davon aus, dass das Ästhetische konstitutiv für jede Form des Wissens ist, wie umgekehrt auch Bilder nicht unabhängig von bestimmten Formen des Wissens wirken können. Insofern stellt sich die zentrale Frage, inwiefern eine Entgegensetzung von Ästhetik und Wissen überhaupt plausibel ist – und was für einen Begriff von Wissen und Ästhetik eine solche Infragestellung ihrer Trennung voraussetzt.

In diesem Sinne den Blick auf Kant und Baumgarten zurück werfend, diskutieren die beiden Beiträge von Astrid Deuber-Mankowsky und Hans-Georg Soeffner unterschiedliche Formen des sinnlichen Erkennens. Im Zentrum des Beitrags von Deuber-Mankowsky steht Kants Konzeption des Wissens, die, wie

---

15. Zum Einfluss wissenschaftlicher Strategien auf die Gegenwartskunst vgl. Christiane Fricke und Jürgen Rapp (Hg.): »Dialog and Infiltration: Wissenschaftliche Strategien in der Kunst«, in: *Kunstforum*, Bd. 144 (März/April 1999).
16. Vgl. dazu Gottfried Boehm (Hg.): *Was ist ein Bild?*, München 1995; Horst Bredekamp und Gabriele Werner (Hg.): »Bildwelten des Wissens«, in: *Kunsthistorisches Jahrbuch für Bildkritik*, Bd. 1/1, Berlin 2003; Olaf Breidbach: *Bilder des Wissens: Zur Kulturgeschichte der wissenschaftlichen Wahrnehmung*, München 2005; W.J.T. Mitchell: *Bildtheorie*, Frankfurt/M. 2008.
17. Mersch: *Kunst und Wissenschaft*, a.a.O., S. 28.

ihre Ausführungen zeigen möchten, von einem denkwürdigen Begriff der ästhetischen Illusion getragen ist. Der Essay von Soeffner beschäftigt sich mit dem praktischen Sinn von Ästhetik. Unter Bezugnahme auf Plessner geht er von der Existenz einer präreflexiven sinnlichen Erlebnis- und Wahrnehmungstätigkeit des Menschen aus, die einen spezifischen Realitätsmodus und mithin Formen der Welterschließung eröffnet. Was beide Beiträge verbindet, ist also eine Konzeption des Wissens, bei der Wissensproduktion auf ihre ebenso vergessene, wie prekäre und kontingente Medialität verwiesen wird und dabei immer auch einen ästhetischen Mehrwert, ein *surplus* produziert, dem zugleich eine epistemische Bedeutung zukommt.

Astrid Deuber-Mankowsky

Ästhetische Illusion als Bestandteil des Wissens
Zu Kants Opponenten-Rede

I. Ästhetisierung: Königsberg 1777

Der Begriff der »Ästhetisierung« scheint zunächst die spezifischen historischen, gesellschaftlichen, medientechnischen und politischen Bedingungen der Moderne vorauszusetzen. So bezieht sich die bekannte Forderung von Walter Benjamin, der zufolge der faschistischen Ästhetisierung der Politik mit einer Politisierung der Ästhetik zu begegnen sei, auf die konkrete historische, politische und mediale Situation in Deutschland und Europa im Jahr 1936. Es wäre also durchaus irreführend, würde man den Begriff der Ästhetisierung in der Benjaminschen Bedeutung auf die siebziger Jahre des 18. Jahrhunderts übertragen, in der sich die Ästhetik als eine eigene und neue Disziplin überhaupt erst etablierte. Dies gilt umso mehr, als Benjamin die Anfänge der Ästhetisierung der Politik auf die Bewegung des *l'art pour l'art* zurückführte und damit eine Autonomieästhetik voraussetzte, die sich doch erst am Ende des 18. Jahrhunderts ausgehend von Kants 1790 veröffentlichter *Kritik der Urteilskraft* in der Frühromantik herausgebildet hatte.

Irreführend wäre die Anwendung des Begriffs der Ästhetisierung auf die Zeit vor 1800 auch, wenn man der Definition folgen wollte, die Jacques Rancière von Ästhetik gibt. Ästhetik ist nach Rancière ein bestimmtes Regime der Identifizierung von Kunst, das diese, wie er in Abhebung von Benjamin konstatiert,[1] per definitionem mit Politik verbindet.[2] Kunst ist in diesem Verständnis nur in dem Maße Kunst, wie sie vermittelt über das ästhetische Regime als solche identifiziert wird.[3] Unter Politik versteht Rancière die »Sichtbarmachung der Anteillosen« bzw. die Neuordnung der »Aufteilung des Sinnlichen«.[4] Politik ist in der Folge nicht als Konsensfindung, sondern als Statuierung eines Dissenses, als Streit zu verstehen. Rancière hat dafür den Begriff der Politik als »Unvernehmen« (*la mésentente*) geprägt.[5] Die Entstehung dieses neuen ästhetischen Regimes, das Politik und Kunst immer schon verbindet, statt sie entgegenzusetzen, geht

---

1. Jacques Rancière: *Die Aufteilung des Sinnlichen. Die Politik der Kunst und ihre Paradoxien*, Berlin 2006, S. 33, 51.
2. Jacques Rancière: *Das Unbehagen in der Ästhetik*, Wien ²2008, S. 32, 36.
3. So schreibt Rancière: »Damit es Kunst gibt, genügt es nicht, dass es Maler oder Musiker, Tänzer oder Schauspieler gibt. Damit es ästhetisches Empfinden gibt, genügt es nicht, dass wir Vergnügen daran finden, jene zu sehen und zu hören. Damit es Kunst gibt, bedarf es eines Blickes und eines Denkens, die sie identifizieren« (ebd., S. 16).
4. Vgl. Rancière: *Die Aufteilung des Sinnlichen*, a.a.O., S. 25. Rancière definiert hier die Aufteilung des Sinnlichen als ein »System sinnlicher Evidenzen, das zugleich die Existenz eines Gemeinsamen aufzeigt, wie auch die Unterteilungen, durch die innerhalb dieses Gemeinsamen die jeweiligen Orte und Aneile bestimmt werden.« In der Politik geht es nun darum, diejenigen sichtbar zu machen, die an der Aufteilung des Sinnlichen nicht teilhaben.
5. Vgl. Jacques Rancière: *Das Unvernehmen. Politik und Philosophie*, Frankfurt/M. 2002.

nach Rancière von der nachkantischen Romantik (etwa von Schlegel und dem Idealismus von Schelling oder Hegel) aus[6] und setzt die Existenz einer sich von den schönen Künsten und dem Regime der Repräsentation abgelösten Kunst im Singular voraus.[7] Ästhetik ist für Rancière dann dezidiert keine Disziplin, keine Wissenschaft der Kunst, sondern ein Diskurs, der durch die Identifizierung von Gegenständen als Kunst im Singular Kunst konstituiert – und aber zugleich von dieser auch konstituiert wird.[8]

Diese normative Definition des Begriffs der Ästhetik als eines bestimmten Regimes ist denn auch der Grund, weshalb Rancière bestreitet, dass die Ästhetik mit Kants *Kritik der Urteilskraft* oder mit Baumgarten und dessen 1750–58 erschienenem Werk *Aesthetica* ihren Anfang genommen habe. Beide hätten, so Rancière, keine originäre Theorie der Kunst ausgearbeitet. Während für Baumgarten »Ästhetik« die Domäne der sinnlichen Erkenntnis definierte, habe Kant den Begriff der Ästhetik zwar von Baumgarten aufgenommen, ihn aber in der *Kritik der reinen Vernunft* (1781) neu definiert und für die reinen Formen der Anschauung vorbehalten.[9] Wichtig ist hier, dass Kant im Unterschied zu Baumgarten Sinnlichkeit nicht als eine eigene Form der Erkenntnis auffasst: Sinnlichkeit gehört für Kant zum Vermögen der Anschauung, das erst zusammen mit dem Vermögen des Verstandes und den Verstandesbegriffen Erkenntnis im eigentlichen Sinn ermöglicht und dementsprechend per definitionem (so Kant im Unterschied zu Baumgarten) nicht intelligibel ist. Damit hat Kant, wie Rancière einräumt, zwar die Grundlage gelegt für die ästhetische Empfindung der Kunst als desjenigen, das sich zugleich denken und nicht denken lässt, in dem das Denken außer sich und zugleich identisch sei mit dem Nichtdenken;[10] aber eine eigentliche ästhetische Theorie als Theorie der Kunst habe Kant auch in der *Kritik der Urteilskraft* (1790) nicht entwickelt. In der *Kritik der Urteilskraft* komme »ästhetisch« nur als Adjektiv für eine bestimmte Urteilsart vor, definiere aber eben keinen Bereich von bestimmten Objekten, die im engen Sinn als Kunstwerke gelten.

Rancière hat Recht, wenn er darauf hinweist, dass Baumgarten die Ästhetik als Wissenschaft und nicht als eine politische Theorie des autonomen Kunstwerks begründet habe. Zugleich verwischt er jedoch mit seiner Unterscheidung zwischen einer eigentlichen[11] Ästhetik als eines Regimes der Identifizierung von Kunst und einer uneigentlichen Ästhetik als neuer Wissenschaft der sinnlichen Erkenntnis, dass die von Baumgarten begründete Disziplin von Anfang an durch

---

6. Jacques Rancière: *Das ästhetische Unbewusste*, Zürich, Berlin 2006, S. 9f.
7. Rancière: *Das Unbehagen in der Ästhetik*, a.a.O., S. 17.
8. Vgl. Rancière: *Das ästhetische Unbewusste*, a.a.O., S. 9.
9. Vgl. ebd., S. 9f. An diesen Begriff knüpft Rancière allerdings auch selbst zur genaueren Bestimmung jener Ästhetik an, die der Politik zugrunde liege. Er versteht darunter ein »System der Formen a priori [...], insofern sie bestimmen, was der sinnlichen Erfahrung überhaupt gegeben ist« (Rancière: *Die Aufteilung des Sinnlichen*, a.a.O., S. 26).
10. Rancière: *Das ästhetische Unbewusste*, a.a.O., S. 10.
11. Rancière bezeichnet sie auch als eine »ursprüngliche« Ästhetik in: *Die Aufteilung des Sinnlichen*, a.a.O., S. 27.

einen »eigentümlichen Doppelansatz«[12] gekennzeichnet war. Er verwischt damit zugleich, dass die Frage der Ästhetik nicht nur eine Frage der Sichtbarmachung, bzw. des Verhältnisses von Politik und Kunst ist, sondern auch eine Frage des Wissens, eine epistemologische Frage. Es ist eben nicht allein, wie Rancière behauptet, die Politik, die »bestimmt, was man sieht und was man darüber sagen kann«,[13] sondern »was man sieht und was man darüber sagen kann« ist auch eine Frage dessen, was unter unterschiedlichen technischen, medialen und epistemischen Bedingungen als denkbar und erkennbar, bzw. messbar und quantifizierbar gilt – etwa im Hinblick auf Räume, Zeiten und ihr Verhältnis zueinander, oder auch mit Bezug auf die Unterscheidung von Innen und Außen oder die von Subjekt und Objekt.

Die Baumgartensche Ästhetik war eine hybride Wissenschaft, die zwischen Wahrnehmungslehre und Kunsttheorie hin- und her glitt. In Anknüpfung an die wörtliche Bedeutung des griechischen Wortes *aisthesis* war sie auf der einen Seite Wissenschaft der sinnlichen Erkenntnis, in Anlehnung an die Tradition der antiken Poetik und Rhetorik war sie jedoch zugleich Lehre der sinnlichen Darstellung und des sinnlichen Ausdrucks.[14] Unter Ästhetik sei, so heißt es in der 1739 erschienenen *Metaphyhsica*, die Wissenschaft der sinnlichen Erkenntnis und der sinnlichen Darstellung zu verstehen: »Scientia sensitive cognoscendi et proponendi est aesthetica«,[15] und zwar, wie Baumgarten in Klammern hinzufügt: »als Logik des unteren Erkenntnisvermögens, als Philosophie der Grazien und der Musen, als untere Erkenntnislehre, als Kunst des der Vernunft analogen Denkens«.[16] Mit diesem eigentümlichen Doppelansatz[17] und der gleichzeitigen Ausweitung des Anspruchs der Wissenschaft der sinnlichen Erkenntnis auf die

---

12. Hans Rudolf Schweitzer: »Einführung«, in: Alexander Gottlieb Baumgarten: *Texte zur Grundlegung der Ästhetik*, Hamburg 1983, S. VIII.
13. Rancière: *Die Aufteilung des Sinnlichen*, a.a.O., S. 26.
14. Vgl. Schweitzer: »Einführung«, in: *Texte zur Grundlegung der Ästhetik*, a.a.O., S. VIII.
15. Alexander Gottlieb Baumgarten: *Metaphysica*, in: *Texte zur Grundlegung der Ästhetik*, a.a.O., S. 16. Die *Metaphysica* war als Unterrichtsvorlage für Vorlesungen über die Metaphysik konzipiert. Dies erklärt ihren überaus großen Einfluss. Kant selbst legte die Schrift seinen Vorlesungen zugrunde, vgl. *Kant's Gesammelte Schriften*, hrsg. v. d. Königlich Preußischen Akademie der Wissenschaften, Bd. I, Berlin 1900, S. 503. (Die Akademie-Ausgabe der gesammelten Schriften Kants wird im Folgenden mit der geläufigen Sigle AA zitiert.) Die *Metaphysica* hatte einen ungleich viel größeren Erfolg und Einfluss als die schwerer zugängliche *Aesthetica*, dem zweiten 1750 erschienenen Hauptwerk von Baumgarten.
16. Baumgarten: *Metaphysica*, in: *Texte zur Grundlegung der Ästhetik*, a.a.O., § 533, S. 16.
17. Daran änderte auch nichts, dass in der 1750 erschienen *Aesthetica* der Zusatz »et proponendi« fehlte und Ästhetik nur noch ganz allgemein als »scientia cognitionis sensitivae« definiert wurde. Wie Hans Rudolf Schweitzer darlegte, suchte Baumgarten damit nicht den Gegenstand der Ästhetik auf ein (passives) Wahrnehmungsvermögen zu reduzieren, sondern vielmehr den Eindruck zu vermeiden, die Ästhetik sei mit Poetik und Rhetorik identisch. Die Ästhetik sollte nicht nur auf die poetischen und rhetorischen, sondern auch auf die Bildenden Künste und die Musik angewendet werden können. Die Streichung des Zusatzes »et proponendi« zielte also nicht auf eine Reduktion, sondern auf eine Ausweitung des Anspruchs der Ästhetik auf alle Künste, die mit Wahrnehmung und mit sinnlicher Darstellung zu tun haben. Entsprechend argumentierte Baumgarten, der Zusatz »et proponendi« erübrige sich, weil das, was er zum Ausdruck bringe, im Begriff der sinnlichen Erkenntnis bereits enthalten sei.

Natur des Menschen bereitete Baumgarten den Boden für eine Ausdifferenzierung des Wissens vom Menschen in Form einer »Anthropologisierung der Ästhetik«.[18] Ästhetik wandelt sich, wie die Geschichte des Ästhetikdiskurses und die Verschränkung von anthropologischen und ästhetischen Problemen zwischen 1750 und 1800 deutlich macht, von Baumgartens hybrider, zwischen sinnlicher Erkenntnis und schönen Künsten hin- und her gleitender Wissenschaft zu einer Wissenschaft, welche ästhetische Fragen im Rückgang auf die Natur des Menschen und die Natur des Menschen im Rückgang auf ästhetische Gegenstände und Wahrnehmungen erklärt. So zeichnet sich die Anthropologisierung der Ästhetik dadurch aus, dass sie die gesamten leibseelischen Ausstattungs- und Vermögenspotenziale des Menschen – eben seine ›ganze Natur‹ – durch den transdisziplinären Zusammenschluss von empirischer Psychologie, Physiologie und Ästhetik zu erfassen suchte.[19] Die hybride Wissenschaft der Ästhetik und ihre Transformationen erweisen sich damit als wesentlicher Bestandteil jener Episteme der Moderne, die, wie Foucault gezeigt hat, »die besondere Seinsweise des Menschen, und die Möglichkeit, ihn empirisch zu erkennen, konstituiert hat«.[20]

Die Verwandlung der Theorie der »kognitiven Ästhetik« Baumgartens zu einer anthropologischen, die zugleich eine »psychologische Ästhetik« ist, gründet auf der »Verschiebung von den sinnlichen Erkenntnis- und Repräsentationsleistungen zu den sinnengeleiteten Wahrnehmungspotenzialen des Subjekts.«[21] Sinnlichkeit wird in diesem Prozess zum »Korrelat der im engeren Sinne psychologisch relevanten Wahrnehmungs- und Erfassungsleistungen des Subjekts«[22] und dieses zum Objekt der empirischen Psychologie.

Wenn ich im Folgenden den Begriff der Ästhetisierung verwende, um ein bestimmtes ästhetisches, philologisch-poetologisches Programm zu kennzeichnen, mit dem sich Kant 1777 im Entwurf zu seiner so genannten Opponenten-Rede beschäftigte, so bezieht sich dies auf den universalistischen Anspruch der sich neu formierenden Disziplin der Ästhetik, ästhetische Phänomene im Rückgang auf die menschliche Natur und die menschliche Natur im Rückgang auf die durch die Sinne geleitete Wahrnehmung und das sprachlich vermittelte Vermögen der sinnlichen Darstellung zu erklären. Die so verstandene Ästhetik verbindet die empirische Psychologie und deren Konzept der äußeren und inneren Sinnlichkeit mit dem Korpus der Rhetorik und der Philologie, um sich gegenüber der Philosophie als neue Leitwissenschaft zu behaupten. So beanspruchte Johann Gottlieb Kreutzfeld – der Autor der Dissertation, gegen die Kant in Ausübung seines Amtes als Professor der Universität in Königsberg opponierte – denn nichts

---

18. Ernst Stöckmann: »›Natur des Menschen‹ als ästhetisches Paradigma. Anthropologischer Perspektivenwechsel in der Ästhetiktheorie der deutschen Spätaufklärung«, in: Wolfgang Klein und Marie Guthmüller (Hg.): *Aesthetik von unten*, Tübingen 2006, S. 48–94.
19. Ebd., S. 47.
20. Michel Foucault: *Die Ordnung der Dinge. Eine Archäologie der Humanwissenschaften*, Frankfurt/M. ³1980, S. 461.
21. Stöckmann: »›Natur des Menschen‹ als ästhetisches Paradigma«, in: *Aesthetik von unten*, a.a.O., S. 82.
22. Ebd.

Geringeres, als mithilfe der auf Basis der Erfahrungswissenschaft argumentierenden Rhetorik selbst die Fehlschlüsse und Irrtümer der Philosophie aufklären zu können.

Für die Frage des Verhältnisses von Wissen und Ästhetik signifikant ist, dass Kant sich in seiner Entgegnung einerseits ästhetischer Mittel bedient, um das Feld der Logik und Metaphysik gegen jenes der Ästhetik abzustecken, und andererseits zugleich den Eigenwert der ästhetischen Illusion gegen deren Subsumierung unter die Irrtümer und Sinnestäuschungen durch Kreutzfeld verteidigt. Das heißt er unterscheidet verschiedene Felder oder Bereiche des Wissens, die unterschiedliche Geltungs- und Mitteilungsbedingungen aufweisen und die mit unterschiedlichen Formen der sinnlichen Darstellung (Beispiel, Schema, Analogie, Symbol etc.) verbunden sind. Er vertritt damit einen weiten Begriff des Wissens, der sowohl das Nichtwissen, als auch das Begehren zu einem über alle Grenzen der Erfahrung hinaus wollenden Wissens, das metaphysische Bedürfnis ebenso wie die Notwendigkeit von dessen Kritik umfasst. Dieses heterogene,[23] nur regulativ auf die Idee der Einheit bezogene Wissen enthält die ästhetische Illusion als einen notwendigen Bestandteil. Für Kant ist das Eigenrecht der ästhetischen Illusion verbunden mit der Neuformulierung der Metaphysik als einer »Wissenschaft von den Grenzen der menschlichen Vernunft«.[24] Zu dieser Grenzbestimmung gehört denn auch, dass das ästhetische Urteil des Schönen, wie Kant in der *Kritik der Urteilskraft* ausführen wird, kein Objekt für die wissenschaftliche Erkenntnis darstellen kann, da dessen Bestimmungsgrund nicht ein Verstandesbegriff, sondern das Gefühl des inneren Sinns ist, das damit auf subjektivem Grunde beruht. Das heißt umgekehrt: Das subjektive Gefühl des inneren Sinns kann nach Kant kein Gegenstand einer Erfahrungswissenschaft und damit auch nicht der empirischen Psychologie sein.

II. Über die allgemeinen Entstehungsgründe der Fiktionen

Die Opponenten-Rede[25] gehört zum Frühwerk von Kant, das heißt, sie stammt aus der Zeit vor der Veröffentlichung der *Kritik der reinen Vernunft* im Jahr

---

23. Lyotard spricht von heterogenen Satzfamilien, die der Philosoph auseinander ficht, vergleicht, deren Geltungsbedingungen er prüft und zwischen denen er Übergänge schafft. Vgl. Jean-François Lyotard: *Der Enthusiasmus. Kants Kritik der Geschichte*, Wien 1988, S. 29.
24. Immanuel Kant, »Träume eines Geistersehers, erläutert an den Träumen der Metaphysik«, in: *Werke in zwölf Bänden*, Bd. II, hrsg. v. Wilhelm Weischedel, Frankfurt/M. 1968, S. 983.
25. Bernh. Adolf Schmidt: »Eine bisher unbekannte lateinische Rede Kants über Sinnestäuschung und poetische Fiktion«, in: *Kant-Studien*, Bd. 16 (1911), S. 5–21. Das lateinische Original wurde zwei Jahre später unter dem Titel »Entwurf zu einer Opponenten-Rede« in der zweiten Hälfte des XV. Bandes der Akademie-Ausgabe mit Anmerkungen des Herausgebers Erich Adickes veröffentlicht. Abgedruckt ist hier nicht nur der Text von Kant, sondern auch der zweite Teil von Kreutzfelds Dissertation, beides im lateinischen Original (vgl. Kant: AA XV/2, S. 903–935). Eine Kopie des ersten Teils von Kreutzfelds Dissertation hat mir Werner Stark freundlicherweise zur Verfügung gestellt. Ich werde mich im Folgenden auf Kants

1780. Es handelt sich um den Entwurf zu einer Rede, die Kant am 28. Februar 1777 anlässlich des zweiten Teils der öffentlichen Disputation hielt, mit der sich sein ehemaliger Schüler Johann Gottlieb Kreutzfeld für die vakante Professur für Dichtkunst und Rhetorik an der Universität Königsberg qualifizierte. Wie damals üblich, musste Kreutzfeld vor Antritt seines Amtes seine Inaugural-Dissertation verteidigen. Er tat dies in zwei Teilen. Beim zweiten Teil, den er am 28. Februar 1777 verteidigte, trat Kant als offizieller ›Opponent‹ aus dem Kreis der zukünftigen Fakultätskollegen auf.

Der Titel der zweiteiligen lateinischen Dissertation von Kreutzfeld lautete: *Dissertatio Philologico-Poetica de Principiis Fictionum Generalioribus*, auf Deutsch: Philologisch-poetische Dissertation über die allgemeinen Anfangsgründe der Fiktionen. Kreutzfeld gibt sich bereits im ersten Teil seiner Dissertation[26] als Vertreter der neuen anthropologischen Ästhetik zu erkennen. So führt er seine Zuhörer zunächst über eine weit gefasste Definition der Fiktion in sein Thema ein.[27] Demnach meint Fiktion nicht nur die Poesie im engeren Sinn, sondern »jede beliebige dichterische Meinung, nicht allein diejenige, die mit einer objektiven oder absoluten Meinung, als vielmehr mit einer scheinbaren oder relativen übereinstimmt«.[28] Unter Fiktionen sind also auch der Bilderschmuck der Sprache und, mehr noch, das gesamte Arsenal der poetischen Stilmittel, die Tropen, Figuren, Metaphern, Metonymien etc., zu zählen.[29] Diese sind, wie es dort heißt, »omnium majorum fictionum embryones«, die Keimzellen aller größeren Fiktionen.

Anders als die frühere Forschung will Kreutzfeld, wie er schreibt, nicht nur die äußeren Ursachen untersuchen, die zur Entstehung von Erdichtungen führen, sondern auch die inneren Ursachen eruieren, die in der Beschaffenheit der menschlichen Natur liegen. Er will die Genese der Fiktionen und Mythologien unter Anwendung der Psychologie im Rekurs auf die allgemeinen Prinzipien des menschlichen Geistes auffinden. Daraus ergibt sich für ihn die Erklärung für die Ähnlichkeiten der Mythen bei den verschiedenen Völkern: sie sind alle den gleichen Irrtümern ausgesetzt.[30] Diese Irrtümer bilden die Quellen für den gesamten Korpus der Mythen der Völker, und zwar sowohl in Bezug auf ihre Differenzen als auch auf ihre Ähnlichkeiten. Die erste Ursache der Irrtümer verortet Kreutzfeld in der Vorherrschaft der Sinnlichkeit bei den ungebildeten, primitiven Menschen. Im Einklang mit der Erfahrungspsychologie seiner Zeit geht er davon aus, dass sich das Vermögen der Erkenntnis allmählich aus der Anwendung der Sinne

---

Rede in der Übersetzung von Schmidt unter dem Titel »Opponenten-Rede« beziehen, und nur da auf das lateinische Original zurückgreifen, wo es zur Erhellung des Sachverhalts nötig ist.
26. Johann Gottlieb Kreutzfeld: *Dissertatio philologico poetica de principiis fictionum generalioribus*, Particula I, Königsberg 1777, S. 1.
27. Kants Rede bezog sich auf den zweiten Teil, doch war ihm auch der erste Teil bekannt.
28. Kreutzfeld: *Dissertatio*, Particula I, a.a.O., § 1, S. 1: »qualiscunque opinio poetica, non tam veritati objectivae, seu absolutae, quam apparenti sei relativae congruae«.
29. Ebd., § 10. S. 11.
30. Ebd., § 5, S. 4.

entwickle. Die Sinne seien deshalb die ersten Lehrer des menschlichen Geistes,[31] so dass, wie er daraus schließt, mit der Änderung der Sinneseindrücke sich auch die Mythen, die Erkenntnis und das Urteil ändern.

Die inneren Entstehungsgründe der Fiktionen lassen sich, so Kreutzfeld, ebenso wie die äußeren Gründe durch das Studium der Menschen erforschen. Dieses führt schließlich zum Ursprung aller Poesie, den Kreutzfeld darin ausmacht, dass die Dichter und mit ihnen die Völker im poetisch verfassten mythischen Zeitalter aus allen Teilen der Natur beseelte Körper machen. So seien die Dämonen, Nymphen und anderen Gottheiten als Fiktionen zu betrachten, die aus der irrtümlichen Belebung der Pflanzen, Gewässer und anderer Naturgegebenheiten entstanden seien.

Die zweite Quelle der inneren Entstehungsgründe der Fiktionen verortet Kreutzfeld in der Sprache selbst. Wie er kritisch anmerkt, behandle die Sprache der Metaphysiker die Begriffe und Akzidenzien wie einzelne, geistige und körperliche Dinge. Ihnen würden, als ob sie lebendige Wesen wären, ein Geschlecht, ein Zustand und die Fähigkeit zu handeln zugesprochen. Dies führt ihn schließlich zur Feststellung, dass durch die ganze Sprache nichts anderes wirksam sei als die Allegorie, sei es, dass der ganze Erdkreis allegorisch, oder sei es, dass er mythologisch erklärt werde: »Ita, ut tota fere lingua nil aliud sit quam Allegoria, sive orbis allegorice aut mythologice pictus.«[32] Damit werde die Sprache zur Werkstatt einer bewegten Phantasie und wilder Gefühle, voller Tropen und Figuren, welche ihrerseits – statt durch die Vorschriften der Rhetoriker – durch Natur, Phantasie und Gefühle geführt würden. Die Folge sei, dass die poetischen Stilmittel zu Keimzellen unterschiedlichster Mythen und Fiktionen würden.

Nachdem Kreutzfeld im ersten Teil die äußeren Entstehungsgründe der Fiktionen in den Sinnen und die inneren Gründe in der Beschaffenheit der Sprache fand, geht er im zweiten Teil auf die Sinnestäuschungen ein. Sie stellen eine weitere Quelle der poetischen Vorstellungen und Fiktionen dar. So seien, wie Kreutzfeld ausführt, viele Sagen und Mythen aus Sinnestäuschungen entstanden. Da jedoch die Sinnestäuschungen, wie Kreutzfeld einräumt, nicht als Irrtum der Sinne zu erklären sind, sondern auf falschen Urteilen beruhen, geht er die verschiedenen Formen von falschen Schlüssen durch und führt dazu Beispiele aus Mythen und Sagen von Dichtern und Philosophen an. Die Ursachen der falschen Schlüsse verortet er darin, dass von der Ähnlichkeit von Dingen auf deren Identität geschlossen werde[33] oder dass den Zeichen Eigenschaften zugeschrieben würden, die nur dem Bezeichneten zukämen.[34] Wie im ersten Teil geht Kreutzfeld auch im zweiten Teil davon aus, dass »Fiktion« identisch ist mit »Irrtum« und damit in einem Ausschließungsverhältnis zur Wahrheit stehe. Dies hat zur Folge, dass alle unter dem weit gefassten Begriff der »Fiktion« fungierenden Texte –

---

31. Ebd., § 6, S. 5: »Sensationes igitur, primi mentis humanae magistri«.
32. Ebd., § 10, S. 11.
33. Johann Gottlieb Kreutzfeld: *Dissertatio philologico poetica de principiis fictionum generalioribus*, Sectio II, in: *Kant's Gesammelte Schriften*, AA XV/2, § 1, S. 906.
34. Ebd., § 3, S. 908.

hypothetische, poetische, literarische und metaphysische Texte, sowie Mythen und Dichtung – als Irrtümer bzw. Täuschung gedeutet werden. Die Mythen werden ebenso wie die metaphysischen Theorien der Philosophen und gewisse Probleme der philosophischen Logik zu Symptomen, die sich mithilfe der Psychologie und den Regeln der Grammatik und Rhetorik auf unterschiedliche Formen des Irrtums zurückführen lassen. Der Rhetorik kommt in dieser Neubestimmung der Ästhetik eben jene Aufgabe zu, welche bis dahin die Aufgabe der Philosophie war: die Begründung der Regeln – Kreutzfeld nennt sie »Vorschriften« – die befolgt werden müssen, um wahre von falschen Urteilen zu unterscheiden.

Wie Kant in seiner Response ironisch bemerkt, hätte denn der Titel von Kreutzfelds Abhandlung statt »Philologisch-Poetische Dissertation über die allgemeinen Entstehungsgründe der Fiktionen« (»Dissertatio philologico-poetica de principiis fictionum generalioribus«) auch »Abhandlung über die Sinnestäuschungen und ihren Einfluss auf die Künste und die gewöhnliche Erkenntnis des Menschen«[35] lauten können. Damit wäre sie freilich keine Dissertation mehr zur Erlangung einer ordentlichen Professur für Poetik und Rhetorik, sondern, wie Kant ebenfalls einräumt, zur Erlangung einer Professur für Metaphysik gewesen. Nun war Kant selbst seit sieben Jahren Professor für Metaphysik und Logik und hatte damit alle Gründe, sein Feld zu verteidigen.

III. Kants Verteidigung der Illusion

Bei der vakanten Professur für Rhetorik und Poetik handelte es sich um jenes Ordinariat, das Kant selbst 1764, also dreizehn Jahre zuvor, vom Berliner Justizministerium angeboten worden war, um den bekannten Philosophen, der, obwohl schon vierzigjährig, immer noch Magister war, zum Professor zu befördern. Kant hatte damals das Angebot jedoch mit der Begründung abgelehnt, dass er es vorziehe, auf eine Professur für Philosophie zu warten. Statt dessen schlug er vor, Johann Gotthelf Linder zu berufen, der bis zu seinem Tod im Jahr 1776 denn auch grundlegende Werke zu Fragen der Ästhetik verfasste.[36] Man kann also davon ausgehen, dass Kant, als er den Entwurf zur Opponenten-Rede formulierte, eine dezidierte Vorstellung vom Aufgabenbereich einer Professur für Dichtkunst und Rhetorik hatte.

Dass Kant sich auf der anderen Seite auch intensiv mit den Entwicklungen im Bereich der Anthropologie und deren Verschränkung mit der Ästhetik befasst hatte, geht aus der Einrichtung seines philosophischen Anthropologiekollegs im Wintersemester 1772/73 hervor. In bewusster Absetzung von der 1772 erschienenen *Anthropologie für Ärzte und Weltweise* des Leipziger Philosophen Ernst

---

35. Immanuel Kant: »Opponenten-Rede«, in: *Kant-Studien*, Bd. 16 (1911), S. 11.
36. Vgl. Johann Gotthelf Lindner: *Lehrbuch der schönen Wissenschaften, insonderheit der Prose und Poesie*, 2 Bde., Königsberg, Leipzig 1767/68. Vgl. auch ders.: *Kurzer Inbegrif der Aesthetik, Redekunst und Dichtung. Erster Theil. / Zweyter Theil, der die Rhetorik und Poetik in sich fasst*, Frankfurt/M. 1971.

Platner und dessen Konzentration auf den Aspekt der Physiologie[37] beabsichtigte Kant, durch die Anthropologie »[...] die Quellen aller Wissenschaften, die der Sitten, der Geschicklichkeit, des Umgangs, der Methode Menschen zu bilden und zu regieren, mithin alles Praktischen [zu] eröffnen«.[38] Dies schrieb er Ende 1773 an seinen ehemaligen Schüler Marcus Herz. Im gleichen Brief kündigte er an, die Anthropologie zu einer »ordentlichen akademischen Disziplin« zu machen, dabei jedoch ganz anders zu verfahren als die zeitgenössischen Anthropologen. So wollte Kant den Menschen dezidiert nicht als Objekt einer empirisch verfahrenden Wissenschaft behandeln. Mehr noch: Für Kant gehörte es zur Aufgabe der neuen Disziplin, an dessen Ausbildung zu einem frei handelnden Wesen mitzuwirken.[39] Die Anthropologie sollte entsprechend, statt die objektiven, die »subjectiven Prinzipien aller Wissenschaften«[40] an die Hand geben. Die Anthropologie zielte in der Folge auf die Bildung seiner Zuhörer, genauer: auf deren Ausbildung zu Weltbürgern. Dazu gehörte nicht nur, wie Kant in seinem Brief an Herz schrieb, die Vermittlung der »Methode Menschen zu bilden und zu regieren«, sondern auch die Befähigung zur Selbstregierung. Nicht zufällig benutzt Kant in der Vorrede den Begriff des Spiels, um den hybriden Status einer akademischen Disziplin zu beschreiben, die in der Vermittlung von Weltkenntnis die vorgestellte Welt erst herzustellen hat. Denn tatsächlich existiert die Welt der Kantischen Anthropologie, die er mit dem Zusatz »in pragmatischer Hinsicht« versah, nur als mitgeteilte Welt. Sie setzt, anders formuliert, die Weltbürger voraus, die durch die Vermittlung der Kenntnis von der Welt zugleich erst ausgebildet werden. Explizit deutet Kant dies an, wenn er in der Vorrede zur schriftlichen Fassung von 1798 schreibt: »Noch sind die Ausdrücke: die Welt kennen und die Welt haben in ihrer Bedeutung ziemlich weit auseinander; indem der eine nur das Spiel versteht, dem er zugesehen hat, der andere aber mitgespielt hat.«[41] Ein Weltbürger allein macht noch keine Welt. Weil Kant das weiß, adressiert er seine Zuhörer als »Mitspieler«.

Wenn Kant in der Vorbemerkung seiner Opponenten-Rede, in der er darlegt, was er »selbst über dieses Thema«[42] denkt, die Illusion als spielenden Schein von dem bloß täuschenden Schein, den gewöhnlichen Irrtümern und den Sinnestäuschungen unterscheidet und dabei das Vergnügen und die Freude betont, die sie hervorruft, so ist dies, wie ich im Folgenden deutlich machen möchte, nicht allein eine Anleihe bei der Illusions-Ästhetik des 18. Jahrhunderts. Die Apologie der

---

37. Vgl. Ernst Platner: *Anthropologie für Ärzte und Weltweise*, Zürich, New York 1998.
38. Immanuel Kant: *Briefwechsel*, ausgewählt und Anmerkungen von Otto Schöndörffer, Hamburg 1986, S. 113.
39. Die Absetzung von Baumgartens Einteilung der empirischen Psychologie in seiner *Metaphysica*, den Einfluss Wolffs auf Kants Herauslösung der empirischen Psychologie aus der Metaphysik und schließlich dessen Lösung von dieser beschreiben Brandt und Stark in ihrer Einleitung zu dem 1997 erschienenen Band 25/2 der Vorlesungen (vgl. Kant, AA XXV/2, S. VII ff.).
40. Immanuel Kant: »Vorlesungen über Anthropologie«, AA XXV/2, S. 734f.
41. Immanuel Kant: *Anthropologie in pragmatischer Hinsicht*, in: *Werke in zwölf Bänden*, Bd. XII, a.a.O., S. 400.
42. Kant: »Opponenten-Rede«, in: *Kant-Studien*, Bd. 16, a.a.O., S. 10.

Illusion als spielendem Schein steht vielmehr im Kontext der Neubestimmung des Verhältnisses von Philosophie, Anthropologie und Ästhetik, mit der Kant auf die Transformierung des Wissens durch die Herausbildung der Wissenschaften vom Menschen auf der einen und der Wissenschaft vom Leben auf der anderen Seite reagierte. Im Zentrum dieser Neubestimmung stehen die Fragen, welche begründbaren Urteile sich über die subjektiven Gefühle des inneren Sinns bilden lassen und wie es um die Mitteilbarkeit dieser Gefühle beschaffen ist, die Kant in der *Kritik der Urteilskraft* unter dem Namen des »Gefühls der Lust oder Unlust« ganz direkt als das »Lebensgefühl des Subjekts«[43] adressiert.

Auch mit diesen direkt die Ästhetik betreffenden Fragen hat sich Kant in früheren Texten, insbesondere in den 1766 anonym veröffentlichten »Träume eines Geistersehers, erläutert durch die Träume der Metapyhsik« auseinander gesetzt. Kant unterzog darin die Behauptungen, nach denen der schwedische Ingenieur Emanuel Swedenborg mit den Seelen von Verstorbenen kommunizieren könne, einer kritischen Prüfung. Den Ausgangspunkt bildet die Feststellung, dass die Philosophie nicht leicht von der Dichtung zu unterscheiden ist, dass sie sich Verführungen ausgesetzt sieht und dass das Wissenwollen, wie Kant selbst erfahren hatte, mit dem Begehrungsvermögen verbunden ist, wodurch sich die Vernunft leicht in die Irre führen lässt. So hatte er selbst den Geschichten geglaubt, die er über Swedenborg hörte, und dessen Bücher nicht nur aus Schweden nach Königsberg kommen lassen, sondern sie auch gelesen. »Welcher Philosoph«, so leitet er seinen Text darauf anspielend ein, »hat nicht einmal, zwischen den Beteuerungen eines vernünftigen und festüberredeten Augenzeugen und der inneren Gegenwehr eines unüberwindlichen Zweifels, die einfältigste Figur gemacht, die man sich vorstellen kann?« Und weiter: »Soll er die Richtigkeit aller solcher Geistererscheinungen gänzlich ableugnen? Was kann er für Gründe anführen, sie zu widerlegen?«[44]

Nun stellt die von der Erfahrung ausgehende Wissenschaft zwar eine Korrektur der »Träume der Metaphysik« dar, jedoch keine Lösung des Problems – Kant nennt es einen »metaphysischen Knoten«. Denn wenn auch nicht bewiesen werden kann, dass es neben den materiellen Körpern »immaterielle Wesen« gibt,[45] so ist es, wie er ausführt, ebenso unmöglich zu beweisen, dass es diese nicht gibt. Nun ist zu beachten, dass Kant, wenn er von »immateriellen Wesen« spricht und diese mit Seelen assoziiert, nicht an den theologischen Begriff der christlichen Seele, sondern an den aristotelischen Begriff der *anima* anknüpft – und mithin an die Fähigkeit der Lebewesen, sich selbst zu bewegen, sowie an die zeitgenössischen Diskussionen über die Lebenskraft, die von den Vitalisten verteidigt und von den Materialisten bestritten wurde. Das, was in der Welt ein »Principium des Lebens enthält«, »scheint«, wie Kant in einer Fußnote anfügt,[46] von immate-

---

43. Immanuel Kant: *Kritik der Urteilskraft*, in: *Werke in zwölf Bänden*, Bd. IV, a.a.O., A 4.
44. Immanuel Kant: »Träume eines Geistersehers, erläutert an den Träumen der Metaphysik«, in: *Werke in zwölf Bänden*, Bd. II, a.a.O., S. 923.
45. Ebd., S. 928.
46. Ebd., S. 934.

rieller Natur zu sein, da alles Leben, wie er mit Bestimmtheit behauptet, auf dem »inneren Vermögen« beruht, »sich selbst nach Willkür zu bestimmen«[47] – im Unterschied zum Materiellen, das, den mechanischen Bewegungsgesetzen folgend, von äußerlichen Kräften und Gegenwirkungen abhängt. Kant gibt in der Folge freimütig zu, dass er davon überzeugt sei, dass der Arzt Georg Ernst Stahl mit seinen vitalistischen Ansichten der Wahrheit oft näher sei als die Materialisten und Gegenspieler Hermann Boerhave und Friedrich Hoffmann, die alles im Rückgang auf mechanische Gesetze zu erklären suchten. Nicht zuletzt dürfte ein Grund dafür gewesen sein, dass Kant mit der Annahme einer *vis vitalis* die Annahme einer möglichen Gemeinschaft von »denkenden Naturen« verband, welche die Kräfte, die sie bewegen, nicht nur in ihnen selbst, sondern auch in dem Wollen anderer außer ihnen sehen. Kant bezeichnet es als eine »geheime Macht«, die uns nötige, »unsere Absicht zugleich auf anderer Wohl« zu richten, wobei diese geheime Macht nichts anderes ist als der Name für den »allgemeinen Willen«.[48] Dessen mögliche Begründung wird Kant, zusammen mit der Frage der Anwendbarkeit des moralischen Gesetzes, über die Vollendung der *Kritik der praktischen Vernunft* hinaus bis zum Ende seines Lebens beschäftigen.[49] Kants Sympathie für einen gemäßigten Vitalismus steht – dies ist für unseren Zusammenhang wichtig – in direkter Verbindung mit dem Projekt der *Anthropologie in pragmatischer Hinsicht* und deren Ziel, zur Bildung einer Gemeinschaft von selbstdenkenden Weltbürgern beizutragen. Damit unterscheidet er sich von den Absichten der Biologen und Physiologen.

Nun ist weder das »Principium des Lebens« noch ein »allgemeiner Wille«[50] den Sinnen gegebenen; weder das eine noch der andere kann somit Objekt empirischer Erkenntnis sein, was zugleich bedeutet, dass von ihnen kein gesichertes Wissen möglich ist. Das hält Kant jedoch nicht davon ab, eine vollständige Lösung des philosophischen Lehrbegriffs der geistigen Wesen vorzuschlagen. Der philosophische Lehrbegriff der geistigen Wesen kann, so Kant, vollendet sein, »aber im *negativen* Verstande, indem er nämlich die Grenzen unserer Einsicht mit Sicherheit festsetzt, und uns überzeugt: dass die verschiedenen Erscheinungen des *Lebens* in der Natur und deren Gesetze alles sein, was uns zu erkennen vergönnet ist, das Principium dieses Lebens aber, d.i. die geistige Natur, welche man nicht kennet, sondern vermutet, niemals positiv könne gedacht werden, weil keine Data hiezu in unserem gesamten Empfindungen anzutreffen sein«. Im Anschluss an diese sichere Erkenntnis der Grenze des gesicherten Wissens öffnet sich ein Raum des Nichtwissens, in dem man sich, wie Kant fortfährt, mit »Verneinungen behelfen müsse, um etwas von allem Sinnlichen so sehr Unterschiedenes zu denken, dass aber selbst die Möglichkeit solcher Verneinungen weder auf Erfahrung, noch auf Schlüssen, sondern auf einer Erdichtung beruhe, zu denen eine

---

47. Ebd.
48. Ebd., S. 943.
49. Vgl. Astrid Deuber-Mankowsky: *Praktiken der Illusion*, Berlin 2007, S. 107–117.
50. Kant: »Träume eines Geistersehers, erläutert an den Träumen der Metaphysik«, in: *Werke in zwölf Bänden*, Bd. II, a.a.O., A 80.

von allen Hülfsmütteln enblößte Vernunft ihre Zuflucht nimmt«.[51] Der Spiritualismus wird von Kant auf diesem Weg in einen Lehrbegriff der »notwendigen Unwissenheit«[52] der menschlichen Vernunft verwandelt.

Die Sinne fungieren in Kants kritischer Prüfung der Träume der Metaphysik einerseits als notwenige Korrektur der menschlichen Wissbegierde. Andererseits räumt der Philosoph jedoch ein, dass der Verstand, um immaterielle Ideen mitteilbar zu machen, auf die Darstellung durch Symbole oder Analogien zurückgreifen muss, und hält damit auch an der traditionellen Auslegung der Ästhetik als Kunst der sinnlichen Darstellung fest. So nehmen »höhere Vernunftbegriffe (...) gewöhnlicher maßen gleichsam ein körperliches Kleid an, um sich in Klarheit zu setzen«.[53] Als Beispiel nennt er die Dichter, die Tugenden, Laster oder andere Eigenschaften personifizieren.

Nun wird bereits aus diesen frühen Überlegungen ersichtlich, dass Kant mit Kreutzfelds Deutung der poetischen Stilmittel als Keimzellen von Fiktionen, die undifferenziert als Täuschungen und Irrtümer aufgefasst werden, nicht einverstanden sein konnte. So leitete er seine Opponentenrede mit dem Hinweis auf die Vorliebe des menschlichen Geistes für »nichtiges Spiel und vorgetäuschten Schein«[54] ein, um im nächsten Schritt zwischen zwei Arten des Täuschens zu unterscheiden. Die erste Art »schmeichelt dem Ohr und regt durch vorgetäuschten Schein den Geist an und erheitert ihn«. Diese angenehme Art des Täuschens korrespondiert mit einem Schein, von dem der Geist, so Kant, nicht getäuscht wird, sondern mit dem er spielt.

Durch diesen Schein erzeugen die Dichter nicht, wie Kreutzfeld behauptet hatte, Irrtümer, sondern, wie Kant (die Formulierung aus den *Träumen eines Geistersehers* aufnehmend) schreibt, »Wahrheit, angetan mit dem Kleide der Erscheinung«.[55] Wenn an diesem Schein etwas enthalten ist, wodurch er täuscht, so will ihn Kant nicht Irrtum oder Täuschung nennen, sondern »spielenden Schein«, bzw. Illusion. Dieser spielende Schein unterscheidet sich von dem täuschenden Schein dadurch, dass er bestehen bleibt, selbst wenn er durchschaut ist, während jener verschwindet. Kant führt das Beispiel des Gauklers an, der durch Taschenspielerkünste zu überlisten sucht und damit den Scharfsinn seiner Zuschauer und Zuschauerinnen auf die Probe stelle. Wenn dessen Trick durchschaut sei, verschwinde die Faszination und mache einer Enttäuschung Platz, ja erwecke, wenn er wiederholt werde, Verdruss. Anders dagegen der spielende Schein: bei ihm durchschaue ich, wie Kant am Beispiel der optischen Täuschung und der Illusionsmalerei ausführt, den Schein und bin, so Kant, »gegen Irrtum gesichert, empfinde aber dennoch immer wieder Freude«. Der Schein, der täuscht, erweckt mithin Verdruss, während der Schein der mit uns spielt, Vergnügen erzeugt.[56]

---

51. Ebd.
52. Ebd.
53. Ebd., A 52.
54. Kant: »Opponenten-Rede«, in: *Kant-Studien*, Bd. 16, a.a.O., S. 7.
55. Ebd., S. 9.
56. Ebd.

Der menschliche Geist spielt nicht nur mit dem Schein, sondern der Schein spielt auch mit dem Geist und er belebt den Geist in diesem Spiel. Die Verbindung zwischen dem Vergnügen, das der spielerische Schein erweckt, und dessen belebender Wirkung wird deutlich, wenn man sich die Etymologie des deutschen Wortes »Spiel« vor Augen hält, die, wie Sybille Krämer in Anlehnung an den Sprachwissenschaftler Moritz Lazarus dargestellt hat, auf das westgermanische »spil« zurückgeht, das »in lebhafter Bewegung sein« bedeutet. Es geht dabei »um eine Bewegung, die nicht in einem ›Aktionstunnel‹ gefangen ist, zu der vielmehr ein Spielraum gehört, der durch den Fluxus eines Hin und Her, eine irrlichternde Ungerichtetheit, ein schwebendes Flackern ausgezeichnet ist: so spielen Lichter auf dem Wasser, so spielt der Wind mit den Blättern, oder so spielt ein Lächeln um die Lippen«.[57]

Es ist, zumindest wenn man Kant folgen will, kein Zufall, dass sich Sybille Krämer an dieser Stelle der poetischen Stilmittel der Metapher bedient. Denn anders als für Kreutzfeld ist für Kant der Bilderreichtum der Sprache nicht die Quelle von Irrtümern, sondern das Spielfeld des »idealischen Gefühls«, das er in den »Bemerkungen zu den Beobachtungen über das Gefühl des Schönen und Erhabenen« aus dem Jahr 1764 zum Ursprung der schönen Künste, der Dichtung und der Kultur erklärt: »Dieses idealische Gefühl sieht in der todten Materie Leben oder bildet sich ein es zu sehen. Bäume trinken den benachbarten Bach. Der Zephyr lispelt den Verliebten. Wolken weinen an einem melancholischen Tage. Felsen drohen wie Riesen. Die Einsamkeit ist doch bewohnt durch träumerische Schatten u. das Todesschweigen der Gräber phantastisch. Daher kommen die Bilder und der bilderreiche Geist.«[58] Während für Kreutzfeld der Bilderreichtum der Sprache die undifferenzierte Quelle von Fiktionen und Irrtümern ist, stellt er für Kant eine Quelle des Schönen dar, die Lust erregt und damit zugleich das Feld aufspannt, das Kant in der *Kritik der Urteilskraft* als den Bereich des ästhetischen Urteils bestimmen wird. So führt denn ein Faden von Kants Verteidigung der Illusion zur Definition des ästhetischen Urteils, dessen Bestimmungsgrund, wie Kant in der *Kritik der Urteilskraft* schreiben wird, nicht ein Begriff, sondern »das Gefühl (des inneren Sinns) jener Einhelligkeit im Spiele der Gefühlskräfte ist, sofern sie nur empfunden werden kann«.[59]

»Geist«, so wird Kant dort schreiben – den Faden aufnehmend, der zurück bis zu den *Träumen eines Geistersehers* und dem dort diskutierten vitalistischen Moment führt – »in ästhetischer Bedeutung, heißt das belebende Prinzip im Gemüte. Dasjenige aber, wodurch dieses Prinzip die Seele selbst, der Stoff, den es dazu anwendet, ist das, was die Gemütskräfte zweckmäßig in Schwung versetzt, d.i. in ein solches Spiel, welches sich von selbst erhält und selbst die Kräfte

---

57. Sybille Krämer: »Die Welt, ein Spiel? Über die Spielbewegung als Umkehrbarkeit«, in: *Spielen. Zwischen Rausch und Regel*, hrsg. v. Deutschen Hygiene-Museum, Begleitbuch zur Ausstellung »Spielen. Die Ausstellung«, Dresden 2005, S. 11.
58. Immanuel Kant: »Bemerkungen zu den Beobachtungen über das Gefühl des Schönen und Erhabenen«, AA XX, S. 18.
59. Kant: *Kritik der Urteilskraft*, in: *Werke in zwölf Bänden*, Bd. X, a.a.O., S. 145.

dazu stärkt.«[60] Kant nennt dieses Prinzip das »Vermögen der Darstellung ästhetischer Ideen«, unter welcher man wiederum »diejenige Vorstellung der Einbildungskraft« zu verstehen habe, die »viel zu denken veranlasst, ohne dass ihr doch irgendein bestimmter Gedanke, d.i. Begriff adäquat sein kann, die folglich keine Sprache völlig erreicht und verständlich machen kann«.[61] So führt er denn im Begriff der ästhetischen Idee die belebende Wirkung des ästhetischen Scheins, die Kunst der sinnlichen Darstellung und die Antwort auf die Frage nach der Mitteilbarkeit von Gefühlen zusammen, die immer nur subjektiv sind.

Nun ist für die These, die ich hier zu vertreten versuche – nach der die Ästhetik im Kontext der *Anthropologie in pragmatischer Hinsicht* und also zugleich im Kontext eines Gegenprogramms zu einer Wissenschaft gelesen sein will, welche den Menschen in seiner ganzen Natur, die inneren und äußeren Sinne gleichermaßen zu ihrem Gegenstand macht –, ausschlaggebend, dass das ästhetische oder Geschmacksurteil, wie Kant es auch nennt, seine volle Bedeutung erst durch die Differenzierung von Verstandes- und Vernunfturteil, das heißt im Bezug auf das heterogen bestimmte System des Wissens erhält. Das ästhetische Urteil setzt in seiner negativen Bestimmtheit – es bezieht sich, anders als das Verstandesurteil, nicht auf Erkenntnisse und damit nicht auf die Natur, und es bezieht sich, anders als das Vernunfturteil, nicht auf Vernunftideen und also nicht auf Freiheit – zugleich eine Grenze des Wissens fest. So ist das ästhetische Urteil einerseits beschränkt auf die Mitteilbarkeit der Gefühle, die gänzlich subjektiv und doch zugleich nicht ohne Prinzip sind,[62] andererseits besetzt es dieses Feld und zieht es damit zugleich aus dem Geltungsbereich der Wissenschaften. Dieses subjektive Prinzip der Gefühle wird von Kant als »Gemeinsinn« beschrieben. Der *sensus communis* ist, wie Kant auch hier die Formulierung aus den *Träumen eines Geistersehers* fast wörtlich wiederholend spezifiziert, die »Idee eines gemeinschaftlichen Sinns, d.i. eines Beurteilungsvermögens (...), welches in seiner Reflexion auf die Vorstellungsart jedes anderen in Gedanken (a priori) Rücksicht nimmt, um gleichsam an die gesamte Menschenvernunft sein Urteil zu halten, und dadurch der Illusion zu entgehen, die aus subjektiven Privatbedingungen, welche leicht für objektiv gehalten werden könnten, auf das Urteil nachteiligen Einfluss haben würde«.[63]

Das ästhetische Geschmacksurteil gründet des Weiteren, wie er, den Raum der notwendigen Unwissenheit im Hinblick auf das ästhetische Urteil spezifizierend, ausführt, in einer Antinomie. Deren These besagt, dass das Geschmacksurteil nicht auf Begriffen beruht, denn sonst ließe sich nicht über Geschmacksurteile streiten. Deren Antithese lautet: Das Geschmacksurteil beruht auf Begriffen, denn sonst ließe sich nicht einmal darüber streiten.[64] Der Schein, der in der Ver-

---

60. Ebd., S. 249.
61. Ebd., S. 250.
62. Ebd., S. 131: »Also ist es die allgemeine Mitteilungsfähigkeit des Gemütszustandes in der gegebenen Vorstellung, welche, als subjektive Bedingung des Geschmacksurteils, demselben zum Grunde liegen.«
63. Ebd., S. 225.
64. Ebd., S. 279.

mengung des einen mit dem anderen beruht, aber ist seinerseits nicht mehr, aber auch nicht weniger als eine notwendige beziehungsweise »natürliche Illusion«.[65] Diese Illusion, die hier nicht eine ästhetische, sondern eine transzendentale Illusion ist, ruft eben jene Dynamik hervor, die aus den Menschen gesellige Wesen macht und sie dazu prädestiniert, sich selbst zu Weltbürgerinnen und Weltbürgern auszubilden.

Wenn Rancière hervorhebt, dass eine bestimmte »Politik« die »Dinge der Kunst zu einem Sensorium definiert, das unterschieden ist von jenem der Beherrschung«, und dabei auf die Kantsche Analyse verweist, nach der »das freie Spiel und der freie Schein die Herrschaft der Materie über die Form, der Intelligenz über die Sinnlichkeit«[66] aufhebe, so gewinnt doch die Kantsche Ästhetik ihr kritisches Potenzial nicht aus der Politik, sondern aus der Einbindung in ein heterogenes, in sich differenziertes System des Wissens. Als Element dieses Systems stellt das ästhetische Urteil die Grenze zum Verstandesurteil und zum Vernunfturteil fest. Erst in diesem Rahmen kommt die kritische Kraft zum Tragen, welche das ästhetische Urteil als Grenzbestimmung gegenüber dem Anspruch der objektiven Wissenschaften und damit der Rationalität auf die inneren und äußeren Sinne und die subjektiven Gefühle des Menschen entfaltet.

IV. Illusion als Bestandteil des Wissens

Als Bestandteil des Wissens trägt das Konzept der ästhetischen Illusion zum einen zur Differenzierung zwischen einem objektiven Wissen und subjektiven Werten bei. Durch diese Differenzierung wirkt sie als Gegenpol zur »siegreichen Rationalität«,[67] um einen Ausdruck von Georges Canguilhem zu zitieren. Der Epistemologe und Historiker der Lebenswissenschaften kommt in einer auf Umwegen

---

65. Ebd., S. 280.
66. Rancière: *Das Unbehagen in der Ästhetik*, a.a.O., S. 41. Im Anschluss bezieht sich Rancière auf Schillers »Übersetzung« der Kantischen Philosophie in »anthropologische und politische Aussagen« (ebd.). Dabei wäre freilich zu beachten, dass Schillers »Übersetzung« einige signifikante Bedeutungsverschiebungen enthält. So ist für Schiller der Begriff des Lebens nicht, wie für Kant, verbunden mit der vitalistischen Auffassung einer animistischen Fähigkeit zur Selbstbewegung, sondern Leben ist, wie er im 15. Brief »Über die Erziehung des Menschen« schreibt, der »Gegenstand des sinnlichen Triebs« und als solcher »ein Begriff, der alles materiale Sein und alle unmittelbare Gegenwart in den Sinnen bedeutet«. Schiller grenzt ihn gegen den Begriff der Gestalt ab, welcher der Gegenstand des Formtriebs sei. Damit unterminiert Schiller jedoch jene durchaus ambivalentere und weiter gespannte Funktion, welche der Begriff des Principiums des Lebens in Kants Philosophie einnimmt, indem Leben hier gerade nicht mechanistisch gefasst ist. Dazu passt denn auch, dass Schiller die Entstehung des Spieltriebs auf die Forderung der Vernunft »aus transzendentalen Gründen« zurückführt, »es soll eine Gemeinschaft zwischen Formtrieb und Stofftrieb sein«. Für Kant ist das Spiel nicht auf eine Forderung der Vernunft zurückzuführen, sondern Manifestation des subjektiven Lebensgefühls als Lust bzw. Unlust und als solches der Grund der Urteilskraft und deren Vermögens, Übergänge zwischen den unterschiedlichen Erkenntnisvermögen und ihrer Bereiche zu schaffen.
67. Georges Canguilhem: »Der epistemologische Status der Medizin«, in: *Grenzen medizinischer Rationalität: Historisch-epistemologische Untersuchungen*, Tübingen 1989, S. 88.

vermittelten kantischen Tradition im Kontext der Geschichte des medizinischen Wissens auf das Vermögen der Illusion. In seinem Aufsatz mit dem Titel »Macht und Grenzen der Rationalität in der Medizin« betont Canguilhem, dass der Kranke »mehr und anderes ist als ein grammatisches Subjekt«. Der Kranke ist ein »ausdrucksfähiges Subjekt, das sich als Subjekt in all dem wieder erkennt, was es ausschließlich mit Possessivpronomen benennen kann: in seinem Schmerz und der Vorstellung, die es sich davon macht, in seiner Angst, in seinen Hoffnungen und seinen Träumen«. Auch wenn man, so Canguilhem weiter, »›sub specie‹ der Rationalität in all diesen Besitzverhältnissen nur Illusionen entdecken [würde], so kann man nicht umhin, das Vermögen der Illusion in seiner Unmittelbarkeit anzuerkennen.« Denn nur, so schließt er, wenn man anerkenne, »dass das Vermögen der Illusion nicht zu den Fähigkeiten eines Objekts gehört, ist man objektiv«.[68]

Versteht man die Illusion als Bestandteil des Wissens, so trägt sie, wie man mit Canguilhem formulieren könnte, durch die Differenzierung zwischen objektiven Erkenntnissen und subjektiven Werten bzw. Normen zur Differenzierung zwischen Lebendigem und Nichtlebendigem bei. Das Konzept der Illusion erweist sich damit zum anderen zugleich als ein konstitutiver Bestandteil der Geschichtlichkeit der Rationalität und der Geschichtlichkeit des Wissens vom Leben.

---

68. Canguilhem: »Macht und Grenzen der Rationalität in der Medizin«, in: *Grenzen medizinischer Rationalität*, a.a.O., S. 62.

Dirk Setton

Ästhetik und Nichtwissen
Eine Antwort auf Astrid Deuber-Mankowsky

In meiner kurzen »Opponenten-Rede« möchte ich mich auf drei Punkte konzentrieren, die allesamt die Frage betreffen, in welchem Sinne bei Kant von einer ›Ästhetik des Wissens‹ gesprochen werden kann und welche Antwort auf diese Frage in Astrid Deuber-Mankowskys Beitrag formuliert ist. *Erstens* werde ich versuchen, mein Verständnis von ihrem Argument zu skizzieren: Inwiefern lässt sich bei Kreutzfelds Dissertation von »Ästhetisierung« oder einem Ästhetisierungsprogramm sprechen? Und wenn Kant in seiner Opponenten-Rede nicht mit einer schlichten Ästhetisierungskritik reagiert, sondern mit einer solchen, die einen Begriff der ästhetischen Illusion akzentuiert, – deutet Kant damit auf eine andere Ästhetik des Wissens? *Zweitens* möchte ich zeigen, dass Astrid Deuber-Mankowsky mit ihrer Zurückweisung von Rancières Idee des Ästhetischen – mit ihrer Behauptung, dass diese Idee im Kontext der Kantischen Opponenten-Rede keine Relevanz besäße – die Möglichkeit einer gewissen Erklärung »verschenkt«. Oder mit anderen Worten, ich würde ihr gerne eine Interpretation von Rancières Differenzierung zwischen drei »Regimes« der Künste vorschlagen, die dazu beitragen kann, die verschiedenen Bedeutungen von Ästhetisierung oder des Ästhetischen zu profilieren, die hier im Spiel sind: Bei Kreutzfeld geht es um eine Ästhetisierung des Wissens im Sinne des *ethischen Regimes* sinnlicher Darstellungen, während es bei Kant um eine Ästhetik des Wissens im Sinne des *ästhetischen Regimes* sinnlicher Darstellungen geht (respektive darauf hinauslaufen müsste). Und *drittens* werde ich die Frage diskutieren, inwiefern Astrid Deuber-Mankowskys Beitrag zufolge von einer Ästhetik des Wissens bei Kant überhaupt die Rede sein kann. Meine Vermutung lautet hier, dass ihre Ausführungen eine solche nicht wirklich anvisieren. In diesem Zusammenhang möchte ich versuchen, ein alternatives Verständnis von Kants ästhetisch-epistemologischer Pointe kurz anzudeuten.

I.

Kant wurde 1777 in Gestalt von Kreutzfelds Dissertation mit einem Wissenschaftsprogramm konfrontiert, das der Sache nach auf der Idee einer Ästhetisierung des Wissens basiert, – der Idee einer Ästhetisierung, die von einem bestimmten Verständnis des Irrtums ausgeht. Kreutzfelds »anthropologische Ästhetik«, deren Verfahren Deuber-Mankowsky zufolge darin besteht, Fragen der sinnlichen Darstellung »im Rückgang auf die Natur des Menschen und die Natur des Menschen im Rückgang auf ästhetische Gegenstände und Wahrnehmungen«[1] zu erklären, führt dichterische sowie logische und metaphysische Vorstellungen auf Sinnestäuschungen zurück, die dem Menschen natürlich seien. Es ist der Gedanke eines natürlichen Irrtums durch »Sinnestäuschung«, der Kreutzfelds Ästhetik zu einer Analytik der Ästhetisierung macht.

Wie haben wir die Sorte von Irrtum zu verstehen, von der hier die Rede ist? In seinen Vorlesungen zur Logik aus den vorkritischen 1770er Jahren macht Kant klar, dass der *Ort* des Irrtums stets das Erkenntnisurteil ist, in dem sinnlich rezipierte und synthetisierte Anschauungen unter Begriffe des Verstandes subsumiert werden.[2] Als *Quelle* des Irrtums kommt jedoch weder der Verstand selbst, noch die Sinnlichkeit in Frage. Diese beiden Vermögen, aus denen die menschliche Erkenntnisfähigkeit besteht, sind – so Kant – irrtumsresistent.[3] Das Entstehen von Irrtümern sei vielmehr auf ein misslungenes Zusammenspiel von Verstand und Sinnlichkeit zurückzuführen, auf falsche Verknüpfungen von Anschauung und Begriff, die durch eine andersartige Kraft hervorgerufen werden, welche die angemessene Ausübung des Erkenntnisvermögens durch ihre Intervention betäubt, ablenkt oder verführt. Kant nennt zwei Gestalten dieser dritten Kraft: Einerseits haben wir es mit der Ungeduld der »Wissbegierde« zu tun, die das erkennende Subjekt dort vorschnell und überstürzend urteilen lässt, wo die Erfahrung ein Urteil noch gar nicht erlaubt.[4] Wichtiger jedoch in diesem Kontext ist, andererseits, die zweite Gestalt jener Kraft, die das so genannte »Halluzinationsmodell« des Irrtums beschreibt: die Einbildungskraft. Als Irrtumsquelle fungiert sie insofern, als der von ihr qua regelloser Assoziation hervorgebrachte Schein auf Begriffe gebracht und im Urteil als Wirklichkeit affirmiert wird. Die Einbildungskraft ist es also hier, die den Verstand durch die »Stärke« ihrer Darstellungen täuscht, wie Kant in der *Anthropologie* (und im Einklang mit den vorkritischen Logik-Vorlesungen) ausführt: Ihr »regelloses Umherschweifen« hat die Tendenz, Vorstellungen zu intensivieren, ihnen eine eigentümliche Macht zu verleihen und dabei den Anschein zu erwecken, als wäre der Schein eine tatsächliche Affektion der äußeren Sinne.[5]

Kreutzfelds Ästhetisierungsprogramm setzt dieses Irrtumsmodell der Sache nach voraus: Poetische Darstellungen und metaphysische Behauptungen erklärt er durch Irrtümer im Sinne des Halluzinationsmodells, die in der Natur des Menschen verankert seien. Auf diese Weise haben wir es mit einer Erkenntniskritik zu tun, die auf einer Ästhetisierungsthese beruht, – sofern unter »Ästhetisierung«

---

1. Astrid Deuber-Mankowsky: »Ästhetische Illusion als Bestandteil des Wissens. Zu Kants Opponenten-Rede«, in diesem Band S. 70.
2. Vgl. hier und im Folgenden Immanuel Kant: *Vorlesungen über Logik*, in: *Kant's Gesammelte Schriften*, hrsg. v. d. Königlich Preußischen Akademie der Wissenschaften, Berlin 1966, Bd. XXIV/1, S. 84ff., 102ff., 401ff.
3. Vgl. ebd. (Logik Blomberg), S. 84; vgl. auch ders.: *Kritik der reinen Vernunft*, Hamburg 1956, B 350.
4. Vgl. Kant: *Vorlesungen über Logik* (Logik Philippi), in: *Kant's Gesammelte Schriften*, Bd. XXIV/1, a.a.O., S. 402ff.
5. Vgl. Immanuel Kant: *Anthropologie in pragmatischer Hinsicht*, in: *Werke in zwölf Bänden*, Bd. XII, hrsg. v. Wilhelm Weischedel, Frankfurt/M. 1968, B 86.

hier jene Korruption des Wahrheitsbezugs des Wissens zu verstehen ist, die durch den schädlichen Einfluss der Sinnlichkeit in Gestalt der Einbildungskraft erzeugt wird. Kreutzfelds Ambition scheint nun darin zu bestehen, diese Ästhetisierungsthese nicht nur zu verteidigen, sondern – so interpretiert ihn Kant – daraus auch die Forderung abzuleiten, an der Stelle einer metaphysischen Erkenntnistheorie eine neue Leitdisziplin zu etablieren, die für den Zusammenhang zwischen der Natur des menschlichen Geistes, der Imagination und der künstlerischen Produktion zuständig ist: eine empirische, zugleich anthropologische und psychologische Ästhetik.

Das Argumentationsschema, mit dem diese Disziplin und ihre Analytik der Ästhetisierung legitimiert wird, stammt freilich aus dem zehnten Buch der platonischen *Politeia*, und das gibt uns wiederum einen Grund, sie mit Rancière dem »ethischen Regime« der sinnlichen Darstellung zuzuordnen.[6] Wie Platon – wenngleich im Rahmen einer völlig anderen Methodologie und eines völlig anderen Einsatzes – stellt Kreutzfeld die Frage nach dem Wahrheitsgehalt sinnlicher Darstellungen und interpretiert diese entsprechend vor der epistemologischen Alternative von Wahrheit und Irrtum oder Trugbild. Und wie Platon – wenngleich mit einem anderen Argument – kommt er zum Ergebnis, dass es diese sinnlichen Darstellungen sind, welche den Wahrheitsbezug eines Wissens korrumpieren, das von den Sinnen und mithin von der Einbildungskraft geleitet ist und derart unter dem Vorzeichen des Irrtums steht.

II.

Wenn Kant in seiner Opponenten-Rede auf dieses Konzept eines verallgemeinerten Irrtums nun nicht mit einer entsprechenden Ästhetisierungs*kritik* antwortet,

---

6. Vgl. dazu Jacques Rancière: *Die Aufteilung des Sinnlichen*, Berlin 2006, S. 36f.; ders.: »Die ästhetische Revolution und ihre Folgen. Erzählungen von Autonomie und Heteronomie«, in diesem Band S. 24f., Fn 3; sowie David Weber, »Ästhetisierung als Beschreibung«, in diesem Band, S. 49. Ich spreche hier und im Folgenden von »Regimes sinnlicher Darstellungen« und nicht wie Rancière von »Regimes der Kunst«. Der Grund liegt darin, dass wir es im Kontext der Erkenntnistheorie nicht mit dem Problem der Identifizierung von Kunst zu tun haben, sondern mit dem Problem der Bestimmung der epistemologischen Funktion sinnlicher Darstellungen. Die Logik jedoch, nach der die Funktion von Sinnlichkeit bei Kreutzfeld und Kant bestimmt wird, entspricht derjenigen Logik, nach der Rancière die drei Regime im Sinne verschiedener »Aufteilungen des Sinnlichen« begreift. Wenn Kreutzfeld metaphysisches Wissen *wie poetische Darstellungen behandelt*, insofern er beide auf sinnliche Bildungen zurückführt, die in der Natur der menschlichen Einbildungskraft wurzeln, dann orientiert er sich implizit an einer Aufteilung des Sinnlichen, die im Sinne des »ethischen Regimes der Kunst« operiert: im Sinne der Wahrheitsfunktion und pädagogischen Rolle sinnlicher Darstellungen. Und wenn Kant in seiner »Opponenten-Rede« Kreutzfeld kritisiert, dann orientiert er sich einerseits an einer *gattungspoetischen* (repräsentativen) Aufteilung des Sinnlichen – der gemäß verschiedene Arten von Sinnlichkeit verschiedenen Wissenstypen korrelieren, das heißt sinnliches Material auf unterschiedliche Weise auf Formen der synthetischen Einheit bezogen ist –, und andererseits an einer ästhetischen Aufteilung des Sinnlichen, insofern er sich auf einen Typus von (ästhetischer) Erfahrung bezieht, die mit der geläufigen (ethischen oder repräsentativen) Aufteilung bricht.

sondern mit einem anders verstandenen Begriff der ästhetischen Illusion – dem Begriff eines erlaubten Scheins, der bestehen bleibt, auch wenn man ihn durchschaut hat –, so wäre zu fragen, inwiefern er damit eine andere Ästhetik des Wissens andenkt. Und diese Frage ließe sich beantworten, wenn man klärt, was denn den ästhetischen Schein zu einem erlaubten Schein macht.

Einer ersten Lektüre von Kants Opponenten-Rede muss sich eine Antwort geradezu aufdrängen: Ästhetische Illusionen – das heißt die Produkte der Einbildungskraft – sind insofern erlaubt, als sie eine *wissenspädagogische* Funktion erfüllen.[7] In anderen Worten, die Illusion ist erlaubt und nicht irrtümlich, wenn sie Wahrheit in anschaulichem Schmuck, das heißt als angenehme Erscheinung, zur Darstellung bringt und so den noch lernenden Geist an die für die wissenschaftliche Betätigung angemessene Stimmung gewöhnt. Die Illusion »stärkt die *Herrschaft* des Verstandes über das niedere Volk der Sinne« – der Verstand durchschaut den Schein als Schein – »und verschafft den Gesetzen der Weisheit in gewissem Grade Gehorsam«.[8] Das ist freilich ebenfalls ein platonisches Argument und gehört demnach an den epistemischen Ort eines »ethischen Regimes« der sinnlichen Darstellung.

Einer genaueren Lektüre der Kantischen Opponenten-Rede erschließt sich allerdings eine tiefere Schicht des Textes, die eine andere Lesart des erlaubten Scheins ermöglicht: Hier wäre die Illusion deshalb erlaubt, weil sie ihre Scheinhaftigkeit ausstellt und derart ihre Wahrheit, nämlich Schein zu sein, bewusst hält.[9] Dann ist der ästhetische Schein ein solcher, der, wie Kant in einer treffenden Formulierung schreibt, »auf dem Grenzgebiet zwischen Irrtum und Wahrheit gleichsam fluktuiert«.[10] Die ästhetische Illusion entspricht daher weder einer wahren, noch einer irrtümlichen Darstellung. Sie liegt eher »zwischen« diesen beiden Alternativen und bildet gewissermaßen ein Drittes, das beide, Wahrheit und Irrtum, gleichermaßen in der Nähe und auf Distanz hält. Ein solches Drittes nun ist eine Figur des *Nichtwissens* oder der Unwissenheit, die keinen Mangel an Wissen beschreibt, sondern tatsächlich eine positive epistemische Funktion markiert: Als Nicht-mehr-Irrtum und Noch-nicht-Wissen wäre die ästhetische Illusion ein *Wissen in der Gestalt des Nichtwissens*.

Mein Vorschlag wäre also, Astrid Deuber-Mankowsky so zu verstehen, dass ihre Argumentation auf eine bestimmte Lesart einer Rancièreschen These hinausläuft, – eine Lesart allerdings, die eine dezidiert epistemologische wäre, welche bei Rancière in der Tat fehlt. Die These, von der die Rede ist, ließe sich als Formel einer solchen Ästhetik des Wissens deuten, die den epistemischen Ort eines »ästhetischen Regimes« sinnlicher Darstellungen voraussetzt, respektive einen solchen ansteuert: »Von einer ästhetischen Dimension der Erkenntnis sprechen,

---

7. Vgl. Bernh. Adolf Schmidt: »Eine bisher unbekannte lateinische Rede Kants über Sinnestäuschung und poetische Fiktion«, in: *Kant-Studien*, Bd. 16 (1911), S. 10; im Folgenden zitiert als Kant: »Opponenten-Rede«.
8. Ebd.
9. Vgl. Astrid Deuber-Mankowsky: *Praktiken der Illusion*, Berlin 2007, S. 97f.
10. Kant: »Opponenten-Rede«, in: *Kant-Studien*, Bd. 16, a.a.O., S. 9.

heißt von einer Dimension der Unwissenheit sprechen, welche die Idee [...] und die Praxis der Erkenntnis zerteilt«.[11]

Inwiefern ist Deuber-Mankowskys Argument gemäß dieser These zu deuten? Ich verstehe ihre Rekonstruktion von Kants ästhetischer Ästhetisierungskritik – beziehungsweise ihre Reformulierung derselben unter Einbeziehung der *Anthropologie in pragmatischer Hinsicht* und der *Träume eines Geistersehers* – folgendermaßen: Kant weist das Ästhetisierungsprogramm der »anthropologischen Ästhetik« Kreutzfelds dadurch zurück, dass er das Wissen von deren Gegenständen – das Wissen von künstlerischen Darstellungen, von sinnlichen Empfindungen, das Wissen vom Menschen und dasjenige von der Natur organischen Lebens – auf ein *Prinzip des Nichtwissenkönnens* bezieht. Anthropologisches Wissen zum Beispiel hat nicht allein die sinnliche Natur des Menschen zum Gegenstand, sondern beschäftigt sich mit diesem im Sinne eines frei handelnden Wesens. Und auf ähnliche Weise ist das Wissen von lebendigen Prozessen in letzter Instanz auf den Organismus als einem sich selbst nach »Willkür« organisierenden Wesen verwiesen. In beiden Fällen haben wir es daher mit Begriffen zu tun, die in dem Maße *problematisch* sind, wie sie sich empirisch weder validieren noch falsifizieren lassen: sie haben kein erfahrbares Objekt. Dennoch sind diese Begriffe notwendig, um anthropologisches und biologisches Wissen zu fundieren. Denn die Lebenskraft oder das vitalistische »Principium des Lebens«, sowie das freie Handeln eines menschlichen Subjekts sind »Ideen«, die weder eine empirische Wahrheit, noch einen empirischen Irrtum bezeichnen; sie »fluktuieren« vielmehr an der Grenze zwischen den beiden – als eine Dimension der Unwissenheit, die insofern nicht bloß negativ bleibt, als sie eine epistemische »Positivität« erzeugt: sie *ermöglicht* empirisches Wissen vom Leben und vom Menschen. Astrid Deuber-Mankowskys Grundintuition verstehe ich demnach so, dass Kant diese Formen des Wissens im Sinne des Modells der ästhetischen Illusion deutet. Anders gesagt, es ist das Paradigma eines »spielenden Scheins«, das einen wesentlichen Bestandteil dieser Wissenstypen modelliert.

III.

Nun bindet Astrid Deuber-Mankowsky diesen Gedanken in einem nächsten Schritt jedoch an eine Strategie der Kantischen Erkenntniskritik, die signifikanterweise den Charakter einer normativen »Gattungspoetik« besitzt: Es geht Kant darum, wie Deuber-Mankowsky von Lyotard inspiriert ausführt, die innere Heterogenität des Wissens zu betonen und derart eine normative Ordnung von Erkenntnisgattungen zu entwerfen, in der jede Wissenssorte einen eigentümlichen Erkenntnisbezirk und ein eigentümliches Gebiet des Sinnlichen (wie zum Beispiel die Empirie, die Symbolisierung, die analoge Darstellung, die ästheti-

---

11. Jacques Rancière: »Denken zwischen den Disziplinen. Eine Ästhetik der (Er)Kenntnis«, in: *Inaesthetik*, Nr. 0 (2008), S. 81–102, hier S. 81.

schen Ideen etc.) besitzt.[12] Wenn demnach die Eigengesetzlichkeit von Theorie, Moral, Kunst, Politik, Recht, Leben und Natur auf dem Spiel steht – und mithin die Eigengesetzlichkeit der verschiedenartigen Formen des Wissens von diesen Bereichen –, dann situiert sich die Kantische Erkenntniskritik, indem sie über deren normative Grenzen wacht, am epistemischen Ort eines »repräsentativen Regimes« im Sinne Rancières.[13] Und vor dem Hintergrund eines solchen repräsentativen (»gattungspoetischen«) Regimes kann es keine Ästhetik des Wissens in einem anspruchsvollen Sinne geben, – genauso wenig wie vor dem Hintergrund eines »ethischen Regimes«. Denn entweder besetzt das Ästhetische einen Ort in der Aufteilung der Wissensgegenstände, der von anderen Gegenstandsbereichen entkoppelt ist, oder es gibt gar keinen Ort für das Ästhetische (weil es allein die Alternative von Wahrheit und Irrtum gibt). In der Konsequenz erscheint die ästhetische Illusion als bloßes »Modell«, das heißt als Produkt eines analogischen Denkens, das Teil eben derjenigen philosophischen Wissensform ist – der Erkenntniskritik –, welche die normative Ordnung des Wissens beschreibt. Müsste man demnach konzedieren, dass es letztlich bei Kant, Deuber-Mankowsky zufolge, keine »wirkliche« Ästhetik des Wissens gibt?

Zum Schluss möchte ich kurz skizzieren, wie vielleicht eine andere Deutung von Kant zu einer genuinen Ästhetik des Wissens gelangen könnte. Diese Deutung würde in zwei Schritten verfahren: Der erste Schritt würde klären, was Rancières Rede von einem »ästhetischen Regime« mit Ästhetisierung zu tun hat, während sich der zweite auf das Verhältnis von Kantischer Erkenntnistheorie und Kantischer Ästhetik (das Verhältnis zwischen der ersten und dritten Kritik) konzentrieren würde, um die Dimension eines ›ästhetischen Wissens‹ zu bestimmen.

Das ästhetische Regime der Darstellung ist ein Regime der Identifizierung von ästhetischen Darstellungen (seien diese nun Kunst oder nicht). Dieses Regime impliziert eine bestimmte Rekonfiguration dessen, was als sinnliche Erfahrung gilt, indem es einen neuen Typus sinnlicher Erfahrung konstituiert, der den Namen einer ästhetischen Erfahrung trägt.[14] Die Identifizierung von ästhetischen Darstellungen geschieht demnach vom Ort eines spezifischen Typus ästhetischer Erfahrung aus, der, so Rancière, maßgeblich in der *Kritik der Urteilskraft* systematisch vorgestellt wurde. Das Entscheidende in unserem Kontext ist nun, dass Rancière an dieser Ausdifferenzierung eines besonderen Typus sinnlicher Erfahrung (und mit ihm: an der Ausdifferenzierung eines besonderen, nämlich ästhetischen Typus sinnlicher Objekte und einer besonderen Sorte ästhetischer Darstellungen) eine interessante Paradoxie festmacht, – eine Paradoxie, die darauf hinausläuft, die Problematik der Ästhetisierung ins Herz des ästhetischen Regimes einzuschreiben.[15] Denn indem das ästhetische Regime eine ästhetische Erfahrung von anderen Formen sinnlicher Erfahrung abgrenzt und unter auto-

---

12. Vgl. Deuber-Mankowsky: »Ästhetische Illusion als Bestandteil des Wissens«, in diesem Band, S. 80f.
13. Vgl. Rancière: *Die Aufteilung des Sinnlichen*, a.a.O., S. 37–39.
14. Vgl. Rancière: »Denken zwischen den Disziplinen«, in: *Inaesthetik*, Nr. 0, a.a.O., S. 82.
15. Vgl. hier und im Folgenden Rancière: *Die Aufteilung des Sinnlichen*, a.a.O., S. 39ff., sowie Weber: »Ästhetisierung als Beschreibung«, in diesem Band, S. 49–51.

nome Vorzeichen stellt – indem es diese von Erkenntnis, Begehren und Moral unabhängig macht –, statuiert es damit nicht nur die autonome Besonderheit von ästhetischen Darstellungen, sondern zerstört zugleich auch jedes Kriterium, diese Besonderheit zu identifizieren und von anderen Formen sinnlicher Präsentation zu trennen. Das ästhetische Regime – das Erscheinen des Ästhetischen als solchen – setzt einen Bruch mit der repräsentativen oder normativen Ordnung von verschiedenartigen Praktiken voraus; und es ist exakt dieser Bruch, der es verunmöglicht, das Ästhetische an einer bestimmten Praxis oder an einer bestimmten Gattung sinnlicher Präsentationen festzumachen. Das ästhetische Regime konstituiert also einerseits die Besonderheit einer spezifisch ästhetischen Seinsweise; und es konstituiert zweitens die Unmöglichkeit, diese Besonderheit in den Grenzen einer bestimmten Praxis und ihrer Objekte zu verorten. Mit anderen Worten, das Ästhetische ist in dem Maße besonders, wie es *virtuell ubiquitär* ist. Daher die Paradoxie des Ästhetischen, die es zwischen autonomer Differenz und Identität mit anderen Bereichen des Lebens (Politik, Wissen, Religion) oszillieren lässt. Vor dem Hintergrund eines ästhetischen Regimes ist das Wissen demnach so, dass es die ständige Möglichkeit einer ästhetischen Transformation – seiner Ästhetisierung – impliziert.

Wieso sollte nun Kant vor dem Hintergrund dieser Paradoxie gelesen werden? Die Pointe des Ästhetischen ist bei Kant die Folgende: Obgleich das ästhetische Urteil keine Erkenntnis liefert, erfährt sich das Subjekt in der ästhetischen Reflexion gerade als ein solches, das erkenntnis*fähig* ist. Die freie Übereinstimmung zwischen den Bedingungen des Verstandes und dem freien Spiel der Einbildungskraft ist ja gerade eine »Stimmung«, die für Erkenntnis überhaupt wesentlich ist – weil sie eine Voraussetzung erfahrbar macht, ohne die Wissen nicht möglich wäre. Die »Romantik« der Erkenntniskräfte, die Kant in der *Kritik der Urteilskraft* Gilles Deleuze zufolge vorstellt,[16] ist somit für das Projekt der *Kritik der reinen Vernunft* vorauszusetzen – als Bedingung der Möglichkeit für das »Glücken« von Erkenntnis. Das Subjekt empfindet sich (in der ästhetischen »Belebung« seiner Erkenntniskräfte) als zum Wissen befähigt, – jedoch nicht im Sinne der Vergewisserung seiner eigenen epistemischen Potenz, sondern im Sinne der Vergewisserung, dass das Seiende auch jenseits seines Erkenntnisvermögens, das heißt insofern es die Bedingungen des Verstandes exzediert, mit diesen Bedingungen »zusammenstimmt«. Und dies ist nur möglich, wenn das Subjekt über eine eigentümliche Sorte des *ästhetischen Wissens* verfügt – nämlich über das freie und exzessive Spiel der Einbildungskraft –, das zugleich ein *Nichtwissen* ist, insofern es unabhängig von den transzendentalen Bedingungen des Verstandes operiert (und nicht unter der Einheit des »Ich denke« steht), aber dennoch zu einer anderen, »dunklen« Weise der Auffassung des Seienden fähig ist. Nun kann es eine freie Übereinstimmung zwischen Verstand und Einbildungskraft allein in dem Maße geben, so Kant in der ersten *Kritik*, wie das Ungleichartige dennoch eine Gleichartigkeit impliziert.[17] In diesem Sinne ist die Einbildungskraft trotz,

---
16. Vgl. Gilles Deleuze: *Kants kritische Philosophie*, Berlin 1990, S. 14f.
17. Vgl. Kant: *Kritik der reinen Vernunft*, a.a.O., B 176f.

ja *in* ihrer Ungleichartigkeit mit dem Verstand insofern gleichartig, als sie *selbst eine Art von Verstehen* beschreibt, – ein Verstehen, das aus der Perspektive des Verstandes ein Nichtverstehen ist, das aber dennoch, in ihrem ›begrifflosen Schematisieren‹, zu den Bedingungen des Verstehens »passt«. Die Einbildungskraft beschreibt derart ein nichtverstehendes Verstehen, einen von sich selbst entfremdeten Verstand. Und dies ist exakt diejenige Beschaffenheit, die im Anschluss an Rancière ein ästhetisches Wissen ausmacht: eine Immanenz des Wissens im Nichtwissen, respektive eine Immanenz des Nichtwissens im Wissen zu bilden.[18]

---

18. Vgl. Jacques Rancière: *Das ästhetische Unbewusste*, Zürich, Berlin 2001, S. 20f.

Hans-Georg Soeffner

Funktionale Zweckfreiheit
Der ›praktische Sinn‹ der Ästhetik

Der Titel meines Aufsatzes besteht aus zwei Teilen, in denen sich jeweils ein bewusst formuliertes Paradox findet: (1) Ästhetischer Zweckfreiheit wird eine Funktion und (2) dem – vom praxisorientierten Sinnbezirk des Alltagsverstandes und des alltäglichen Handelns abgegrenzten – relativ ›geschlossenen Sinnbezirk‹[1] der Ästhetik ein praktischer Sinn unterstellt. Das muss und soll im Folgenden begründet werden. Dabei folge ich nicht – oder nur am Rande – den Traditionslinien einer Philosophie der Ästhetik, wie sie seit dem 18. Jahrhundert von Baumgarten über Kant und Hegel bis zur Gegenwart, exemplarisch bei Martin Seel, vertreten wird. Stattdessen versuche ich, soweit dies in einem Aufsatz möglich ist, auf der Grundlage phänomenologisch-protosoziologischer und anthropologischer Überlegungen das Beziehungsgefüge zwischen Alltagsverstand, Ästhetik und Wissenschaft zu charakterisieren. Dabei verweist der Ausdruck »Beziehungsgefüge« bereits auf eine entscheidende Prämisse: Mögen sich gesellschaftlich konstruierte Ordnungen und Weltsichten, zumal in modernen, sich zunehmend ausdifferenzierenden Gesellschaften, noch so sehr in scheinbar geschlossene Einzelsektoren zergliedern und in Perspektivenvielfalt dissoziieren – gesellschaftlich erlebte Wirklichkeit ist immer relational: Gefüge *und* Prozess von »Wechselwirkungen« (Simmel).

I. Geschmack statt Werthaltung
Die Ästhetisierung der Ästhetik

Max Weber hat zu Beginn des 20. Jahrhunderts das »Ästhetentum intellektualistischer Zeitalter«[2] als Ergebnis einer Entwicklung beschrieben, innerhalb derer sich Ästhetik und vor allem Kunst als »reine Kunst« vom »religiösen Erlösungswillen« ablösen und selbst den Anspruch auf innerweltliche Erlösung erheben. Damit setzen sie eine Feindschaft zwischen ethischer Religiosität und der aus ihr hervorgehenden »rationalen Systematisierung der Lebensführung« einerseits und ästhetisch-kultureller Selbstsinngebung andererseits. Wenn aber Kultur und mit ihr gesellschaftliche Ordnung nichts anderes sind als ein »vom Standpunkt des Menschen aus mit Sinn und Bedeutung bedachter endlicher Ausschnitt aus der sinnlosen Unendlichkeit des Weltgeschehens«,[3] ergibt sich nicht nur eine

---

1. Vgl. Alfred Schütz: »Symbol, Wirklichkeit und Gesellschaft«, in: *Gesammelte Aufsätze*, Bd. I, Den Haag 1971, S. 407.
2. Vgl. Max Weber: *Wirtschaft und Gesellschaft. Grundriss der verstehenden Soziologie*, hrsg. v. Johannes Winckelmann, Tübingen ⁵1976, S. 365f.
3. Max Weber: »Die ›Objektivität‹ sozialwissenschaftlicher und sozialpolitischer Erkenntnis«, in: *Gesammelte Aufsätze zur Wissenschaftslehre*, hrsg. v. Johannes Winckelmann,

Spannung zwischen Jenseitsreligion und innerweltlichen Erlösungsszenarien, sondern auch ein innerweltlich orientierter Begründungszwang für eine Diesseitsethik.

Deren Sachwalterin wird nun – im Namen des menschlichen Intellekts – die Normsetzung durch die praktische Vernunft. Als menschliche, sich jeweils in neue historische Gewänder einkleidende Äußerungsform gerät diese Vernunfttätigkeit, insbesondere in intellektualistischen Zeitaltern, in einen permanenten Relativismusverdacht. Verbindet und verbündet sich ein solcher relativistischer Intellektualismus mit einer ästhetisch-kulturellen Haltung, die ihre Bestimmung in der Freiheit zum Entwurf von Möglichkeitshorizonten der Selbstsinngebung sieht, so steigert sich die Neigung, auch gegenüber ethischen Normensetzungen der praktischen Vernunft eine der ästhetischen Haltung nachgebildete Einstellung einzunehmen und im Namen scheinbar beliebiger Möglichkeitshorizonte von Sinngebungen und Werthaltungen die Verantwortung für ein ethisches Urteil abzulehnen.

Was der Kölsche Volksmund als praktische Lebensweisheit artikuliert – die Feststellung »Jeder Jeck es anders« –, kann in intellektualistischen Zeitaltern in letzter Konsequenz dazu führen, die jeweilige Lebensführung zur Geschmacksache zu deklarieren: »Die Ablehnung der Verantwortung für ein ethisches Urteil und die Scheu vor dem Schein beschränkter Traditionsgebundenheit, wie sie intellektualistische Zeitalter hervorbringen, veranlasst dazu, ethisch gemeinte in ästhetisch ausgedeutete Urteile umzuformen (in typischer Form: ›geschmacklos‹ statt ›verwerflich‹).« Ein solcher subjektivistischer »Kultus des Ästhetentums«,[4] dem alles zur Geschmacksfrage wird und innerhalb dessen man sich über Geschmack nicht ernsthaft streiten will, kann vom Standpunkt der religiösen Ethik aus, so Weber, »sehr wohl als eine tiefste Form von spezifischer Lieblosigkeit, verbunden mit Feigheit, angesehen werden«.[5] Kurz, konsequente »Brüderlichkeitsethik«[6] und intellektualistisch verbrämtes Ästhetentum können nicht zueinander finden: Die Brüderlichkeitsethik hat das Spektrum der Möglichkeitshorizonte zu überschaubaren Sollensvorschriften zusammengeschmolzen. Das Ästhetentum wird weder dem Intellekt noch der Ästhetik gerecht. Es kränkt den Intellekt, weil es ihn in Beliebigkeit aufgehen lässt, und die Ästhetik, weil es etwas ästhetisiert, das sich nicht ästhetisieren lässt: die Bestimmung des Menschen, ein – in einem ganz existenziellen Sinne – ästhetisches Wesen zu sein.

Webers Beschreibung des intellektualistischen Zeitalters und des darin eingebetteten Kultus des Ästhetentums verweist somit auf eine historisch spezifische Ausprägung und Überspitzung von Lebensformen. Es sind Lebensformen, die das kritische Erkenntnisvermögen des Intellekts in intellektualistischer Attitüde auflösen und einen für den Menschen signifikanten, durch Ästhetik und Ästhetisierung gekennzeichneten Zugang zur Welt und zu sich selbst entweder in einem

---

Tübingen ⁴1973, S. 180.
4. Weber: *Wirtschaft und Gesellschaft*, a.a.O., S. 366.
5. Ebd.
6. Ebd.

egozentrischen, letztlich inhaltsleeren Virtuosentum und in Selbstästhetisierung zu überbieten suchen oder in Blasiertheit aufgehen lassen. Letztere hat Simmel charakterisiert als ständige Überreizung des Nervensystems – zum Beispiel von Großstädtern, die sich immer neuen Reizen ausgesetzt sehen und diese auch immer wieder selbst suchen, bis schließlich die Reize ihren Reiz verlieren. Dementsprechend bestimmt Simmel das Wesen der Blasiertheit als »Abstumpfung gegen die Unterschiede der Dinge«.[7] Die Ersetzung von Werthaltungen durch die Beliebigkeit von Geschmacksurteilen ist Kennzeichen des blasierten Ästhetentums.

Sowohl die Überbietungs- als auch die Ennui-Attitüde solcher Lebensformen muss also unterschieden werden von einem grundlegenden, durch Ästhetik und Ästhetisierung geprägten menschlichen Welt- und Selbstbezug – ganz unabhängig von der Antwort auf die Frage, ob wir noch oder schon wieder in einem intellektualistischen Zeitalter leben. Das postmoderne Zeitalter allerdings, sollte es ein solches gegeben haben, hätte Max Weber sicherlich zu den intellektualistischen gezählt.

II. Die Frage nach dem Problem, auf das die Ästhetik eine Antwort ist

1925, drei Jahre bevor er in *Die Stufen des Organischen und der Mensch*[8] seine Theorie von der »exzentrischen Positionalität« des Menschen entwickelt, fragt Helmuth Plessner in einem kurzen Aufsatz nach der Möglichkeit einer Ästhetik.[9] Dabei geht es ihm erkennbar nicht um die Frage nach der Möglichkeit von Kunst, sondern um die – durch das Zusammenspiel der menschlichen Sinne geformte – Wahrnehmung eines »ästhetischen Gegenstandes«.[10] Es ist eine Wahrnehmung, die durch präreflexives Verstehen charakterisiert ist. Dabei bleibt, so Plessner, »das Ästhetische nicht im Wahrnehmen eines Gegenstandes beschlossen«, sondern es muss »mit der Wahrnehmung ein Sinn verknüpft sein [...] und zwar ein atheoretischer Sinn, der einer unmittelbaren Intuition gegeben ist«. Daraus entspringt »ein ursprüngliches Erlebnis eines Kontrastes [...] zwischen dem schlichten Akt der Empfindung sinnlich-stofflicher Daten und dem Akt eines in gewisser Weise unstofflichen Verstehens«.[11]

Seit dieser ersten These zum Verhältnis von sinnlicher Wahrnehmung und Ästhetik bleibt die »Anthropologie der Sinne«[12] ein unaufgelöstes Leitmotiv des

---

7. Georg Simmel: »Die Großstädte und das Geistesleben«, in: ders.: *Individualismus der modernen Zeit und andere soziologische Abhandlungen*, ausgewählt von Otthein Rammstedt, Frankfurt/M. 2008, S. 324.
8. Helmuth Plessner: *Die Stufen des Organischen und der Mensch. Einleitung in die philosophische Anthropologie*, Berlin 1975.
9. Helmuth Plessner: »Über die Möglichkeit einer Ästhetik«, in: *Gesammelte Schriften*, Bd. VII, Frankfurt/M. 1982, S. 51–57.
10. Ebd., S. 54.
11. Ebd.
12. Helmuth Plessner: »Anthropologie der Sinne«, in: ders.: *Philosophische Anthropologie. Lachen und Weinen. Das Lächeln. Anthropologie der Sinne*, Frankfurt/M. 1970, S. 187–251.

Plessnerschen Denkens: Die 1970 erschienene, gleichnamige Abhandlung fasst Aufsätze aus der Zeit von 1936–1968 zusammen. Im Folgenden greife ich einige Gedanken Plessners auf, nehme mir aber die Freiheit, sie – die Gedanken – meinem eigenen wissenssoziologischen Ansatz ›anzuverwandeln‹.

Ausgangspunkt ist dabei Plessners Ringen mit einer phänomenologisch begründeten Einsicht, die nicht ganz zu dem zweiten anthropologischen Grundgesetz, dem Gesetz von der »vermittelten Unmittelbarkeit«,[13] passen will. Es ist die Entdeckung, dass es so etwas zu geben scheint wie eine »ursprüngliche Begegnung des Menschen mit der Welt, die nicht zuvor verabredet ist«.[14] In dieser Formulierung leistet sich Plessner – wie an anderer Stelle auch – eine grammatikalische Mehrdeutigkeit: Das Nicht-Verabredet-Sein kann sowohl der ursprünglichen Begegnung als auch der Welt zugeordnet werden. Nimmt man beides zusammen, so entsteht in der nicht verabredeten Begegnung des Menschen mit der Welt zugleich eine Welt, die ebenfalls neu und anders als zuvor wahrgenommen und verabredet sein kann. Unter der Hand scheint diese Mehrdeutigkeit gewollt zu sein, denn es soll sich in dieser »ursprünglichen Begegnung« eine »Einheit von Vorgriff und Anpassung« vollziehen.[15]

Offenkundig lassen sich diese Charakterisierung des Phänomens erlebter, mehrdimensionaler Unmittelbarkeit und das zuvor beschriebene »ursprüngliche Erlebnis« der Wahrnehmung eines ästhetischen Gegenstandes parallelisieren zur Kennzeichnung dessen, was ich den ›ästhetischen *kairós*‹[16] nenne: die präreflexive, zeitlich kondensierte Verschmelzung von sinnlichen Wahrnehmungsaktivitäten einerseits und den in ihnen konstituierten ästhetischen Gegenständen andererseits. Ebenso offenkundig ist, dass für Plessner dieser Typus unmittelbaren Erlebens sich nicht erst auf künstlerisches Handeln, die Wahrnehmung von Kunstwerken oder gar auf die »Kunst der Gesellschaft« (Luhmann) als ausdifferenziertes, gesellschaftliches Subsystem bezieht, sondern ihnen allen *als Bedingung der Möglichkeit der Konstitution ästhetischer Gegenstände in Erlebnis und Wahrnehmung* voraus liegt und ganz allgemein in der »exzentrischen Positionalität« des Menschen als ein wesentliches Merkmal der *conditio humana* angelegt ist. Anders ausgedrückt: In dieser spezifischen sinnlichen Erlebnis- und Wahrnehmungstätigkeit ist potenziell *alles* Wahrgenommene in ästhetische Gegenstände transformierbar.

Wie für Max Weber allen menschlichen Tätigkeiten und Erzeugnissen – wirtschaftlichem, politischem, handwerklichem, privatem, religiösem Handeln und den ihnen entsprechenden gesellschaftlichen Institutionen – in einer spezifischen Einstellung des sinnverstehenden, sozialen Subjektes ›Kulturbedeutung‹ zukommen kann, so kann ihnen allen aus Plessners Sicht auf der Grundlage ästhetischen Wahrnehmens und Erlebens auch ein ästhetischer Akzent verliehen und –

---

13. Plessner: *Die Stufen des Organischen und der Mensch*, a.a.O., S. 321ff.
14. Ebd., S. 336.
15. Ebd.
16. Vgl. Hans-Georg Soeffner: »Vermittelte Unmittelbarkeit – Das Glück der ästhetischen Erfahrung«, in: ders.: *Zeitbilder. Versuche über Glück, Lebensstil, Gewalt und Schuld*, Frankfurt/M. 2005, S. 120–150.

allerdings nur innerhalb dieses Erlebnis- und Wahrnehmungshorizontes – der Charakter eines ›ästhetischen Gegenstandes‹ verliehen werden. Nur innerhalb *dieses* Horizontes können Bazon Brock und jeder andere Mensch, Duchamps Readymades, John Cages Minimalmusik (z.B. *4'33"*), Andy Warhols *Brillo Boxes* und andere ›Werkexperimente‹ zu ästhetischen Gegenständen werden.

Das ›Ästhetische‹ oder ›Nicht-Ästhetische‹ ist dementsprechend primär kein Attribut oder Merkmal, das in bestimmten Handlungs- und Organisationsformen, Gegenständen und Erzeugnissen ›material‹ schon angelegt ist und ihnen daher zu- oder abgesprochen werden kann, sondern es entspringt – um es in Begriffen von Alfred Schütz auszudrücken – einer spezifischen »Bewusstseinsspannung«, die den »Sinnbezirk«[17] der Ästhetik und die ihn konstituierenden Wahrnehmungs-, Erlebnis- und Handlungsformen prägen. Insofern verbietet sich eine Entgegensetzung von ›Ästhetischem‹ und ›Nicht-Ästhetischem‹ *auf der Objektebene*, ganz gleich, um welche menschlichen Äußerungsformen es sich dabei handelt.

Das »offensichtliche Versagen [der] traditionellen Ästhetik gegenüber der künstlerischen Produktion der Gegenwart«[18] hatte, so Plessner, seinen Grund in eben jener objektzentrierten Betrachtungsweise. Auffällig an dieser Formulierung ist wiederum eine grammatikalische Zweideutigkeit: Das Versagen der traditionellen Ästhetik kann sich (1) sowohl auf eine künstlerische Produktion beziehen, die in der (damaligen) Gegenwart entstand, oder aber (2) auf das künstlerische Produzieren von Gegenwart – auf den ästhetischen *kairós* – selbst. Vermutlich zielt der von Plessner gemeinte »subjektive Sinn« (Max Weber) auf die erste Deutungsmöglichkeit. ›Objektiv‹, das heißt sprachlich und grammatikalisch möglich ist auch die zweite Deutung, und diese schließt zwar ›subkutan‹, aber dennoch schlüssig an den bisher skizzierten Theorieansatz Plessners an, allerdings nur in dem Maße, wie man mir zugesteht, dass ich hier, wie auch an anderer Stelle, Plessner besser zu verstehen versuche als er sich selbst versteht, – ein Anspruch, den schon Fichte für seine Kant-Interpretation in Anspruch nahm.

Es ist eine Konzeption, die im Verlauf des Plessnerschen Denkens sich mehr und mehr auf die Sinnesleistungen und auf das Zusammenspiel der Sinne konzentriert: auf die Konstitutionsleistungen der Sinne mehr als auf die durch sie konstituierten ›Gegenstände‹. Für meinen eigenen Ansatz und für die damit verbundene These vom ›praktischen Sinn der Ästhetik‹ kommt es daher im Folgenden darauf an, mit Hilfe der Plessnerschen Analysen die *in der Synästhesie angelegte strukturelle Multioptionalität menschlicher Wahrnehmung* herauszuarbeiten und so zu einer protosoziologischen Bestimmung der Ästhetik zu kommen, um im doppelten Sinne der Genitivkonstruktion zu zeigen, *wie* und *als was* Ästhetik einerseits bestimmt werden kann und *wozu* sie andererseits bestimmt ist.

Wie für Plessner, für den das »offensichtliche Versagen der traditionellen Ästhetik« gegenüber der modernen Kunst der Anlass war, einen neuen Zugang

---

17. Vgl. Schütz: »Symbol, Wirklichkeit und Gesellschaft«, in: *Gesammelte Aufsätze*, Bd. I, a.a.O., S. 407ff.
18. Plessner: »Anthropologie der Sinne«, in: *Philosophische Anthropologie*, a.a.O., S. 190.

zu den allgemeinen Voraussetzungen einer anthropologisch fundierten Ästhetik zu suchen, so gilt auch für meinen Ansatz, dass er einerseits allgemeine, zeitübergreifende Aussagen zu treffen sucht, andererseits aber zeitabhängig ist. Dies nicht nur, weil er als Weiterentwicklung der Plessnerschen Überlegungen zu verstehen ist, sondern auch weil er sich auf der empirischen Ebene sowohl gegenüber neuen Formen künstlerischer Produktion als auch gegenüber einer neuen medialen Umwelt bewähren muss, die der menschlichen Wahrnehmung und ihrer Basis, den Sinnen, zusätzliche (Anpassungs-)Leistungen abverlangt. Insgesamt lässt sich wohl feststellen, dass die Entwicklung ästhetischer Theorien parallel nicht nur zu der Entwicklung der künstlerischen Produktion und ihrer zunehmenden ›Autonomisierung‹, sondern auch zur Erfindung neuer technischer Instrumente und Hilfsmittel verläuft, auf die sich die menschlichen Sinneswahrnehmungen einstellen müssen, – seien es neue akustische und optische Instrumente, physikalische Bildgebungsverfahren und neue Medien oder beschleunigte Bewegung im Raum durch neue Verkehrsmittel.[19] Immer wieder kommt es zu einem neuen Zusammenspiel von menschlicher ›Sinnesausstattung‹ und Sinnesschulung. Pointiert (›funktionalistisch‹) gesagt: Die Sinne sind uns angeboren, damit wir sie schulen und von unseren Umgebungen schulen lassen.

Bei seiner Suche nach dem »Sinn der Sinne«[20] (Erwin Straus) konstatiert Plessner zusammenfassend, dass »jeder Sinn seinen Grund [hat] in dem, was er und nur er herausbringt«, während alle Sinne »zusammen die Vielfalt im Ganzen heran« bringen: »Soviel Seiten, soviel Sinne. Aber auch: soviel Sinne, soviel Seiten«.[21] Allerdings ist diese Vielfalt nicht beliebig. Als »Wahrnehmungsquellen« sind die Sinne auf das Handeln bezogen, das sie steuern. Daraus resultiert ihre »Aktionsrelativität«.[22] Wie für die gesamte Tierwelt, so gilt auch für den Menschen, dass die sinnliche Wahrnehmung nicht ›an sich‹, sondern ›für/zu etwas‹ existiert: zur Orientierung, Handlungskoordination und wechselseitigen (›sozialen‹) Steuerung der Individuen einer Art.

Kants Einsicht, dass die Sinne (wie auch die ›reine Vernunft‹) sich nicht irren können, findet hier eine sowohl biologische als auch humanethologische Bestätigung. Irrtümer und Fehlschlüsse sind, so Kant, nicht den Sinnen, sondern der *Übersetzung* von Sinneswahrnehmungen in Verstandes- und Vernunftbegriffe zu ›verdanken‹,[23] also jener sprachlichen Vermittlung (und Verzerrung) des sinn-

---

19. Vgl. Hans-Georg Soeffner und Jürgen Raab: »Sehtechniken. Die Medialisierung des Sehens: Schnitt und Montage als Ästhetisierungsmittel medialer Kommunikation«, in: Hans-Georg Soeffner: *Auslegung des Alltags – Der Alltag der Auslegung*, Konstanz 2004, S. 254–284.
20. Plessner: »Anthropologie der Sinne«, in: *Philosophische Anthropologie*, a.a.O., S. 199; vgl. auch Erwin Straus: *Vom Sinn der Sinne*, Frankfurt/M. 1935.
21. Plessner: »Anthropologie der Sinne«, in: *Philosophische Anthropologie*, a.a.O., S. 232.
22. Ebd., S. 238.
23. Vgl. Immanuel Kant: *Kritik der Urteilskraft*, in: *Werke in zehn Bänden*, Bd. VIII, hrsg. v. Wilhelm Weischedel, Darmstadt 1968, §§ 57ff. Ebenso verhält es sich mit den ›Sinnestäuschungen‹: Sie ergeben sich aus den Schlüssen, die man auf der Grundlage von Wahrnehmungen über das Wahrgenommene zieht.

lich Unmittelbaren, die Nietzsche später einer radikalen Sprachkritik unterziehen wird.[24]

Wir teilen dementsprechend mit der Tierwelt strukturell das Zusammenspiel von sinnlicher Ausstattung und Synästhesie. Aber anders als unsere tierischen Vorläufer und Vettern – so Plessner – beruhigt sich der Mensch nicht »bei dem puren Faktum seiner sinnlichen Organisation, er sieht etwas darin, einen Sinn – und wenn er ihn nicht findet, *gibt* er ihm einen und macht etwas daraus«.[25] Wie für die sinnliche Organisation als Ganze gilt dies auch für die jeweils einzelnen Sinne: Auch in ihrer Existenz sehen wir einen Sinn und machen etwas daraus, beispielhaft in Goethes ›Sinn‹-Spruch: »Wär' nicht das Auge sonnenhaft, die Sonne könnt' es nicht erblicken«, aber auch, indem wir uns – früher als Jäger, Sammler und Handwerker – auf einzelne Sinne spezialisieren oder einzelne Sinneswahrnehmungen hervorheben und zunehmend instrumentell unterstützen durch ›Organverlängerungen‹ wie Brille, Mikroskop, Fernrohr oder Mikrophon, Lautsprecher, Klangkörper. Vor allem die Künste werden zu Experimentierfeldern der Wahrnehmung: Das gilt für die Spezialisierung der Sinne in Malerei, Photographie, Musik ebenso wie für die bewusste Anleitung zur Synästhesie in Gesamtkunstwerken mit ihren Sinneskompositionen aus Bildern, Musik, Bewegung, Weihrauchgeruch, Sprache etc. in der Heiligen Messe, aber auch im Theater, in der Oper oder in Medienkompilationen bei modernen Massenevents.

Auf den ersten Blick lassen sich in solchen ästhetischen Experimentierfeldern zwei scheinbar gegenläufige Tendenzen erkennen: die Spezialisierung der Sinne einerseits und die Aggregierung der Sinneswahrnehmungen andererseits. Bei sorgfältiger Betrachtung erweist sich jedoch, dass beide Bewegungen aufeinander bezogen sind, genauer: aufeinander ausgerichtet sein müssen, damit aus der gezielten Spezialisierung der Sinne keine Diskrepanz der Sinneswahrnehmungen wird. Denn was die ›Kooperation der Sinne‹ in unserem relativ natürlichen Umgang mit uns selbst und unserer (Um-)Welt synästhetisch immer schon zu einem Gesamteindruck verarbeitet, wird in den ästhetischen Experimentierfeldern ja gerade aufgebrochen und als zwar strukturell gegebene, aber verborgene Divergenz der Sinneswahrnehmungen aufgedeckt. In der Anthropologie der Sinne ebenso wie in der ästhetischen Praxis zeigt sich somit, dass jeder Mensch über seine Sinne sein eigenes Primärmedium ist, das er sich zugänglich machen muss und dem er seine Selbst- und Weltwahrnehmungen verdankt.

Wenn es aber stimmt, dass alle Sinne zusammen Vielfalt und Divergenz ›heranbringen‹ (»soviele Seiten, soviele Sinne. Aber auch: soviele Sinne, soviele Sei-

---

24. Vgl. Friedrich Nietzsche: *Ueber Wahrheit und Lüge im aussermoralischen Sinne*, in: *Kritische Studienausgabe*, Bd. 1, hrsg. v. Giorgio Colli und Mazzino Montinari, München, Berlin, New York ²1988. Im Zusammenhang mit der Frage nach der »*richtigen Perception*« (S. 884) schreibt Nietzsche (S. 880f.): »Was ist also Wahrheit? Ein bewegliches Heer von Metaphern, Metonymien, Anthropomorphismen kurz eine Summe von menschlichen Relationen, die, poetisch und rhetorisch gesteigert, übertragen, geschmückt wurden, und die nach langem Gebrauche einem Volke fest, canonisch und verbindlich dünken: die Wahrheiten sind Illusionen, von denen man vergessen hat, dass sie welche sind [...].«
25. Plessner: »Anthropologie der Sinne«, in: *Philosophische Anthropologie*, a.a.O., S. 199.

ten«), dann ist die Einheit der Sinne nicht selbstverständlich gegeben, sondern *die Einheitsstiftung das Problem*, das im Akt der Ästhetisierung gelöst werden muss. Es ist ein Akt, der das gleichzeitige Erleben von Divergenz einerseits und die Verschmelzung der Sinneswahrnehmungen andererseits zum Ziel hat. Dieser Akt muss von einem Wesen geleistet werden, das den anthropologischen Grundgesetzen der »natürlichen Künstlichkeit« und der »vermittelten Unmittelbarkeit«[26] ausgeliefert ist, das also nicht nur lebt und erlebt, sondern auch sein Erleben erlebt,[27] das nicht nur etwas wahrnimmt, sondern auch wahrnimmt, *dass* und *wie* es etwas wahrnimmt, das von sich aus keine Einheit ist, sondern ein Verhältnis, das sich zu sich selbst verhält, das also weiß, dass wir alle »Fragmente sind, nicht nur des allgemeinen Menschen, sondern auch unserer selbst«.[28]

Die Ästhetisierung des Wahrgenommenen und zugleich der Wahrnehmung ist die menschliche Antwort auf diese Problemlage. Und die auf der Ästhetisierung beruhende »künstlerische Verschmelzung« von nach ihren »modalen Qualitäten unüberbrückbaren Divergenzen« ist – so Plessner – der »eine dem Menschen offen stehende Weg, aus sinnlicher Diskrepanz der sensorischen Komponenten ein Konzept zu machen; eine Einheit«.[29] Max Imdahls Unterscheidung und zugleich Zusammenführung von »wiedererkennendem Sehen« und »sehendem Sehen«[30] bei der Bildhermeneutik findet hier ihre anthropologische Grundlage.

Zugleich wird erkennbar, dass sich die Ästhetisierung menschlichen Lebens, neben vielen anderen, ein spezifisches Ausdrucksmittel geschaffen hat, das die Einheit des Widersprüchlichen – der Grenzziehung und der Grenzüberschreitung, der Unmittelbarkeit der Wirkung und der zeichenhaften Vermittlung – zugleich repräsentiert und veranschaulicht: das Symbol.[31] Bezeichnenderweise umfasst die Reichweite, Verwendung und Wirkung des Symbols alltägliche, ebenso wie religiöse, künstlerische, politische und auch wirtschaftliche Ästhetisierungs- und Repräsentationsleistungen. Ästhetisierung und die in ihr zum Ausdruck kommende »Selbststeigerungstendenz des menschlichen Lebens«[32] sind somit Antworten auf eine grundlegende Krise: auf die konstitutive Gleichgewichtslosigkeit der exzentrischen Positionalität.[33] Sie stehen für den Versuch, mit künstlichen Mitteln einen Boden zu schaffen, der immer wieder nur einen

---

26. Vgl. Plessner: *Die Stufen des Organischen*, a.a.O., S. 309ff.
27. Ebd., S. 292.
28. Vgl. Georg Simmel: *Soziologie. Untersuchungen über die Formen der Vergesellschaftung*, in: *Gesamtausgabe*, Bd. 11, Frankfurt/M. 1992, S. 49.
29. Plessner: »Anthropologie der Sinne«, in: *Philosophische Anthropologie*, a.a.O., S. 247.
30. Vgl. Max Imdahl: »Giotto. Zur Frage der ikonischen Sinnstruktur«, in: *Gesammelte Schriften*, Bd. 3: *Reflexion – Theorie – Methode*, Frankfurt/M. 1996, S. 464–500; vgl. dazu auch Jürgen Raab: *Visuelle Wissenssoziologie. Theoretische Konzeption und materiale Analysen*, Konstanz 2008, S. 159f.
31. Vgl. Hans-Georg Soeffner: »Zur Soziologie des Symbols und des Rituals«, in: ders.: *Gesellschaft ohne Baldachin. Über die Labilität von Ordnungskonstruktionen*, Weilerswist 2000, S. 180–208.
32. Vgl. Plessner: *Die Stufen des Organischen und der Mensch*, a.a.O., S. 320.
33. Ebd., S. 316.

ebenso vorübergehenden wie labilen Halt geben kann: *Kultur*[34] *als innerweltliche Grundlage menschlicher Existenz* und nicht als Spielfeld für Kulte und Virtuosen des Ästhetentums.

Die Ästhetisierungsbemühungen des Menschen und ihr Erzeugnis – die Kultur in ihren vielfältigen historischen Erscheinungsformen – verweisen zuerst und vor allem auf die uns aufgezwungene Aufgabe, der fundamentalen Unsicherheit und Krisenhaftigkeit unserer Existenz zu begegnen: der divergierenden Welt der Sinne einen Sinn zu geben und gesellschaftliche Ordnung zu stiften, weil uns die hintergründige Ahnung um die Zufälligkeit unserer jeweiligen Einzelexistenz und des ›Weltgeschehens‹ insgesamt ständig bedroht. Zugleich aber zeigen sowohl die Künste – als spezifische welt- und möglichkeitsoffene, praktische Ästhetisierung des Lebens – als auch die anthropologisch fundierten, historischen Ästhetiken, welche Freiräume und von Menschen selbstgeschaffene Sinnpotenziale als Antworten auf die immer wieder zu bewältigende Krisensituation entworfen werden können.

Einerseits also zwingt uns das Erbe der Evolution das Ungleichgewicht der exzentrischen Positionalität auf. Andererseits setzt uns dieses Erbe frei, Distanz gegenüber uns selbst und unserer Umwelt und damit ›Weltoffenheit‹ zu gewinnen. Paradox ausgedrückt: Fähigkeit und Möglichkeit der Ästhetisierung unseres Lebens und unserer (Um-)Welt sind Ausdruck einer uns evolutionär aufgezwungenen, krisenbelasteten Freiheit, Grundlage der Labilität und zugleich der Chancen auf eine riskierte und unwahrscheinliche Lebensführung.

III. Öffnung und Schließung

In *Die Stufen des Organischen und der Mensch* stellt Plessner die geschlossene, »zentrische Positionalität«[35] der Tiere der »exzentrischen Positionalität« der Menschen gegenüber. Vor ihm hatte einer seiner Lehrmeister, Darwin,[36] ebenso wie danach Konrad Lorenz auf das auch im Menschen noch anzutreffende Spannungsverhältnis von geschlossener, durch Instinkte und angeborene Verhaltensmuster geprägter Organisationsform einerseits und ›Instinktunterausstattung‹ (Gehlen) sowie der daraus resultierenden Weltoffenheit andererseits hingewiesen. Dieses Spannungsverhältnis zwischen Offenheit und Geschlossenheit führt aus der Perspektive menschlichen Handelns zu einem andauernden Widerstreit zwischen Prozessen der Öffnung und Schließung, die sich ihrerseits in spezifischen Ausdrucksformen manifestieren.

Schließt man sich Nietzsches Gedankenexperiment aus *Die fröhliche Wissenschaft* an und nimmt vom Standpunkt der Tiere, die wir ja auch sind, also aus

---

34. Ebd., S. 311ff.
35. Ebd., S. 237ff.
36. Vgl. hierzu Charles Darwin: *The Expression of Emotions in Man and Animals*, London 1872; Konrad Lorenz: *Die Rückseite des Spiegels. Versuch einer Naturgeschichte menschlichen Erkennens*, München 1977; Arnold Gehlen: *Der Mensch. Seine Natur und seine Stellung in der Welt*, Wiesbaden [12]1978.

der Perspektive programmierter und programmatischer Geschlossenheit, den Menschen in den Blick, erscheint dieses Wesen als ein Tier, »das in höchst gefährlicher Weise den gesunden Thierverstand verloren hat, – als das wahnwitzige Thier, als das lachende Thier, als das weinende Thier, als das unglückselige Thier«.[37] Das Gedankenexperiment verdeutlicht, dass der gesunde Tierverstand und der so genannte gesunde Menschenverstand eines gemeinsam haben: die Suche nach einer stabilen Verankerung, die durch die gezielte Begrenzung allzu unüberschaubarer Möglichkeitshorizonte der riskanten Weltoffenheit erreicht werden soll.

Bei diesem Ausschluss von Risiken und Unwahrscheinlichkeiten geht es nicht so sehr um eine Auseinandersetzung mit einer risikolosen Multioptionalität, wie sie sich in der Attitüde des *anything goes* äußert. Denn diese Illusion von der Existenz und Aufrechterhaltung eines Gleichgewichts beliebiger Handlungsoptionen ist keine echte Gefahr für den gesunden Menschenverstand praktischen Alltagshandelns: Dieser weiß, dass immer gehandelt werden muss und gehandelt wird – und dass mit jeder Entscheidung und Handlung Folgehandlungen in Gang gesetzt werden, die der geschmäcklerischen Beliebigkeit ständig offen gehaltener Optionen schnell den Garaus machen.

Vielmehr reagiert der gesunde Menschenverstand auf eine existenzielle Krise, auf eine Bedrohung, die sich immer nur vorübergehend beseitigen lässt: auf die Tatsche nämlich, dass wir ›riskierte Wesen‹ sind und dass wir wegen unserer Weltoffenheit als ›Spezialisten des Nichtspezialisiertseins‹[38] agieren, also letztlich nicht wissen können, was wir tun werden, »sondern es erst durch die Geschichte erfahren«[39] – durch eine Zukunft, die wir im Versuch vorgreifender Anpassung vorweg entwerfen müssen, um uns doch immer wieder von der zur konkreten Gegenwart gewordenen Zukunft überraschen zu lassen.[40] Metaphorisch gesprochen: Der gesunde Menschen- und Alltagsverstand ahnt, dass wir trotz aller schließenden Sicherheitsvorkehrungen immer vom möglichen ›Zusammenbruch des Mundanen‹ (Alfred Schütz) und vom Zerfall der lebensweltlichen Sicherheit bedroht sind. Aber er weigert sich – gerade deswegen – zur Kenntnis zu nehmen, dass es vor allem die angeblich sicherheitsstiftenden Schließungsprozesse sind, die das Gefährdungspotenzial vergrößern, statt es zu verringern.

Deswegen wendet sich auch Karl Popper gegen die »Erkenntnistheorie des Alltagsverstandes«, dessen Praxistauglichkeit er dennoch durchaus anerkennt. Denn wie das weithin geschlossene Lernmodell der »zentrischen Positionalität« des Tieres tendiert auch der Alltagsverstand dazu, erfolgreiche Problembewältigungsmuster beizubehalten und in Routinen umzuformen: Was sich bewährt

---

37. Friedrich Nietzsche: *Die fröhliche Wissenschaft*, 224, in: *Kritische Studienausgabe*, Bd. 3, a.a.O., S. 510.
38. Vgl. Konrad Lorenz: *Das sogenannte Böse. Zur Naturgeschichte der Aggression*, Wien 1963.
39. Plessner: *Die Stufen des Organischen und der Mensch*, a.a.O., S. 341.
40. Vgl. Hans-Georg Soeffner: »Vorgreifende Anpassung. Zum Umgang mit dem Wissen um das menschliche Genom«, in: Ludger Honnefelder und Peter Propping (Hg.): *Was wissen wir, wenn wir das menschliche Genom kennen?*, Köln 2001, S. 206–212.

hat, gilt als gut und wird, wenn es kollektive Anerkennung findet, als Tradition geheiligt. Die Alltagswelt findet ihre Ordnung durch den Ausschluss des Riskanten. An die Stelle des Experimentierens mit dem Wechselverhältnis von Versuch und Irrtum tritt der Versuch, die intellektuelle Versuchung durch den Irrtum gar nicht erst zuzulassen: den Irrtum auszumerzen, bevor man aus den Möglichkeiten, mit ihm umzugehen, Neues lernen könnte. Dementsprechend unterscheidet Poppers ›kritischer Rationalismus‹ zwischen ›Alltagstheorien‹ und wissenschaftlicher Theoriebildung. Erstere wollen, was sie für sicher halten, verifizieren. Letztere zielen methodisch auf Falsifikation, konfrontieren das scheinbar gesicherte ›Faktische‹ mit dem von den ›Alltagstheorien‹ ausgeschlossenen Möglichen und setzen an die Stelle der Transformation des Wahrscheinlichen zur Gewissheit den Entwurf des Unwahrscheinlichen als Bewährungsfeld und ›Schau‹-Platz des menschlichen Erkenntnis- und Wahrnehmungsvermögens: an die Stelle der Irrtümer scheuenden, geschlossenen Wirklichkeitskonstruktion den Entwurf von alternativen Wirklichkeiten.

Der frühzeitig sich verschließende Umgang mit dem Irrtum unterscheidet, so Popper, Einstein von der Amöbe: Beide wenden »zwar die Methode von Versuch und Irrtumsbeseitigung [an], aber die Amöbe [irrt] nicht gerne, während Einstein gerade davon angezogen wird: Er sucht bewusst nach seinen Fehlern, um aus ihrer Entdeckung und Beseitigung etwas zu lernen«.[41] Anders ausgedrückt, sowohl Einstein als auch die alltagsverständliche Amöbe konstruieren Ordnungen von und für Wirklichkeit. In beiden Fällen geht es nicht um eine Wirklichkeit ›an sich‹, sondern um Ordnungskonstruktionen, die aus unterschiedlichen Perspektiven und Einstellungen entworfen werden. Keine dieser Konstruktionen kann für sich beanspruchen, ›realer‹ als die andere zu sein, so wie in *diesem* Zusammenhang die Unterscheidung von ›real‹ und ›fiktiv‹ überhaupt als unsinnig erscheint. Vielmehr geht es um unterschiedliche Zugriffe auf unser Verhältnis zur Welt und zu uns selbst und – in Abhängigkeit davon – um unterschiedliche *Modi* der Realität.

Der Alltagsverstand zielt in einer ›hellwachen‹ (Alfred Schütz), am praktischen (interaktiven) Handeln ausgerichteten Einstellung auf eine effektive, das heißt möglichst reibungslos umsetzbare Handlungspraxis. Die von ihm entworfene, gesellschaftlich getragene, alltägliche Lebenswelt stützt sich auf bewährte Routinen und Rezeptwissen. Dem vom Alltagsverstand fundierten Realitätsmodus liegt nicht nur daran, Irrtümer zu vermeiden, sondern auch Irritationen – wie die in der Divergenz der Sinne angelegten Diskrepanzen – zu minimieren.

Das in eben dieser Divergenz und möglichen Diskrepanz der menschlichen Sinne angelegte ästhetische Selbst- und Weltverhältnis dagegen ist gekennzeichnet durch den »kategorischen Konjunktiv«: durch eine Haltung, die Plessner in seinem »Versuch über die Leidenschaft«[42] beschrieben hat. Ich greife diese Beschreibung auf, spitze sie gezielt zu und mache den »kategorischen Konjunk-

---

41. Karl Popper: *Objektive Erkenntnis. Ein evolutionärer Entwurf*, Hamburg ²1974, S. 84f.
42. Helmuth Plessner: »Der kategorische Konjunktiv. Ein Versuch über die Leidenschaft«, in: *Gesammelte Schriften*, Bd. VIII: *Condition humana*, Frankfurt/M. 1983, S. 338–352.

tiv« zum zentralen Begriff meiner Konzeption des Ästhetischen und der Ästhetisierung. Denn an ihm lässt sich jener *offene Realitätsmodus*, durch den das ästhetische Selbst- und Weltverhältnis sich auszeichnet, am besten zeigen.

Plessner selbst trifft folgende – vorläufige – Unterscheidung zwischen Indikativ und Konjunktiv: »Während der Indikativ zu Feststellung des Wirklichen *und* des Möglichen dient, schafft der Konjunktiv einen Spielraum innerhalb des Möglichen. Das Unmögliche prägt sich wieder indikativisch aus«.[43] Vordergründig erinnert dieser Spielraum innerhalb des Möglichen an Karl Valentins »Können habe ich schon wollen, nur wollen habe ich nicht können«. Aber gemeint ist weder Valentins knappe Nicht-Handlungstheorie noch ein »Es ging schon, aber es geht nicht« oder ein »Es müsste gehen, weil es gehen könnte«, sondern vielmehr: »Es könnte gehen, weil es gehen können müsste«.

Zentrales Ziel des kategorischen Konjunktivs ist die Eröffnung eines spezifischen Realitätsmodus, der auch dem Unwahrscheinlichen einen Realitätsakzent zuerkennt. Dieser Realitätsmodus besteht nicht nur im Imaginieren des Unwahrscheinlichen (als noch Möglichen), sondern auch in der Anerkennung der *Realität der Imagination*. Dabei geht es um eine Realität der Imagination in einem doppelten Sinne: um das Entwerfen von Unwahrscheinlichem *als dem Realen im Modus der Imagination* einerseits und um die Realität des Wirkens der Imagination im menschlichen Selbst- und Weltbezug andererseits.

Man hat sich daran gewöhnt, mit dem Hinweis auf Wirklichkeit als Produkt gesellschaftlicher Konstruktion[44] Realität als ›relativ‹, das heißt als abhängig von ihren gesellschaftlichen Konstruktionsbedingungen zu begreifen. Dass sie uns, so relativ und konstruiert sie auch sein mag, als harte Faktizität entgegentritt, die wir bewältigen müssen, haben Peter Berger und Thomas Luckmann – auf die das Etikett des ›Konstruktivismus‹, gemessen am ›radikalen Konstruktivismus‹ Varelas, Maturanas und der Systemtheorie Luhmanns, wohl kaum zutrifft – immer wieder betont.[45] Wenn ich hier dagegen von unterschiedlichen Realitätsmodi spreche, setze ich einen anderen – allerdings ebenfalls von Alfred Schütz und Thomas Luckmann angeregten – Akzent. Diese Akzentsetzung verdankt sich der jeweils spezifischen Bewusstseinsspannung, durch die unterschiedliche ›Sinnprovinzen‹ oder ›Sinnbezirke‹ (Alltagswelt, Ekstase, Wissenschaft, Traum, Kunst etc.) konstituiert sind und durch die sie sich voneinander abgrenzen. All diese von einander unterschiedenen Sinnbezirke sind insofern real, als sie tatsächlich erlebt und gelebt werden: *im jeweils eigenen* Realitätsmodus.

Dass die Wirk- und Interaktionswelt alltäglichen Handelns, die Welt konkret gelebter und erlebter ›Wechselwirkungen‹ (Simmel), als »*paramount reality*« (Schütz/Luckmann) bezeichnet werden kann und ihr der ›schärfste‹ Realitätsakzent zugesprochen wird, weil in ihr ein ›hellwaches Bewusstsein‹ lebt, handelt

---

43. Ebd., S. 347. Zum Fehlen des Konjunktivs in einigen Sprachen wie z.B. im Hebräischen vgl. ebd., Anmerkung 4.
44. Vgl. Peter Berger und Thomas Luckmann: *Die gesellschaftliche Konstruktion der Wirklichkeit. Eine Theorie der Wissenssoziologie*, Frankfurt/M. 1969.
45. Ebd., S. 20.

und erlebt, kann nicht, wie dies oft geschieht, so interpretiert werden, als seien die anderen Sinnbezirke weniger ›real‹ oder als nähme in ihnen der ›Realitätsgehalt‹ ab. Vielmehr wird ihnen in einer jeweils besonderen Bewusstseinsspannung und einem von ihr abhängigen Realitätsmodus ein jeweils spezifischer Realitätsakzent verliehen.

Der offene Realitätsmodus des ästhetischen Selbst- und Weltverhältnisses im Zeichen des kategorischen Konjunktivs grenzt sich, wie ich oben gezeigt habe, einerseits vom ›schließenden‹, praxisorientierten Realitätsmodus des Alltagsverstandes ab, während er andererseits durch seinen offenen und konjunktivischen Charakter dem Sinnbezirk der wissenschaftlichen Möglichkeits- und Realitätsentwürfe nahe steht – ohne sich jedoch mit ihm zu decken. Zwar ist erkennbar, dass der offene Realitätsmodus des ästhetischen Selbst- und Weltverhältnisses mit dem Popperschen Wissenschaftsverständnis im Zeichen des Falsifikations- und ›Irrtumskonstruktionsgebotes‹ den (positiv) utopischen Standort teilt, und ebenso lässt sich begründen, dass ohne eine *auch* ›ästhetische Bewusstseinsspannung‹ sowie durch deren Kinder – Phantasie und Imagination – keine produktive Wissenschaft möglich ist. Aber ebenso deutlich ist, dass der kategorische Konjunktiv des ästhetischen Welt- und Selbstverhältnisses der Realität der Imagination den Verzug gibt vor den rationalen Konstruktionsregeln der Wissenschaft: Das ästhetische Weltverhältnis im Zeichen des kategorischen Konjunktivs drückt sich aus in dem Appell an die Einbildungskraft, die Ordnung des Alltags, der ›verabredeten‹ Wahrnehmungen von Umwelten und Dingen, neu zu kontextualisieren, kurz: sie in den Realitätsmodus der Imagination zu versetzen. Dem ›Es ist‹ wird ein ›als ob‹ angehängt, das ›So-Sein‹ zeigt sich als ›Werden-Können‹. Und gerade im Entwurf dieses – diesseits von Rationalitätsregeln – *gelebten* und *erlebten* Möglichkeitshorizontes besteht der praktische Sinn der Ästhetik.

Schon in seinem Frühwerk stellt Plessner zwei einander widersprechende Antworten des Menschen auf die exzentrische Positionalität einander gegenüber: die Suche nach Sicherheit und »Heimat« in der Religion einerseits und den Entwurf von Freiheitsräumen andererseits. Letzterer will von einem ›utopischen Standort‹ aus, vom ›Stehen des Menschen im Nirgendwo‹, seine Realisierung in der labilen Sicherheit einer künstlich geschaffenen zweiten Heimat, der Kultur, finden.[46] Zwischen der Suche nach einem ›Definitivum‹ an Sicherheit und Heimat, wie es die Religion verspricht, und der Kultur, der riskierten Form und strukturellen Unsicherheit menschlicher Sinngebung, besteht, so Plessner, eine »absolute Feindschaft«.[47]

Ebenso gilt, dass – weniger pathetisch gesprochen – ein ständiger Widerstreit zwischen den Öffnungstendenzen eines ästhetisch fundierten Weltverhältnisses einerseits und den Schließungsbemühungen menschlichen Sicherheitsbestrebens andererseits besteht. Was Plessner für die Gegnerschaft zwischen Religion und Kultur konstatiert, findet sich ebenso im Verhältnis zwischen ›dienender‹, religiös oder politisch motivierter und ›reiner‹ Kunst (Hegel) oder zwischen normativen

---

46. Vgl. Plessner: *Die Stufen des Organischen und der Mensch*, a.a.O., S. 341.
47. Ebd., S. 342.

Universalitätsansprüchen einer (religiösen) Ethik und riskierten Welthaltungen des ästhetischen Selbst- und Weltbezuges. Noch innerhalb der Wissenschaft, die sich als Konstruktion von Irrtümern und Unwahrscheinlichkeiten ebenfalls dem ästhetischen Weltverhältnis verdankt – ohne allerdings wegen ihrer Rationalitätsverpflichtung darin aufzugehen –, formieren sich immer aufs Neue Gegnerschaften zwischen Schließungs- und Öffnungstendenzen. Insofern verbirgt sich, auch in der Soziologie, hinter den wissenschaftstheoretischen Gegensätzen zwischen systemtheoretischen Erklärungsmodellen oder der Figur des *homo oeconomicus* einerseits und hermeneutischer oder phänomenologischer Wissenssoziologie andererseits mehr und anderes als ein grundlagentheoretischer Streit: die Auseinandersetzung nämlich zwischen dem kategorischen Indikativ der schließenden Verifikation und dem kategorischen Konjunktiv eines offenen wissenschaftlichen Selbst- und Weltverhältnisses, zwischen einer sicherheitspolitischen Wissenschaftsstrategie einerseits und einer zwar riskiert utopischen, aber zugleich zukunftfähigen, weil zukunftsoffenen Antwort auf die Krisenlage der exzentrischen Positionalität andererseits.

Weltoffenheit, das Leben in Zukunfts- und Möglichkeitshorizonten lässt sich allerdings mit Peter Rühmkorf auch ganz einfach unterscheiden von dem letzten Schließungsprozess menschlichen Lebens:

»Auch im Maul des Hais lässt sich noch über Zukunft reden,
aus der Dose nicht mehr«.[48]

---

48. Vgl. Peter Rühmkorf: *Wenn ich mal richtig ICH sag...*, Göttingen 2004.

Thomas Becker

Kann es eine protosoziologisch-anthropologische Kritik des Ästhetizismus geben?
Eine Antwort auf Hans-Georg Soeffner

Wenn das Verhältnis von Anthropologie und Soziologie problematisiert werden soll, hat eine kritische Soziologie grundsätzlich einen doppelten Bruch zu vollziehen. Es ist nicht nur ihre wohl bekannte Aufgabe, von der Gesellschaft produzierte Naturalisierungen aufzudecken, so dass wir im politischen und praktischen Alltag diese von anthropologischen Konstanten zu unterscheiden vermögen, sondern auch den Soziologismus zu enthüllen, der glaubt, die Überlegung zu anthropologischen Konstanten eben als verkappte Naturalisierungen verabschieden zu können. Wenn ein autoritäres Regime wie die chinesische Regierung die Kritik an ihrer Politik im Namen der Menschenrechte zurückweist, weil nun mal China eine andere historische Tradition als die europäische Aufklärung habe – sekundiert von einer seltsamen Koalition des postmodernen *radical chic* mit altlinker Nostalgie im Westen – dann muss man dies als Soziologismus bezeichnen. Dieser trennt radikal anthropologische Bedingungen und soziale Verhältnisse voneinander ab, um allein letzteren eine politisch normative Geltung zuzusprechen. In einem solch relativistischen Soziologismus wird die Kritik an Naturalisierungen sozialer Verhältnisse so auf die Spitze getrieben, dass sich ihre Argumentation in eine Missachtung universaler Werte umkehren kann. Mit Bezug auf Helmut Plessners (an Hegels Kritik der Romantiker erinnerndes) anthropologisches Grundgesetz einer vermittelten Unmittelbarkeit versucht Hans-Georg Soeffner, gerade soziologistischen Selbstverkehrungen ästhetizistischer Relativismen auf die Spur zu kommen: Jede radikale Trennung transhistorischer anthropologischer Unmittelbarkeit von sozialen Vermittlungen muss die Bedingungen einer kritischen Normativität verkennen.

Ich werde im Folgenden zu zeigen versuchen, dass Soeffner meines Erachtens den doppelten Bruch nicht konsequent durchgehalten hat. Wenn Soeffner festhält, dass der zweckfreien Ästhetik eine Funktion und dem vom praktischen Alltagsverstand abgesetzten Bereich der Ästhetik ein praktischer Sinn zukomme, macht er mit diesem doppelten Paradox sogleich kenntlich, dass er nicht dem von der Frankfurter Schule verbreiteten Missverständnis zu Max Webers Soziologie erliegt, wonach dieser angeblich nur eine Wertfreiheit gefordert habe. Auch wenn Webers Darstellung oftmals Anlass zu dieser Missinterpretation gibt, geht sie doch vielmehr vom *Eigenwert* einer jeweiligen Sphäre aus, die lediglich in *Relation* zu einer anderen wertfrei erscheinen mag.[1] Gleichwohl geht Soeffner in beiden Paradoxien nicht weit genug.

---

1. So zum Beispiel Max Weber: »Der Sinn der ›Wertfreiheit‹ der sozialen Wissenschaften«, in: Johannes Winckelmann (Hg.): *Soziologie. Universalgeschichtliche Analysen. Politik*, Stuttgart 1973, S. 177.

Zunächst zum ersten Paradox: Das mit Replik auf Weber aufgestellte Paradox einer zweckfreien Funktion ästhetischer Wertsphären der modernen Gesellschaft greift im soziologischen und historischen Sinn zu kurz, weil es dazu tendiert, die Grenzen einer Wertsphäre nur von der im sozialen Sinne zweckfreien Semantik dieser Felder zu sehen und nicht von den historisch diese Semantiken erst hervorbringenden und stets weiter treibenden Produktionsbedingungen. Pierre Bourdieu hat in kritischem Rekurs auf Max Weber den Begriff der Funktion und damit auch die Methode einer Funktionsanalyse für das Verständnis von Differenzierungsprozessen (insbesondere von Feldern kultureller Produktion) zurückgewiesen, um soziale Konflikte und Strategien als *dynamische* Bedingung der Möglichkeit von formalen Geltungsansprüchen zu benennen:[2] Die sozialen Kämpfe für und um den Eigenwert eines Feldes tragen gerade dadurch zur Ausdifferenzierung bei, dass sie für die Ablösung eines Wertes von einer externen sozialen Funktion kämpfen. Um diese dynamisch-historische Seite in der Ausdifferenzierung von Wertshären wie die der Ästhetik soziologisch zu verstehen, können diese eben dann nicht mehr funktional, sondern müssen struktural verstanden werden: als Ausdruck objektivierter Beziehungen von sozialer, bzw. historischer Nähe und Distanz zwischen unterschiedlichen Positionen im Feld selbst, deren Kämpfe um Positionierung erst den Eigenwert eines Feldes in einem fortgesetzten historischen Sinne (von einander aufbauenden Innovationen) hervorbringen.[3] Eine derart objektive Struktur legt sich wie eine (funktionslose) Quasi-Natur jedem auf, der in ein Feld der kulturellen Produktion eintritt.

Diese strukturale Radikalisierung in der Analyse von zweckfreien Wertsphären ist sodann mein Ausgangspunkt für die daraus folgende Kritik an Soeffners zweitem Paradox eines praktischen Sinns der gegenüber der Alltagspraxis unpraktischen Wertsphäre der Ästhetik. Ich behaupte nämlich, dass auch hier Soeffner auf halbem Wege stehen bleibt, weil er Plessners anthropologisch vermittelte Unmittelbarkeit einerseits und genuin soziale Formen der vermittelten Unmittelbarkeit andererseits nicht unterscheidet. Derart ist es ihm unmöglich, den doppelten Bruch mit Naturalisierung und Soziologismus hinreichend zu vollziehen, der meines Erachtens erst einer Kritik am relativistischen Ästhetizismus in einer ausdifferenzierten Gesellschaft die soziologische Schärfe zu geben vermag, die auf der Höhe der Zeit liegt.

Der Begriff einer Quasi-Natur der vorgängigen Struktur, oder auch des historisch erkämpften Eigenwertes eines Feldes, stellt besonders im Falle von Feldern

---

2. Zu dieser Kritik an Max Weber vgl. Pierre Bourdieu: *Die Regeln der Kunst. Genese und Struktur des literarischen Feldes*, Frankfurt/M. 1999, S. 326.
3. Eine Konsequenz davon ist, dass die von Weber allein für das religiöse Feld angenommene Distinktion zwischen Priester und Prophet kein Sonderfall dieses einen Feldes darstellt, sondern den Kampf der Generationen um Positionen in jedem Feld bestimmt. So sehen sich künstlerische Avantgarden oftmals als Propheten eines neuen Zeitalters in Opposition zur institutionalisierten Kunst, vgl. »Mit Max Weber gegen Weber. Bourdieu im Gespräch«, in: Franz Schultheis und Andreas Pfeuffer (Hg.): *Pierre Bourdieu. Das religiöse Feld. Texte zur Ökonomie des Heilsgeschehens*, Konstanz 2000, S. 118, 122. Zur empirischen Umsetzung in der Feldtheorie vgl. Pierre Bourdieu: *Praktische Vernunft. Zur Theorie des Handelns*, Frankfurt/M. 1998, S. 64.

ästhetischer Produktion keine beliebige Wahl dar. Solche Formen treten vor allem in Avantgarden der Moderne als Negation derjenigen Geschichte auf, in deren Rahmen sie erst entstehen. Dadurch erscheinen sie als geschichtslose Grammatik der Wahrnehmung und unmittelbar verständlich.[4] Wenn Malewitsch sein *Schwarzes Quadrat auf weißem Grund* präsentiert, dann stellt diese Abstraktion jene spezifische Geschichte seines Feldes in Frage, welche zugleich die Grundlage für die Anerkennung seiner Abstraktion als ästhetische Innovation darstellt. Das schwarze Quadrat erscheint jedem verständlich, als spräche es eine anthropologische Grundgrammatik ästhetischer Wahrnehmung an, während es aber in Wirklichkeit das Wissen um die Geschichte des Feldes verlangt, um als spezifisch ästhetisches (funktionsloses) Objekt decodiert werden zu können. Das Paradox eines praktischen Sinns der unpraktischen Ästhetik definiert also nicht erst den Bezug einer ästhetischen Wertsphäre gegenüber einer ihr externen praktischen Alltagswelt. Dieses Paradox definiert schon den *modus operandi* einer fortgeschrittenen *internen* Differenzierungspraxis des Feldes bzw. einer Wertsphäre.

Wer die Geschichte eines Feldes nicht zur Kenntnis nimmt, ist nicht mehr in der Lage, von der Geschichte abstrahierte symbolische Formen so zu erfassen, dass sie der Wertsphäre eines Feldes zugehören: Er stellt dann die zur Zeit von Malewitschs *Schwarzem Quadrat* oder Duchamps *ready mades* im Feld geltende heterodoxe Praxis als anthropologische Grundgrammatik dar, die angeblich jedem zugänglich sein soll. Diese ihre Feldgeschichte negierenden Avantgarden waren jedoch keinesfalls jedem beliebigen Menschen zur Zeit ihrer Entstehung verständlich – und sind es auch heute teilweise nicht. Das *ready made* Duchamps wurde nur von einer kleinen Anzahl an Künstlern als innovative Ästhetik erkannt und anerkannt. Es fand erst sehr spät Eingang ins Museum und zirkulierte zunächst nur als Fotografie unter Kennern, die in der Lage waren, das *ready made* im Rahmen der Feldgeschichte als neue Praxis der Kunst zu decodieren. Und die *Brillo Boxes* sind eine fortgeschrittene Reaktion Warhols auf Duchamp, indem sie nicht mehr einen beliebigen, sondern einen Gegenstand des seriellen Designs auswählen, um sich gegen legitime Kunst des Museums zu distinguieren. Das für diese Distinktion gegenüber legitimer Kunst ausgewählte Objekt der *Brillo Boxes* weist im Gegensatz zu den *ready mades* Duchamps also nicht mehr keine, sondern eine geringe ästhetische Legitimität auf, um sich innerhalb der legitimen Kunst auch gegen die vergangene Avantgarde zu distinguieren. Damit grenzt sich Warhol als Vertreter einer neuen prophetischen Avantgarde mit seiner Innovation auf der Grundlage der von Duchamp mitbestimmten Feldgeschichte von letzterem wieder ab.

Solche Abstraktionen, bzw. solche Formen eines praktischen Sinns müssen als vermittelte Unmittelbarkeit angesprochen werden, da sie einerseits auf der Ebene der symbolischen Produktion durch Negation ihrer sozialen Bedingung (d.h. ihrer Feldgeschichte) Unmittelbarkeit geradezu kultivieren, andererseits jedoch darauf zielen, die Negation dieser Bedingung für den Kenner als spezifisch

---

4. Pierre Bourdieu: *Die Regeln der Kunst*, a.a.O., S. 471. Bourdieu bezieht sich an dieser Stelle ebenso wie Soeffner auf die *Brillo Boxes* von Warhol.

durch die Feldgeschichte vermittelte Praxis kenntlich zu machen. Diese Form der vermittelten Unmittelbarkeit kann man nur als durch und durch historischen Effekt einer sozialen Struktur und keinesfalls als deren anthropologische Voraussetzung fassen.

Da Soeffner die *sekundäre* vermittelte Unmittelbarkeit und primäre anthropologische *Voraussetzung* nicht unterscheidet, hat er große Schwierigkeiten, den Unterschied zwischen Ästhetizismus und Ästhetik in der relativistischen Unübersichtlichkeit der Postmoderne auf soziologische Weise zu markieren. Die von ihm inkriminierte Form des ästhetizistischen ›Geschmäcklertums‹ kann nämlich durchaus eine sekundäre vermittelte Unmittelbarkeit darstellen, sofern eine reine Geschmackshaltung die implizite Grundlage der Geschichte eines spezifischen Geschmacks homolog zur Praxis von Avantgarden negiert. Dann handelt es sich kaum um Ästhetizismus, sondern um die Stärkung eines Eigenwertes der ästhetischen Wertsphäre und folglich auch um demokratische Differenzierungsprozesse. Soziologisch gesehen gelte es hier, die homologe Lage der Akteure zwischen Produktion und Rezeption einer Wertsphäre zu beachten, was Soeffner nicht macht, weil er bei anthropologischen Überlegungen verbleibt. Damit soll nicht gesagt sein, dass es keine ästhetizistischen Standpunkte gibt, die sogar in wissenschaftlichen Feldern dazu eingesetzt werden, den Dezisionismus von Herrschaftspositionen zu verschleiern, sondern dass innerhalb dieses ›Geschmäcklertums‹ durchaus noch einmal zwischen Ästhetizismus und historisch aufgeklärter Ästhetik mit einer strukturalen Analyse exakter unterschieden werden kann. Auf der Ebene von Individualisierungen allein kann diese Unterscheidung nicht trennscharf ausfallen, wie Soeffner selbst bemerkt. Soeffner grenzt sich damit zwar von einer antidemokratischen Fundamentalkritik an der Moderne à la Carl Schmitt ab, der mit seiner Kritik an der Romantik, wo jeder sein eigener Priester sein wolle,[5] spätestens dann die individualistische Moderne als ästhetizistische Selbstverkennung schlechthin zu treffen versucht, wenn er Friedrich Nietzsche als Hohepriester der von ihm zurückgewiesenen Romantik aufruft.[6] In einer strukturalen Analyse kann man aber gegen diese antidemokratische Verachtung des Individualismus darauf hinweisen, dass radikale Individualisierungen, welche soziale Differenzierungen (der eigenen Wertsphäre) verleugnen, aufgrund derer sie entstanden sind, solange nicht als ästhetizistische Selbstverkennung gelten können, als sie eine innovative Gesetzmäßigkeit etablieren und damit ja (in scheinbar paradoxer Weise) gerade die Aufhebung der rein individuell geltenden Position im Namen einer fortschreitenden demokratischen Differenzierung der Wertsphäre betreiben. Auch wenn man mit Plessners Theorie einer ungeselligen Geselligkeit den Hang zur Individualisierung als anthropologische Grundlage eines Hangs zur Distinktion ansieht, ist folglich nur von der historischen Entwicklung einer Eigengesetzlichkeit der Wertsphäre her entscheidbar, ob ein radikaler Individualismus zum Ästhetizismus gerät oder die Fortsetzung der Differenzierung betreibt.

---

5. Carl Schmitt: *Politische Romantik*, Berlin 1982, S. 26.
6. Ebd., S. 27.

Erst von der Warte einer Unterscheidung zwischen der primären (anthropologischen) Fassung und einer sekundären (historisch-sozialen) Fassung der vermittelten Unmittelbarkeit kann deutlich gemacht werden, dass die scheinbar traditionelle Problematisierung von Naturalisierungen alles andere als eine überholte und leicht zu bewältigende Sache ist, sondern zur soziologischen Kritik einer relativistischen Haltung notwendig dazugehört. Gerade die berechtigten Quasi-Naturalisierungen in Wertsphären können sich nämlich zu undemokratischen Geltungsansprüchen verkehren, wenn ihre Form der vermittelten Unmittelbarkeit nicht mehr als eine spezifische Universalität, sondern als reine, transhistorische Universalität mit Rekurs auf anthropologisch angelegte Grundkompetenzen (wie etwa Sprachkompetenz, kognitive Fähigkeiten etc.) angepriesen wird. In diesem Fall versucht ein Feld – sei es die Religion, die Politik oder Philosophie etc. – seine universale Logik, die aufgrund einer spezifischen Geschichte entstanden ist, allen anderen Feldern im Namen einer *conditio humana* als transhistorisch gültige Norm aufzudrängen. Diese Form der Naturalisierung muss keineswegs an gesicherten Kenntnissen der anthropologischen Forschung vorbei argumentieren, sondern kann diese für die Verleugnung der historischen und sozialen Geltung von universalen Normen nutzen. So stammt die Erkenntnis von universalen Menschenrechten unter anderem von der historischen Entwicklung eines philosophischen Naturrechts ab. Die Erkenntnis universaler Normen ist damit ebenso abhängig von der jeweils spezifischen Entwicklung der Autonomie eines diese Normen erkennenden Feldes. Mit Berufung auf eine transhistorische Natur kann jedoch die spezifische soziale Bedingung der Geltung universaler Normen wiederum verleugnet werden, indem Universalität als naturgegebene und ›absolute‹ Universalität präsentiert wird. (Daher reicht es nicht aus, Menschenrechte einzuklagen, da auch die sozialen Bedingungen ihrer sozialen Realisierung mitgefordert werden müssen).

Die Verleugnung der Feldgeschichte in der Kunstproduktion, wie etwa im Falle der *Brillo Boxes*, stellt hingegen einen gänzlich anderen Fall dar, weil hier kein absoluter Anspruch auf Universalität erhoben wird. Die aus der historisch installierten Eigenlogik hervorgegangene Leugnung einer Geschichte besteht vielmehr im Wissen um die spezifische Art der historisch akkumulierten Geschichte an Innovationen, die somit ebenso deren immer wieder fortgesetzte Negationen als *modus operandi* des praktischen Sinns dieser spezifischen Wertsphäre einschließt. Sie stellt damit unhintergehbar eine *spezifische Universalität* dar.

Obwohl universalistisch eingestellt, eint die meist diskursive Praxis einer Verleugnung der Feldgeschichte durch absolute Universalität hingegen mit dem Relativismus, dass sie anthropologische Bedingungen und soziale Vermittlung nicht mehr in Einheit sieht. Beide Gegner sind darin Komplizen, dass sie sich darüber einig sind, was nicht gelten darf: die unbedingte Zusammenschau von anthropologischen Konstanten und spezifischen sozialen Bedingungen ihrer Geltung. Kurz: Der reine Universalismus, der sich anthropologisch zu stützen versucht, ist dann mitverantwortlich für den ihn attackierenden Relativismus, der ebenfalls diese Trennung vornimmt, – freilich um genau umgekehrt zum Universalismus allein noch Relativierung anzuerkennen.

Die anthropologische Feststellung einer allen Menschen gleich zukommenden kognitiven Ausstattung – wie immer sie aussehen mag – läuft zudem Gefahr, zum intellektualistischen Kulturalismus zu geraten, wenn sie nicht von einer zusätzlichen Reflexion über die durch soziale Bedingungen vermittelte Umsetzung dieser Kompetenzen begleitet wird: Sie erscheint dann nämlich wie ein kulturelles Füllhorn der Menschheit, aus dem angeblich jeder gleichermaßen schöpfen kann. Untere soziale Schichten gewinnen dem *ready made* Duchamps oder etwa Cy Twomblys großformatigen Strich- und Klecksgemälden keine ästhetische Qualität ab,[7] da ihnen schlichtweg das Wissen über die Feldgeschichte fehlt. So weit reicht das anthropologische Füllhorn offensichtlich dann doch nicht. Die Übernahme einer anthropologischen Feststellung durch die Soziologie, dass alle Menschen die gleiche sinnliche Grundausstattung zur Ästhetik besitzen, stellt angesichts sozial ungleich verteilter Fördermöglichkeiten dieser Kompetenzen meines Erachtens nur eine verkappte Kritik an kulturell vermittelten Ungleichheiten dar. Müssen sich kritisch-normative Aussagen hinter einer deskriptiven Anthropologie verstecken, weil der Soziologie das Kämpfen für Gleichheit in der postmodernen Gesellschaft als etwas Peinlich-Altertümliches erscheint?

Es entspricht der historischen Entwicklungsbedingung einer in unterschiedliche Wertsphären ausdifferenzierten Gesellschaft der Moderne, dass eine sich als kritische Wissenschaft verstehende Soziologie den doppelten Bruch mit Soziologismus und Naturalisierung zugleich vollziehen muss, wenn sie über anthropologische Begründungen nachdenken will. Statt die soziale Bedingung der Möglichkeit von anthropologischen Erkenntnissen zu verfolgen, wird andernfalls über die anthropologischen Bedingungen von sozialen Verhältnissen nachgedacht, womit der Weg zu einer Differenzierung zwischen gesellschaftlich produzierter Naturalisierung und anthropologischen Konstanten von vornherein verstellt wird. Kurz: Eine protosoziologische Anthropologie allein reicht niemals aus, um in historischem und sozialem Sinn eine kritische Differenz zwischen Ästhetik und Ästhetizismus markieren zu können.

---

7. In seinen empirisch belegten Studien hat Bourdieu überzeugend gezeigt, dass die Fähigkeit, banale Gegenstände wie das *ready made* ästhetisch zu decodieren, eine soziale Grenze markiert: »Nichts unterscheidet die Klassen [...] strenger voneinander als die zur legitimen Konsumtion legitimer Werke objektiv geforderte Einstellung, [...] eine rein ästhetische Betrachtungsweise einzunehmen, und, noch seltener vertreten, das Vermögen, beliebige oder gar ›vulgäre‹ [...] Gegenstände zu ästhetischen zu stilisieren [...]« (Pierre Bourdieu: *Die feinen Unterschiede. Kritik der gesellschaftlichen Urteilskraft*, Frankfurt/M. 1982, S. 80).

III.

ÄSTHETIK UND POLITIK

Juliane Rebentisch

Ästhetisierung und Anästhetisierung des Politischen
Zur Einleitung

Die früheste Kritik an einer Ästhetisierung der politischen Kultur findet sich, darauf hat Christoph Menke in seiner Einleitung zum ersten Kapitel dieses Bandes bereits hingewiesen,[1] bei Platon. Nicht nur wird sie auf eine Entgrenzung der Künste zurückgeführt; auch steht sie näherhin in einem bemerkenswerten Zusammenhang mit Platons Kritik der Demokratie. Kurzum: Speziell im Kontext der das folgende Kapitel bestimmenden Frage nach der Ästhetisierung des Politischen ist Platons Kritik so interessant, dass es sich lohnt, sie an dieser Stelle erneut in den Blick zu nehmen.

Noch einmal also: Der Niedergang Athens begann, wie Platon den Athener in den *Nomoi* berichten lässt, mit jenen Dichtern, die zwar begabt, aber »ohne Kenntnis des Rechten und Gesetzmäßigen in den Musenkünsten waren« und sich deshalb vom »Taumel der Begeisterung hinreißen ließen und über Gebühr daran hingen (ihren Zuhörern) Genuß zu bereiten.«[2] Damit wurden allerdings nicht nur die Regeln der Kunst außer Kraft gesetzt. Indem sie »Threnen [Klagelieder] mit Hymnen« vermischten oder »Flötenweisen im Zitherspiel nachahmten«[3] setzten diese Dichter einen dann auch aufs Politische ausgreifenden Prozess in Gang, der an die Stelle eines Gesetzes in der Sache das Gesetz der Lust oder Unlust setzt. Viel schwerwiegender als der künstlerische Regelverstoß ist für Platon dabei der Umstand, dass mit ihm ein ganz anderes Verständnis des Publikums einhergeht. Denn das Publikum wird erst durch den sachlichen »Unverstand«[4] der Dichter (respektive durch deren Untreue gegenüber den etablierten Regeln der Kunst) zu einer maßgebenden Instanz gemacht. In dem Maße, wie sich die Kunst von ihren, wie Platon natürlich geglaubt hat, ewigen Gesetzen entfremdet, wie sie ihre Gattungen entgrenzt und ihre Medien hybridisiert, ermuntert sie ein ungebildetes Publikum, die neue regellose Kunst auch ohne Kenntnis der alten Regeln zu beurteilen. Es urteilt stattdessen regellos; es urteilt auf der einzigen Basis, die ihm zugänglich ist: den Regungen von Lust oder Unlust. Sofern hier von einem Geschmacksurteil die Rede sein kann, ist es ein Geschmack, der sich gerade dadurch auszeichnet, dass er sich um die überlieferten Regeln nicht kümmert. Es handelt sich um einen Geschmack, der mit dem kultivierten Geschmack der Gebildeten nichts zu tun hat – aus deren Perspektive handelt es sich denn auch um nichts anderes als um »Gesetz- und Geschmacklosigkeit«.[5]

---

1. Vgl. Christoph Menke: »›Ästhetisierung‹. Zur Einleitung«, in diesem Band, S. 18.
2. Platon: *Nomoi*, in: *Sämtliche Werke in zehn Bänden*, Bd. IX, Frankfurt/M., Leipzig 1991, 700d.
3. Ebd.
4. Ebd. 700e.
5. Ebd.

An die Stelle des sogenannten guten Geschmacks mit seinen Regeln, von denen nicht die unwichtigste die der Ruhe im Publikum ist, die, wie der Athener nostalgisch berichtet, bei der »große[n] Masse des Volkes« früher zur Not auch »mittelst des Polizeistabes« durchgesetzt werden konnte, tritt nun die spontane Äußerung eben dieser Masse: »Zischen«, »rohe[s] Geschrei«, »Beifallsklatschen«.[6] So wurde aus dem schweigenden Publikum ein »lärmendes, gerade als verstände es sich darauf was in den musischen Künsten schön ist und was nicht, und es entstand in denselben aus einer Herrschaft der Besten [der Aristokratie] eine schlimme Massenherrschaft des Publikums [eine Theatrokratie]«. »Hätte sich nämlich«, so fährt der Athener fort, »in ihnen auch eine Volksherrschaft gebildet, so wäre es, falls dieselbe nur aus (wahrhaft) freien und eines freien Mannes würdig denkenden Männern bestanden hätte, noch gar so schlimm nicht gewesen; so aber hat bei uns die allgemeine Einbildung, ein Jeder verstehe sich auf Alles und die Verachtung der Gesetze von der musischen Kunst her ihren Ursprung genommen, und an sie schloss sich (erst) die (allgemeine und zügellose) Freiheit. Denn im Vertrauen auf jene seine vermeintliche Einsicht verlor das Volk alle Furcht, und diese Furchtlosigkeit erzeugte Unverschämtheit; denn aus dreister Zuversicht vor dem Urteil der Besseren keine Scheu und Ehrfurcht zu haben, das ist bereits die schmähliche Unverschämtheit welche die gewöhnliche Folge einer sich allzu viel herausnehmenden Freiheit ist«.[7]

Diese unverschämte, furchtlose, exzessive Freiheit nun ist exakt jene Freiheit, die im Zentrum von Platons in der *Politeia* formulierter Demokratiekritik steht. Demokratie ist nach Platon nichts anderes als Theatrokratie – ein Verfallszustand, der sich durch eine Missachtung überlieferter Gesetze ebenso auszeichnet wie durch eine generelle Tendenz zur Ästhetisierung. Aufgrund der Geringschätzung der Tradition fragt in einer Demokratie nämlich niemand, »von was für Bestrebungen und Geschäften einer herkomme, der an die Staatsgeschäfte geht, sondern [hält] ihn schon in Ehren [...], wenn er nur versichert, er meine es gut mit dem Volk«.[8] Was hier zählt, ist der Eindruck, den einer macht. Für Platon heißt dies: Das demokratische Volk lässt sich von jedem Beliebigen, der sich selbst zum Politiker ernennt, verführen, überreden, blenden. Durch die Regellosigkeit des *demos* zerfällt die Ordnung des Gemeinwesens nach Platons Diagnose mithin notwendig in Politikdarsteller auf der einen Seite und Publikum auf der anderen Seite. Denn die Macht der Regierung muss, wenn sie nicht mehr in den Vorgaben der Tradition gründet, hergestellt werden. In der Demokratie müssen sich die Anwärter auf ein politisches Amt buchstäblich vor einem Publikum produzieren, um von diesem den Regierungsauftrag erteilt zu bekommen. Nichts anderes als dessen Zustimmung legitimiert ihn. Nicht zufällig haben deshalb auch die Dichter eine Hand im Spiel, sind Vorbilder ebenso wie Unterstützer, wenn es darum geht, »die Volksmengen« um sich zu versammeln und »durch die

---

6. Ebd. 700c.
7. Ebd. 701a–b.
8. Platon: *Politeia*, in: *Sämtliche Werke in zehn Bänden*, Bd. V, Frankfurt/M., Leipzig 1991, 558b.

schönen starken und einschmeichelnden Stimmen« zu den unterschiedlichsten politischen Programmen »hinüberzulocken«.⁹ Entscheidend für den Niedergang der Demokratie ist für Platon aber am Ende, dass das Volk auch im Blick auf solche politischen Inszenierungen über keine anderen Kriterien verfügen soll als seine spontane Lust oder Unlust.

Nun ist diese Voraussetzung, die Voraussetzung der »Unwissenheit« des Volkes,¹⁰ selbst zu relativieren. Denn für Platon besteht das Problem im Blick auf den Demokraten bei näherer Betrachtung nicht darin, dass er überhaupt keine Regeln kennt, sondern darin, dass er nicht die richtigen Regeln kennt. Er weiß zwar, so stellt es Platon dar, aufgrund seiner mittelmäßigen Erziehung um das Bessere, aber nicht um das eigentlich und wahrhaft Gute.¹¹ Wer in diesem Sinne unwissend bleibt, ist nach Platon bereits dem Gift der Ästhetisierung ausgeliefert, ist affizierbar von den Oberflächen der (sozialen) Welt, ihren Impulsen und Effekten – und damit verdammt zu einem Leben im Bann des Scheins. In diesem Sinne unwissend sind aber nicht nur die platonischen Demokraten, sondern, wie wir nachmetaphysisch wissen, alle gewöhnlichen Sterblichen. Uns ist das Gute nur als ein Geschichtliches, und das heißt: als ein prinzipiell Fallibles, gegeben, das durch veränderte Gegebenheiten, durch die Erfahrung von Neuem, Fremden, je Besonderem irritierbar ist und auf die Möglichkeit der Revision offen bleibt. In dieser Hinsicht ist die entgrenzte Kunst, von der in den *Nomoi* die Rede ist, ein extremer, ein dadurch paradigmatischer Gegenstand. Denn die Reaktion der Lust oder Unlust wird hier von etwas erregt, für dessen Erkenntnis es (noch) keinen Begriff und für dessen Beurteilung es (noch) keine Regel gibt. Die Beurteilung der entgrenzten Kunst ist deshalb notwendig subjektiv: Das Subjekt urteilt selbst, ohne Deckung durch die Autorität der Tradition.

Anders als es bei Platon dargestellt wird, bedeutet dies jedoch nicht, dass sich das Urteil über solche Gegenstände allein auf den unmittelbaren Reaktionen der Lust oder Unlust gründen kann. Denn solche Reaktionen sind noch nicht identisch mit dem kunstkritischen Urteil, welches das Neue, Fremde ins Verhältnis zum Tradierten, Bekannten setzt und daraufhin als Fortschritt annimmt oder als Regression verwirft. Das demokratische Subjekt ist nach Platons eigener Beschreibung jedoch in diesem Zusammenhang zu sehen: Es ist keineswegs ohne Regeln – es handelt sich hier durchaus um ein sozialisiertes, ein, wie Platon sagt: erzogenes Subjekt –, aber es vermag die Regeln unter Umständen – aufgrund der Erfahrung, die es im Austausch mit Neuem und Fremdem macht – zu ändern. Im Zentrum der Ästhetik demokratischer Existenz steht mithin ein Begriff des Guten, der die Möglichkeit der Frage nach dem Guten, die Möglichkeit damit auch der Infragestellung bestehender Bestimmungen des Guten als Gehalt in sich aufgenommen hat. Tatsächlich ist die Demokratie die einzige Regierungsform,

---

9. Vgl. ebd. 568c.
10. Ebd. 565b.
11. Vgl. zu Platons Porträt des Demokraten Juliane Rebentisch: »Der Demokrat und seine Schwächen. Eine Lektüre von Platons *Politeia*«, in: *Deutsche Zeitschrift für Philosophie* 57 (2009), S. 15-36.

in der es erlaubt ist, alles öffentlich zu kritisieren, alles öffentlich in Frage zu stellen – einschließlich der Demokratie selbst. Eben deshalb bleibt, wie schon Platon wusste, in einer Demokratie nichts an seinem angestammten Platz: die Söhne rebellieren gegen die Väter, die Schüler gegen die Lehrer, die Untergebenen gegen die Obrigkeiten. Es geschieht sogar dies »äußerste«, dass die Sklaven sich den Herren und die Frauen sich den Männern gleichstellen.[12] Weil sie sich prinzipiell für Neubestimmungen des (demokratisch) Guten offenhält, bleibt die Demokratie, nach einer Formulierung von Jacques Derrida, »im Kommen«.[13] Dass unser Urteil, auch unser politisches Urteil, prinzipiell fallibel ist, entwertet dabei indes nicht das Urteilen überhaupt. Im Gegenteil, seine prinzipielle Fallibilität steht in einem direkten Zusammenhang mit seiner Freiheit. Nur weil wir durch neue Ideen und fremde Impulse beeindruckbar sind, weil wir von unseren (anerzogenen) Prinzipien durch solche Erfahrungen abrücken können, kann es ein freies Urteil, kann es ein selbstbestimmtes Leben geben. Andernfalls gäbe es nur blinde Nachahmung: Abrichtung.

Dass die demokratisch verstandene Ontologie des Guten historisch gegen Platon Recht bekommen hat, sollte nun aber nicht schon dazu verleiten, die platonische Ästhetisierungskritik im Ganzen für erledigt zu halten. Platons Demokratie- und Ästhetisierungskritik ist nicht nur deshalb interessant, weil seine objektivistische Konzeption des Guten den Vorteil besitzt, eine deutliche Negativfolie für eine Apologie von etwas wie einer Ästhetik demokratischer Existenz abzugeben. Sie ist vielmehr auch deshalb interessant, weil diese Kritik – wenn auch aus falschen Gründen – auf Probleme aufmerksam macht, die eine solche Apologie nicht übersehen darf. Das von Platon gezeichnete Bild der Theatrokratie bleibt auch aus der Perspektive von Demokraten ein höchst ambivalentes Kippbild. Der kakophone Lärm, der sich aus einer Perspektivenvielfalt im Urteil ergibt, steht stets unter der Drohung, sich in die bedrohliche Einstimmigkeit der konformen Masse zu verkehren.

Die Wiederaufnahme der platonischen Ästhetisierungskritik steht im 20. Jahrhundert unter dem Eindruck dieses Problems. Walter Benjamins berühmte Formel von der faschistischen »Ästhetisierung des Politik« richtet sich denn auch nicht gegen die urteilende Menge – im Gegenteil hat er durchaus revolutionäre Hoffnungen in sie gesetzt. »Ästhetisierung der Politik« meint bei Benjamin denn auch gerade deren Zerstörung: An die Stelle einer Menge urteilender Individuen tritt in den faschistischen Masseninszenierungen der Ausdruck einer diffusen Totalität, in der die Urteilsfähigkeit der Einzelnen untergeht und die politischen und sozialen Differenzen zwischen den Einzelnen verschleiert werden.[14] Eine solche Totalität ist das genaue Gegenteil der furchtlos urteilenden Multitude.

---

12. Vgl. Platon: *Politeia*, in: *Sämtliche Werke in zehn Bänden*, Bd. V, a.a.O., 562d–563b.
13. Vgl. hierzu insb. die kompakte Bestimmung der »démocratie à venir« in Jacques Derrida: *Schurken. Zwei Essays über die Vernunft*, Frankfurt/M. 2003, S. 123f.
14. Vgl. Walter Benjamin: »Das Kunstwerk im Zeitalter seiner technischen Reproduzierbarkeit« (Erste Fassung), in: *Gesammelte Schriften*, Bd. I/2, Frankfurt/M. 1974, S. 469. Für eine Auseinandersetzung mit den platonischen Restbeständen auch noch der benjaminschen Ästhetisierungskritik vgl. Juliane Rebentisch: »Theatrokratie und Theater. Literatur als Phi-

Die radikaldemokratische Sympathie mit letzterer verändert indes den Blick auf die gesamte Konstellation von Ästhetik und Politik. Anders als bei Platon rückt nun erstens gerade die entgrenzte Kunst auf die Seite des Urteils – und zwar deshalb, weil sie mit einer Praxis des Urteilens verbunden ist, die ihre jeweiligen Prinzipien oder Gesetze auf die Möglichkeit ihrer historischen Revision öffnet. Diese Verschiebung impliziert natürlich nichts Geringeres als eine Verabschiedung der platonischen Theorie des Urteils. Denn die vernünftige Praxis des Urteilens steht dann nicht mehr rationalistisch in einem schlichten Gegensatz zu anderen Dimensionen der Erfahrung, wie der Begierde oder den Gefühlen; vielmehr reichen diese in die Dimension des Urteils hinein und bleiben eine stete Quelle von dessen möglicher Veränderung. Während bei Platon die Einsicht in das Gute durch den Vollzug des Lebens, den die Einzelnen auf der Grundlage dieser Einsicht führen, nicht mehr soll infrage gestellt werden können, bleiben die Urteile über das Gute nun von der Frage abhängig, ob diese in ihrer praktischen Verwirklichung im Lebensvollzug der Einzelnen, und das heißt: im Horizont lebendiger Erfahrung bestätigt werden können oder eben auch nicht.

Zweitens impliziert die radikaldemokratische Sympathie mit der furchtlos urteilenden Multitude, dass gerade jenen Formen des Politischen, die den multiperspektivischen Erfahrungs- und Urteilsraum der Menge verdecken, mit Skepsis zu begegnen ist. Diese Skepsis kann sich nicht allein auf den Faschismus konzentrieren, sondern muss auch noch die in der Linie Platons argumentierende anti-ästhetische Demokratietheorie Rousseaus treffen. Dessen republikanische Idee einer homogenen politischen Gemeinschaft, welche die desintegrierenden Wirkungen der Künste (vor allem des Theaters) meidet, um ihre Ordnung stattdessen in militärischen Aufzügen und Festen zum Zwecke der Eheschließung und damit zur Sicherung des Volkskörpers zu feiern, setzt nicht furchtlose, sondern furchtsame Mitglieder voraus, die an ihrem vorgesehenen Platz bleiben sollen: die Frauen schamhaft zu Hause, die Fremden und die unverschämten Theaterleute außer Landes und die Männer im Dienst am Vaterland.[15] Die radikaldemokratische Skepsis gegen politische Einheitsideologien, die in dem Maße, wie sie Differenzen naturalisieren, sich der für das Leben der Demokratien wesentlichen geschichtlichen Bewegung verschließen, bedeutet mithin eine Skepsis auch gegen Formen des Ästhetischen, die einer solchen Ideologie zuarbeiten. Es liegt daher nahe, den Begriff der Anästhetisierung für entsprechende Formen politischer Einheitsinszenierungen zu verwenden – und zwar durchaus in der Konnotation des Begriffs mit dem Phänomen der Desensibilisierung.[16] Denn hier geht es

---

losophie nach Benjamin und Brecht«, in: Eva Horn, Bettine Menke und Christoph Menke (Hg.): *Literatur als Philosophie – Philosophie als Literatur*, München 2005, S. 297–318.
15. Vgl. hierzu vor allem Jean-Jacques Rousseau: »Brief an Herrn d'Alembert über seinen Artikel ›Genf‹ im VII. Band der Enzyklopädie und insbesondere über den Plan, ein Schauspielhaus in dieser Stadt zu errichten«, in: *Schriften*, Bd. I, Frankfurt/M. 1988, S. 419.
16. Diese Verwendung hat offensichtlich wenig mit dem Verdacht zu tun, die sogenannte »Ästhetisierung der Lebenswelt« führe, gewissermaßen durch ein Zuviel an Ästhetischem, notwendig zu einer »gigantischen Anästhetisierung«. So aber die These von Wolfgang Welsch: »Ästhetik und Anästhetik«, in: ders.: *Ästhetisches Denken*, Stuttgart 1990, S. 13f.

nicht nur um eine ästhetische Strategie, die sich gegen ihre eigene Ästhetizität desensibilisiert, das heißt: um eine Strategie, welche die mit dem Ästhetischen üblicherweise assoziierten Trennungen zwischen Produzierenden und Rezipierenden, Repräsentanten und Repräsentierten zu verdecken bestrebt ist. Vielmehr geht es damit zugleich auch um eine anästhetische Operation, die politisch auf die Desensibilisierung gegen die produktiven Effekte alles Fremden zielt, nicht zuletzt gegen die des Fremden im Eigenen.

Allerdings zeigt sich am Problem der Urteilssuspension in den anästhetischen Masseninszenierungen auch, dass demokratische Politik nicht als das Andere der Ordnung, nicht einseitig als deren Unterbrechung missverstanden werden sollte. Die Demokratie lebt nicht von einer Aussetzung aller Bestimmung zugunsten einer totalisierten Indifferenz (dies wäre vielmehr ein der ideologischen Schließung im Totalitarismus komplementäres Ende der Demokratie); das Leben der Demokratie zeigt sich vielmehr im Streit um Bestimmungen; im Wieder-und-wieder-Urteilen. Sie ist angewiesen auf eine Furchtlosigkeit im Urteil, die sich weder dem Vorgegebenen noch der Indifferenz übereignet.

Die Konstellation von Ästhetik und Politik, die in diesem Kapitel diskutiert werden soll, steht – wie die Demokratie selbst – im Spannungsfeld von Ordnung und Veränderung, Integration und Desintegration. Ihm entsprechen zwei gegenläufige, dialektisch aufeinander bezogene Weisen, das Ästhetische zu politisieren: einmal als Unterbrechung bestehender Ordnungen, einmal als deren Neugestaltung.

Dagegen bringt Odo Marquard das Anästhetische zwar mit totalitären Inszenierungen in Verbindung; jedoch diskutiert er das Phänomen im Blick auf den Anspruch der künstlerischen Avantgarden, etwas wie ein Gesamtkunstwerk zu schaffen, und teilt ansonsten den diffusen Vorbehalt gegen die »Ästhetisierung der Lebenswelt«. Vgl. Odo Marquard: *Aesthetica und Anaesthetica. Philosophische Überlegungen*, München 2003, insb. S. 15ff.

Josef Früchtl

Vom Nutzen des Ästhetischen für eine demokratische Kultur
Ein Plädoyer in zehn Punkten

Vorbemerkung

Wenn vom Nutzen *des* Ästhetischen die Rede ist, steht die erste Frage sogleich bereit: Welcher Begriff des Ästhetischen ist in dieser Redeweise gemeint? Die Provokation, die der Titel meiner Ausführungen mit sich führt (oder führen möchte), kann ja nur wirken, wenn man den Begriff des Ästhetischen in einer bestimmten und dominanten Bedeutung versteht. Die zweite große Frage: Wie verhält sich das Ästhetische zur Politik? impliziert die Frage: Welche Politik? Und die Antwort ist durch den Titel bereits angedeutet: Der Nutzen tritt als Bindeglied auf, allerdings eingegrenzt auf eine demokratische Form der Politik. Zwei leitende Fragen also. Und im Folgenden zehn Antworten.

1. Zwischen Provokation und Anbiederung

Vom Nutzen des Ästhetischen zu sprechen heißt, einen Streit in zwei Richtungen wieder aufzugreifen. Für die eine Richtung ist diese Redeweise eine Provokation, gar ein Sakrileg, ein Frevel gegen etwas Heiliges. Wer so spricht, gibt sich demnach (ahnungslos oder heutzutage stolz) als Banause zu erkennen, der am besten mit vornehmer Verachtung zu strafen ist. Für die andere Richtung ist die Redeweise ein Sieg, ein erneuter Triumph des praktischen, speziell des ökonomischen Denkens. Allerdings wird der Sieger einen Verdacht nicht los. Wenn nämlich Ästhetiker, traditionell gesprochen: Liebhaber des Schönen und Bewunderer des Erhabenen, deren Lebenssinn darin besteht, sich dem Besonderen anzuschmiegen, wenn solche Menschen plötzlich bekennen, das, was sie tun, und das, worauf sich ihr Tun richtet, habe einen Nutzen, klingt das unweigerlich, als würden sie in aufdringlicher Weise auch die Nähe zum ehemaligen Gegner suchen. Es riecht also nach Anbiederung.

Zwischen Provokation und Anbiederung bewegt man sich daher zunächst, wenn man vom Nutzen des Ästhetischen spricht. Die knappe Erklärung, die ich meinerseits zunächst dazu abgeben möchte, lautet: Provokation ist durchaus beabsichtigt, Anbiederung keineswegs. Dass Anbiederung in diesem (wie vermutlich in jedem) Fall keine ernsthafte Option darstellt, zeigt sich umstandslos daran, dass sie sehr schnell von der Satire eingeholt wird. Ästhetiker, die allen Ernstes das Hohelied auf den Nutzen mit anstimmen würden, wären am Ende von Unternehmensberatern und Rationalisierungsexperten nicht mehr zu unterscheiden. Und was passiert, wenn eine Unternehmensberatungsfirma sich einer Institution der Kunst annimmt, kann man sich leicht vorstellen. Die entsprechenden betriebswirtschaftlichen Vorschläge, für ein städtisches Orchester etwa, könnten dann lauten: Die vier Oboisten haben während des Konzertes sehr lange nichts zu tun. Die Nummer sollte daher gekürzt und die Arbeit gleichmäßiger auf das ganze Orchester verteilt werden. Oder: In einigen Partien wird zu viel wiederholt. Die Partitur sollte daraufhin gründlich durchgearbeitet werden. Eliminiert man alle überflüssigen Passagen, dann dauert das Konzert nicht mehr zwei Stunden, sondern nur noch zwanzig Minuten, so dass auch die Pause wegfallen kann. Dass derlei Vorschläge nicht nur satirisch, sondern auch ernst gemeint sein können, ist historisch verbürgt. Mozart dürfte vermutlich in der Tat nach der Premiere der *Entführung aus dem Serail* so ungläubig gelächelt haben, wie es der Film Amadeus darstellt, als er sich von Kaiser Joseph II., seinem Gönner und Arbeitgeber, sagen lassen muss, die Oper habe zu viele Noten, vulgo: sie sei zu lang. Seine Kaiserliche Hoheit sind nämlich zwischendurch kurz eingenickt und damit erfüllte das Werk nicht ganz die (damals wie heute) geltenden Standards des Amüsements.

2. Moderne und Autonomie

Anbiederung wäre also lächerlich. Unvermeidlich ist aber die Provokation. Denn die Geschichte der Ästhetik und der Kunst ist seit zweihundert Jahren eingefügt in die Erfolgsgeschichte der Moderne, das heißt, soziologisch gesprochen, in die Dynamik eines historischen Prozesses der gesellschaftlichen Ausdifferenzierung. Von Kant und vor allem Hegel über Max Weber und Georg Simmel bis zu Jürgen Habermas und Niklas Luhmann reicht die imponierende Reihe der Theoretiker, die darin übereinstimmen, dass sich seit dem Ende des 18. Jahrhunderts zum einen ein neues, der Zukunft zugewandtes, zuinnerst dem Fortschritt verpflichtetes Geschichtsbewusstsein durchsetzt und sich zum anderen die Institutionen der Wissenschaft, des Rechts, der Politik, der Ökonomie und so weiter zunehmend verselbständigen. In ihnen gelten jeweils spezifische Regeln; was in der einen Sphäre gilt, muss keineswegs umstandslos auch in der anderen gelten. Die Möglichkeiten, Einfluss aufeinander zu nehmen, sind daher begrenzt. Die Möglichkeiten etwa der Politik oder der Wirtschaft, Einfluss auf die Wissenschaft zu nehmen, sind in gewisser Weise zwar nach wie vor gegeben, dennoch unterscheiden sich diese Sphären in ihren Grundregeln. Während es nämlich, folgt man Habermas und Luhmann, der Politik primär um Macht und der Wirtschaft um Geldzirkulation und Profit geht, zielt die Wissenschaft primär auf Wahrheit, auf Erkenntnis. Das kann durchaus bedeuten, dass die Wahrheitssuche bewusst oder – schwieriger zu erkennen – unbewusst der Machtausübung unterstellt wird. Aber die Wissenschaft würde von vornherein aufhören, Wissenschaft zu sein, wenn sie auch ihr Prinzip, die Ausrichtung an der Wahrheit, aufgäbe. Der zentrale Begriff für diese Verselbständigung der Sphären ist der der gesellschaftlichen Autonomie. Die Moderne ist insofern jene Epoche, die nicht nur politisch, mit der Französischen Revolution, der Autonomie des Einzelnen, sondern auch gesellschaftlich der Autonomie der Institutionen zum Durchbruch verhilft.

Und zu diesen Institutionen gehört auch die Kunst. Auch sie untersteht grundsätzlich nicht länger kunstfremden Kriterien. Über ein Kunstwerk, seine Qualität, seinen Wert, entscheidet nicht mehr die Institution der Moral, in Europa hieß das, die Statthalter der christlichen Religion, die Institution der Politik, also vormals die Adels- und Königshäuser, auch nicht die Institution der Ökonomie, frühbürgerlich personifiziert in wohlhabenden Kaufleuten. Über das Kunstsein eines Kunstwerks entscheidet allein die Institution Kunst selber, also jener ebenso abgegrenzte wie diffuse Diskussionszusammenhang aus Künstlern, Kritikerinnen, Museumsleiterinnen, Professoren und allen anderen, die sich zu den Kennern und Liebhaberinnen der Kunst zählen.

3. Von deutscher Kultur

Speziell in Deutschland erhält die Verselbständigung der künstlerischen und wissenschaftlichen Sphäre dabei eine immense Bedeutung. Das Land ist, wie uns die Geschichtsschreibung seit langem belehrt, am Ausgang des 18. Jahrhunderts ökonomisch und politisch im Vergleich mit Westeuropa zurückgeblieben. Die intellektuellen Zeitgenossen haben ihre Lebenssituation jedenfalls als keineswegs fortschrittlich empfunden. Während England sich anschickt, im Zuge einer wirtschaftlichen Revolution zu einer überseeisch orientierten Welthandelsmacht zu werden, und Frankreich eine dramatische politische Revolution vollzieht, verharrt Deutschland ökonomisch in traditionellen Strukturen und politisch im Kleinstaatereien-Despotismus. Als Schiller, einer der Rebellen unter den damaligen deutschen Intellektuellen, am 13. Januar 1782 zur Premiere seines Erstlingswerks *Die Räuber* von Stuttgart nach Mannheim reist, überschreitet er die Grenze zu einem anderen Staat, und das bedarf bei einem Militärarzt wie ihm der Genehmigung durch die Obrigkeit, repräsentiert durch Herzog Karl Eugen von Württemberg, bei dem, durchaus typisch, Pflicht zur Unterordnung und höfischer Luxus (mit entsprechender Verschuldung) Hand in Hand gehen. Auch aufgeklärte Herrscher wie Friedrich II. in Preußen oder Joseph II. in Österreich machen da keine Ausnahme.[1]

In Deutschland bildet sich vor diesem Hintergrund das bekannte komplementäre Kulturmuster aus, das auf die Formel hört: Pessimismus der Tat und Optimismus des Geistes, politisch-praktische Resignation und theoretisch-ästhetische Inspiration, arm an Taten und reich an Gedanken. Der philosophische deutsche Idealismus und die Weimarer Klassik holen die Revolution gewissermaßen im Geiste nach, sprengen aber nie die spezifisch deutsche Tendenz der Innerlichkeit. ›Bildung‹ und ›Kultur‹ werden bei uns zu Begriffen, die in andere Sprachen nicht oder nur schwer zu übersetzen sind. Zu sehr haftet ihnen ein Pathos und ein Bedeutungsüberschuss an, der durch die Begriffe ›Erziehung‹, ›Ausbildung‹ und ›Zivilisation‹ nicht abgedeckt werden kann. Zivilisation kann aus deutscher Sicht jede und jeder haben, Kultur nicht. Das eine ist eine Sache des materiellen Wohl-

---

1. Vgl. Peter-André Alt: *Schiller. Leben–Werk–Zeit*, Bd. 1, München 2000, S. 17ff.

stands, der Technik und der gepflegten Äußerlichkeit, man kann es also käuflich erwerben und strategisch einsetzen, das andere aber muss man sich mühsam aneignen. Die These vom ›deutschen Sonderweg‹ in der Geschichte Europas lässt sich daher, wie Georg Bollenbeck und jüngst Wolf Lepenies es getan haben, auch auf dieser Ebene nachzeichnen.[2]

4. Die Raffinesse der Dialektik der Kultur

Freilich wird der Begriff von Kultur in der bürgerlichen Bedeutung, in der er sich entwickelt hat, von den damaligen Repräsentanten der Kultur nicht in dieser schlichten Kompensationsfunktion vorgestellt. Sie geben ihm vielmehr eine raffinierte Wendung, eine Bedeutungszuschreibung, die Hegel auf den Begriff der Dialektik bringt. Das Erstlingsrecht in der Sache gebührt aber dem gut zehn Jahre älteren Schiller. In seinen berühmten *Briefen über die ästhetische Erziehung des Menschen* beschreibt er Schönheit von Anfang an in einem gesellschaftspolitischen Rahmen. Die Ästhetik, das Nachdenken über Schönheit, Erhabenheit und Kunst, übernimmt bei ihm zum ersten Mal eine dezidiert politische Funktion. Den Versuch eines Volkes, gemeint ist das französische, den naturwüchsigen, unbefragt hingenommenen, von Traditionen beherrschten Staat in einen sittlichen, an der Autonomie als Selbstgesetzgebung ausgerichteten Staat umzuformen, also den Staat im idealistischen Sinn auf den Kopf, die Vernunft, zu stellen und insofern Revolution zu machen, rechtfertigt Schiller ohne Abstriche. Aber er hat den Terror als Gefahr der Revolution vor Augen. Die Hinrichtung des französischen Königs, das Klima von Verschwörung und Repression, des Denkens in den Kategorien von Freund oder Feind, das schließlich auch die jakobinischen Wortführer selber, Danton und Robespierre, aufs Schafott bringt – all das liegt gerade ein, zwei Jahre zurück, als Schiller die *Briefe* schreibt. Das revolutionäre, idealistische Ziel soll daher evolutionär realisiert werden.

Und dazu bedarf es, wie Schiller in immer erneuten Anläufen zu zeigen versucht, der Schönheit und der Kunst. Eine wesentliche Begründung dafür, dass Schönheit und Kunst eine Mittlerrolle – eine Rolle des Mittels und der Mitte – zwischen einer naturwüchsig und einer vernünftig organisierten Gesellschaft übernehmen können, liegt für Schiller darin, dass Schönheit und Kunst eine eigene Sphäre ausbilden, dass sie also autonom werden und damit eine doppelte Dialektik auslösen, eine zweifache scheinbare Paradoxie. Zum einen erkennt Schiller, dass die Kunst in dem Augenblick, in dem sie sich von sozialen Zwängen befreit, auch sozial bedeutungslos wird. Schiller schreibt die *Briefe* als Künstler, der qua Künstler unter Rechtfertigungsdruck steht. Politik und Ökonomie bestreiten der Kunst ihr gerade erst sich herausbildendes eigenes Daseinsrecht. Drängt sich von Seiten der Politik in den 1790er Jahren mächtig die Revolution in

---

2. Vgl. Georg Bollenbeck: *Bildung und Kultur. Glanz und Elend eines deutschen Deutungsmusters*, Frankfurt/M. 1994; Wolf Lepenies: *The Seduction of Culture in German History*, Princeton 2006.

den Vordergrund, so von Seiten der Ökonomie eben jenes Prinzip, das seither der Kunst feindlich gegenübersteht: »Der *Nutzen* ist das große Idol der Zeit, dem alle Kräfte fronen und alle Talente huldigen sollen.« Der Kunst bleibt nichts anderes übrig, als vom »lärmenden Markt« zu verschwinden.[3] Das ist die erste, in ihren Folgen negative Dialektik der Autonomisierung, die Dialektik von Befreiung und Bedeutungslosigkeit.

Zum anderen erkennt er aber auch, dass die Kunst, wenn überhaupt, dann ihre sozial-kulturelle Bedeutung nur zurückerlangen kann, wenn sie ihre Autonomie nicht wieder aufgibt. Das ist die zweite, in ihren Folgen positive Dialektik der Autonomisierung. Schiller verhandelt sie unter dem klassischen Begriffspaar von Schein und Sein. Nur wenn die Kunst sich als Schein, als Spiel mit der Wirklichkeit und Wahrheit einbekennt, statt vorzugeben, Wirklichkeit und Wahrheit schlicht zu *sein*, kann sie auf die Wirklichkeit wirken. Wenn die ästhetische Sphäre diejenige der Wirklichkeit eingreifend verändern können soll, müssen beide voneinander getrennt bleiben.[4] Seit der Mitte des 19. Jahrhunderts hat man diese Position auf den Namen »l'art pour l'art« getauft. Die Kunst zieht sich auf sich selbst zurück, entzieht sich dem nützlichen Wissen und der je herrschenden Moral und bezieht eben dadurch eine Gegenposition zur Gesellschaft, denn sie untersteht dadurch nicht deren Gesetzen, folgt vielmehr autonom ihren eigenen und ist so überhaupt erst in der Lage, Kritik zu üben, sei es auch nur, indem sie der Gesellschaft kommentarlos den Spiegel vorhält. So sieht es im 20. Jahrhundert noch Theodor W. Adorno, der letzte große Ästhetiker in der Tradition des bürgerlichen Kulturkonzepts. Die Dialektiker des bürgerlich-normativen Kulturkonzepts verknüpfen also jene beiden Grundpositionen innerhalb der Ästhetik und speziell der Literaturwissenschaft, die generell als Oppositionen gehandelt werden: jene Position, die Kunst bzw. Literatur als gesellschaftliche Selbstreflexion zum Wohle individueller und kollektiver ›Bildung‹ beschreibt, und jene, die Kunst beziehungsweise Literatur als ein autonomes, von anderen gesellschaftlichen Sphären getrenntes System von Werken oder Texten beschreibt.

5. Noch eine Provokation

Vor diesem Hintergrund also muss es unvermeidlich als Provokation erscheinen, wenn man vom Nutzen des Ästhetischen spricht. Ich möchte mich demgegenüber nun auf eine andere philosophische Tradition besinnen, diejenige Friedrich Nietzsches und des amerikanischen Pragmatismus. Auch diese Verbindung dürfte vielen als Provokation erscheinen. Den deutschen bürgerlich-endzeitlichen Kulturkritiker, der zwar den Slogan einer »fröhlichen Wissenschaft« prägt,

---

3. Friedrich Schiller: »Über die ästhetische Erziehung des Menschen in einer Reihe von Briefen«, in: *Sämtliche Werke*, Bd. 5, München 1989, S. 572 (2. Brief).
4. Vgl. Schiller: *Über die ästhetische Erziehung*, a.a.O., S. 593f. (9. Brief), 656ff. (26. Brief); vgl. Josef Früchtl: »Schein«, in: Karlheinz Barck u.a. (Hg.): *Ästhetische Grundbegriffe*, Bd. 5: *Postmoderne-Synästhesie*, Stuttgart, Weimar 2003, S. 373f., 383ff.

selber aber viel zu sehr vom Kampf gegen ein repressives Christentum gefangen gehalten ist und dementsprechend Großprojekte wie den Übermenschen und die ewige Wiederkehr des Gleichen entwirft, diesen europäisch-abendländischen Tragiker der Philosophie mit einer genuin US-amerikanischen Kulturleistung zusammenzubringen, nämlich mit einem experimentierfreudigen, manchmal auch hemdsärmeligen, an der Lösung von Alltagsproblemen orientierten Denken, liegt aber keineswegs so fern, wie man auf den ersten Blick meinen könnte. Ideengeschichtlich gesehen, ist es etwa Thomas Mann, der 1922, vier Jahre nach seinen erzkonservativen *Betrachtungen eines Unpolitischen*, in einer Rede über »Die deutsche Republik« diese Allianz herstellt und Novalis mit Walt Whitman verbindet.[5] Sachlich gesehen, formuliert Nietzsche schon mit der Schrift, die ihn berühmt macht, mit der *Geburt der Tragödie aus dem Geiste der Musik*, einen jener Grundsätze, die er, der doch ansonsten ein wechselhafter Denker ist, nicht mehr aufgibt, den Grundsatz nämlich, dass die geistig-kulturelle Sphäre, allen voran Kunst, Philosophie und Wissenschaft, auf die Sphäre des *Handelns* hin ausgerichtet ist. So erfüllt die Kunst vornehmlich die Funktion, das Leben erträglich zu machen, den Schein der Schönheit um das Hässliche und Unerträgliche zu legen.[6] Kunst geht hier nicht ins Leben über. Ihre Leistung ist vielmehr die der lebensstabilisierenden Kompensation. Wir könnten nach Nietzsche ohne die in der Kunst konzentrierte Sphäre des Ästhetischen so wenig leben wie ohne die Luft, die wir zum Atmen brauchen. Und auch die Wissenschaft beurteilt er nach ihrem »Nutzen und Nachteil«, wie es in der Schrift über die Historie heißt, »für das Leben«. Leben aber heißt primär Handeln, im Altgriechischen *pragma*.

6. Erosion des bürgerlichen Kulturkonzepts

Aus dieser pragmatistischen Sicht also hat die Rede vom Nutzen des Ästhetischen nichts Provozierendes. Das hat sie nur aus der deutsch-idealistischen und bildungsbürgerlichen Sicht. Dass diese nicht mehr überzeugt, hat dabei nicht nur theoretische Gründe. Nicht nur kann die philosophisch-pragmatistische Tradition gute Argumente gegen die des deutschen Idealismus vorbringen, sondern auch gesellschaftliche Verschiebungen haben zur Erosion des bürgerlichen Kulturkonzepts geführt. Und es ist dieser Zusammenhang, der dem Konzept der Ästhetisierung (des Lebens wie des Denkens) mehr als nur eine semantische, ideengeschichtliche Relevanz verleiht.

Seit den späten 1960er Jahren beobachten die Sozialwissenschaften, wie sich zunächst in den USA, dann aber in der gesamten ›westlichen‹ Welt, eine hedonistisch und auch narzisstisch geprägte Lebensform durchsetzt. Der Kapitalismus selbst scheint seine von Max Weber untersuchten protestantischen Grundlagen

---

5. Vgl. Lepenies: *The Seduction of Culture*, a.a.O., S. 56ff., insb. 63ff.
6. Vgl. Friedrich Nietzsche: »Versuch einer Selbstkritik«, in: *Kritische Studienausgabe*, Bd. 1, hrsg. v. Giorgio Collii und Mazzino Montinari, München 1988, S. 11ff. (referierend auf *Die Geburt der Tragödie*).

aufgezehrt zu haben und einer hedonistischen Umwertung zu bedürfen. Komplementär scheint er einen narzisstischen Persönlichkeitstypus zu begünstigen, der seine innere Leere dadurch zu verdecken sucht, dass er seine ganze psychische Energie an die Aufrechterhaltung eines positiven Bildes seiner selbst, einer illusionären Imago verausgabt.[7] »Wir wollen alles jetzt!« Der Slogan der Protest- und Flowerpower-Generation wird getragen von der Beat- und Rockmusik, bereitet aber einer umfassenden gesellschaftlich-kulturellen Veränderung den Weg.

Speziell für die deutschen Verhältnisse hat dies ausführlich Gerhard Schulze untersucht und auf den feuilletonistisch erfolgreichen Begriff der »Erlebnisgesellschaft« gebracht. Es ist dies eine Gesellschaft, die nach Genuss, nach positiv bewerteten Ereignissen strebt. Sie setzt die Etablierung jener Wohlstandsgesellschaft (*affluent society*) voraus, die der Nationalökonom Kenneth Galbraith bereits 1952 ausgerufen hat. Freilich lässt sie sich nicht auf einen konsumorientierten Hedonismus reduzieren. Leitend ist eher das eudämonistische Motiv des richtigen Lebens. Die Frage, wie man leben soll, wird zum Allgemeingut. Schulze legt überzeugend dar, wie sich in der Bundesrepublik der späten 1980er Jahre Genuss nach verschiedenen Mustern ausbildet, im Wesentlichen nach dem Muster der Hoch- und der Trivialkultur, aber auch der von ihm so genannten »Spannungskultur«, jenes Bereichs, in dem man sich ›unter Strom setzt‹, in dem Spannung beziehungsweise *action* als konstanter Zustand gesucht wird, des Bereichs also, der sich mit den Rock'n'Rollern der 1950er Jahre, mit Elvis Presley und all den anderen, beginnt durchzusetzen. Überdies zeigt Schulze, dass sich dieses dreifache Muster von Hoch-, Trivial- und Spannungskultur weiter nach bestimmten Kriterien (Alter, Beruf, sozialer Status etc.) unterscheiden und nach so genannten »Milieus« genauer beschreiben lässt. Interessant sind dabei vor allem das »Integrations-« und das »Selbstverwirklichungsmilieu«, denn hier ist, wenn auch auf unterschiedliche Weise, das *cross over* von Trivialem und Hohem zu Hause: Mozart und Verdi ebenso wie Miles Davis und die Rolling Stones, Charles Baudelaire ebenso wie Karl May und Donald Duck, Cézanne ebenso wie Billy Wilder und Quentin Tarantino.[8]

»Ästhetisierung der Lebenswelt« meint bei Schulze also weder das hedonistische Bestreben, »den Alltag zum permanenten Fest zu machen«, noch ist dieses Bestreben aus der soziologischen Sicht »paradox«. So erscheint es nur der allzu schlichten philosophischen Beschreibung.[9] Ästhetisierung meint ebenso wenig, dass sich eine Kultur als Lebensform durchgesetzt habe, in der die Wahrnehmung im griechischen Sinn der *aisthesis* und damit Sensibilisierung im umfassenden Sinn zentral geworden sei. Weder die Hedonismus- noch die Aisthesis-Variante

---

7. Vgl. Daniel Bell: *The Cultural Contradictions of Capitalism*, New York 1976; Christopher Lasch: *The Culture of Narcissism. American Life in an Age of Diminishing Expectations*, New York 1979.
8. Vgl. Gerhard Schulze: *Die Erlebnisgesellschaft. Kultursoziologie der Gegenwart*, Frankfurt/M. 1992, S. 142ff., 150ff., 153ff., 277ff.
9. Rüdiger Bubner: »Ästhetisierung der Lebenswelt«, in: ders.: *Ästhetische Erfahrung*, Frankfurt/M. 1989, S. 152. Bubner plädiert für die Aufrechterhaltung der kompensatorischen Funktion des Ästhetischen, nicht mit Nietzsche, aber mit Gehlen (vgl. S. 150f.).

von Ästhetisierung sind angemessen. Immerhin sieht die zweite Variante die Ambivalenzen des Konzeptes deutlicher, die *De*sensibilisierung, also die »An-ästhetisierung«, die mit der »postmodern« sich ausbreitenden Ästhetisierung einhergeht, und das heißt zugleich wiederum die Ambivalenzen dieser Anästhetisierung, welche einerseits betäubt und abstumpft, andererseits das Subjekt in seiner Wahrnehmungsfähigkeit auch schützt.[10] Georg Simmel hat das in seinem berühmten Aufsatz *Die Großstädte und das Geistesleben* (1903) unter dem Begriff der »Blasiertheit« analysiert, ein Begriff, den wir heute durch den der »Coolness« ersetzen.[11] Die Aisthesis-Variante des Ästhetisierungskonzeptes verweist schließlich unter dem Begriff des »ästhetischen Denkens« auch deutlich auf ein weiteres relevantes Element: die epistemologische Defundamentalisierung.

7. Eine Kultur ohne Zentrum

Richard Rorty bietet, was dieses Element betrifft, eine überzeugende ideengeschichtliche Rekonstruktion. Auch für ihn gilt, dass sich mit der Französischen Revolution und der philosophisch-literarischen Romantik in der so genannten westlichen Welt eine fundamental neue Sicht der Dinge durchgesetzt hat, die vor allem eine neue Sicht auf das altehrwürdige Konzept der Wahrheit einführt. All jene Instanzen der Hochkultur, für die Wahrheit etwas an sich Seiendes, unabhängig vom Subjekt Bestehendes bedeutet, die Instanzen der Religion, der traditionellen Philosophie und der Wissenschaft, treten deshalb in den Hintergrund. Das Spiel auf der Bühne des kulturellen Wissens wird seit zweihundert Jahren stattdessen durch die Politik und die Kunst bestimmt. Die ›Helden‹ der Moderne, in männlicher wie weiblicher Gestalt, sind der (in gewisser Weise revolutionäre, weltverändernde) Politiker – Rorty hätte an Barack Obama seine Freude gehabt – und der (Weltsichten verändernde) Künstler, nicht der Heilige, der Philosoph und der Wissenschaftler. Denn das Ideal dieser modernen Helden ist nicht die Anpassung an etwas, was angeblich unabhängig von ihnen besteht – die Wirklichkeit, die Wahrheit –, sondern die Schaffung eines Neuen, einer je anderen Wirklichkeit.[12]

Aus Rortys Sicht also ist die Moderne (auch er spricht manchmal von ›Postmoderne‹) der Kunst gegenüber ganz und gar nicht feindlich eingestellt. Sie ist vielmehr die Zeit einer »ästhetisierten Kultur«, und das heißt einer Lebensform, die auf fest gefügte Fundamente, auf unerschütterliche Begründungen, auf allzeit gültige Wahrheiten verzichten muss und dies auch kann.[13] Eine ästhetische Kultur oder Lebenswelt – darin folge ich Rorty ohne Einschränkung – ist eine legitimatorisch destabilisierte Kultur, positiv ausgedrückt: eine legitimatorisch

---

10. Wolfgang Welsch: »Ästhetik und Anästhetik«, in: ders.: *Ästhetisches Denken*, Stuttgart 1990, insb. S. 14 und 18ff.
11. Vgl. Josef Früchtl: *Das unverschämte Ich. Eine Heldengeschichte der Moderne*, Frankfurt/M. 2004, S. 292ff., insb. 319ff.
12. Vgl. Richard Rorty: *Kontingenz, Ironie und Solidarität*, Frankfurt/M. 1989, S. 21f., 30.
13. Ebd., S. 99.

bewegliche und offene Kultur, die auf viele Formen von Begründung baut. Eine ›Krise‹ kann man insofern mit ihr nur verbinden, wenn man einen eindimensionalen Begründungsbegriff voraussetzt. Die ästhetisierte Lebenswelt ist eine fallibilistische Kultur: die wissenschaftlich eingeübte und wissenschaftstheoretisch durch Peirce und Popper legitimierte Einstellung, dass alle unsere Erkenntnisse widerlegbar, revidierbar und vorläufig sind, wird habitualisiert. Zugleich darf man sie ›ästhetisch‹ insofern zu Recht nennen, als die Kunst, das Schöne und das ästhetische Urteil in der europäisch-westlichen Denktradition von jeher *strenge* Begründungsansprüche abgewiesen haben; sofern das Ästhetische also epistemologisch fundamental antifundamentalistisch ist.

Es ist freilich wichtig, von einem *epistemologischen* Antifundamentalismus zu sprechen, denn moralisch-praktisch und politisch ist die ästhetische Einstellung von einem *Fundamentalismus* nicht frei. Die Geschichte der ästhetischen Avantgarde seit der Mitte des 19. Jahrhunderts dokumentiert dies eindringlich. Die ästhetische teilt mit der politischen Avantgarde, auch in ihren terroristischen Varianten, durchaus den »Fundamentalismus des Angriffs«, die Einstellung, dass die Geschichte für die ›Entschlossenen‹ und diejenigen, die auf Angriff setzen, nicht vorbei ist.[14] Das hat, wie am Ende deutlich werden wird, Konsequenzen für den avisierten Nutzen des Ästhetischen.

Für einen historisch, pragmatistisch und schließlich und endlich demokratisch denkenden Menschen gibt es allerdings aus verschiedenen Gründen keine Sicherheit dafür, dass von nun an das Zeitalter des Ästhetischen, des epistemisch Antifundamentalistischen, herrschen werde. Dazu ist der Fundamentalismus in seiner *religiösen* Gestalt in den letzten Jahren viel zu aufdringlich geworden. Aber auch aus *prinzipiellen* Gründen kann die Kunst nicht das immerwährende Zentrum einer modernen Lebensform sein, denn erstens steht die Geschichte unter dem Gesetz der Zeit und damit der Vergänglichkeit und Wandelbarkeit, zweitens ist, pragmatistisch gesehen, die »beste Art von Kultur« eine, »deren Schwerpunkt ständig wechselte, je nachdem, welche Person oder Personengruppe zuletzt etwas Anregendes, Originelles und Nützliches geleistet hat«, und schließlich ist drittens einer demokratischen Gesellschaft nur eine »Kultur ohne Zentrum« angemessen.[15] Denn eine demokratische Gesellschaft ist nach diesem Modell ausgezeichnet durch die Prinzipien von Freiheit und Gleichheit, von Autonomie und Pluralismus. Herrschaft gilt hier immer nur vorübergehend, nämlich solange die Subjekte, jede und jeder von uns, bestimmten Subjekten, Assoziationen und Institutionen Herrschaft zusprechen.

Modern ist eine Gesellschaft demnach, und das gilt nicht nur für Rorty, wenn sie einen Wettbewerb und einen Streit, durchaus auch einen Kampf zwischen verschiedenen Kulturdimensionen zulässt. Mit einer modernen Gesellschaft ist

---

14. Peter Sloterdijk: *Im Weltinnenraum des Kapitals*, Frankfurt/M. 2006, S. 285; Josef Früchtl: »Der Künstler als Held der Moderne«, in: Georg Kohler und Stefan Müller-Doohm (Hg.): *Wozu Adorno? Beiträge zur Kritik und zum Fortbestand einer Schlüsseltheorie des 20. Jahrhunderts*, Weilerswist 2008, S. 109ff.
15. Richard Rorty: »Vorwort«, in: ders.: *Eine Kultur ohne Zentrum. Vier philosophische Essays*, Stuttgart 1993, S. 5.

prinzipiell die Möglichkeit gegeben, dass auch die ästhetische Dimension von Zeit zu Zeit im Zentrum des allgemeinen Interesses steht. Und sie stand dort in der Tat zuletzt in den späten 1960er und den frühen 1970er Jahren, damals im Verein mit der (revolutionären) Politik. Zu dieser Zeit beginnt unter dem Label des postmodernen Denkens auch die Renaissance des Ästhetischen in der philosophischen und dann kulturwissenschaftlichen *Theorie*, die bis in die frühen 1990er Jahre anhält. Die ausgerufene Revolution von 1968 ist ja im Kern eine *Kultur*revolution, eine fundamentale Veränderung unserer Lebensgewohnheiten. Die hedonistisch-eudämonistische, auf *Selbstverwirklichung* bedachte Gesellschaft steht dabei, wie gesagt, insofern im Zeichen des Ästhetischen, als sie die Versöhnung von Populärkultur und Kunst vollzieht, mit Schulze gesprochen: die Etablierung einer ›Spannungskultur‹. Ihre Helden heißen Andy Warhol und Joseph Beuys, die Beatles und Madonna, Woody Allen und Steven Spielberg. So erfolgreich war diese Versöhnung, dass heute alles ›Pop‹ werden kann, der Politiker (Bill Clinton, Barack Obama) ebenso wie der Sportler (Boris Becker, David Beckham), der Philosoph (Jacques Derrida, Slavoj Žižek) ebenso wie der Manager (Jürgen Schrempp wurde einmal so gehandelt) und selbst der Papst (Johannes Paul II.). ›Pop‹ ist, wer oder was über ein Image verfügt, über ein künstliches Bild, das sich verwerten lässt.[16]

8. Kulturwissenschaft und Politikmodell

Ich möchte an dieser Stelle zwei Bemerkungen anfügen. Die eine zum kognitiven oder wissenschaftlichen Status der *Theorie*, die mit der Kulturrevolution einhergeht. Es geht also um den Status dessen, was man seit den 1990er Jahren in Deutschland ›Kulturwissenschaft‹ nennt. Zum *cultural turn* gehört ja, dass innerhalb der seit der Mitte des 19. Jahrhunderts so genannten Geisteswissenschaften, speziell der Literaturwissenschaft, die Unterscheidung zwischen Text und Kontext und damit auch die zwischen literarischen und nicht-literarischen Texten nicht mehr aufrechterhalten wird. Die kulturalistische Wende vollzieht somit auf theoretischer Ebene, was auch auf der sozial-kulturellen Ebene stattfindet: das *cross over* ehedem getrennter Bereiche. Was das Konzept einer Kulturwissenschaft anbelangt, sind aber meiner Überzeugung nach alle Versuche, ihr ein methodisches Fundament zu verleihen, zum Scheitern verurteilt. Im Zeitalter der Post-Postmoderne hieße das, einen Lerneffekt beiseite wischen zu wollen, den die (zu Recht oder zu Unrecht so genannte) Postmoderne verstärkt oder gar bewirkt hat. Refundamentalisierung ist keine Option. Kulturwissenschaftliches Denken hat vielmehr, so mein Vorschlag, analog zur Philosophie mehrere Dimensionen, spricht sozusagen mehrere Sprachen: die Sprache der Wissenschaft, der ästheti-

---

16. Dass so viel kulturrevolutionärer Erfolg eine ressentimentgeladene Gegenbewegung erzeugt, kann nicht verwundern. Daher sind heute häufig an allem *die 68er* Schuld. Und besonders fatal sind die Nachwirkungen, wenn zugleich ein schwarzes Loch im Sternbild der Jungfrau erscheint. Jedenfalls wenn man der BILD-Zeitung glaubt.

schen Literatur, der Politik, des Alltags und auch der Autobiographie. Es bemüht sich um konzeptuelle, analytische und argumentative Klarheit, führt aber auch auf kreative Weise neue Begriffe ein, arbeitet mit Metaphern und beschreibt Fallbeispiele nach literarischem Vorbild; es stellt sich nicht blind gegenüber politischen Überzeugungen, bedient sich des *common sense* und reflektiert die eigene Erfahrung. Wer Fundierung sucht, reduziert diese Mehrdimensionalität auf die Dimension der Wissenschaft. Stattdessen kann man auch hier im Sinne Rortys sagen, dass die Dimension im Zentrum des kulturwissenschaftlichen Denkens wechselt: mal ist es die szientische, mal die politische, mal die ästhetische, usw. Und diese Dimensionen sind selbstverständlich auch intern weiter zu differenzieren: So hatte innerhalb der szientischen Dimension bei Dilthey die Philologie den zentralen Platz inne, bei Rickert die Historie, in unseren Tagen war es (ausgreifend auf die politische Dimension) der Marxismus, die Psychoanalyse, die Ethnologie und neuerdings die Bildwissenschaft. Eine epistemisch antifundamentalistische, dezentrierte Kulturwissenschaft ist in diesem Sinne eine *demokratische* Wissenschaft.

Die zweite Bemerkung gilt dem Modell von Politik, an dem ich mich orientiere. Es zeigt zunächst unverkennbar die einschlägigen Züge des Liberalismus. Die Politik sichert demnach den Bürgerinnen und Bürgern die Freiheit, ihre (vor allem ökonomischen und ethischen) Interessen zu verfolgen. Sie ist fokussiert auf die individuelle oder private Autonomie und sichert diese durch Rekurs auf Rechte, letztlich durch moralisch legitimierte Menschenrechte. Aber Politik, speziell demokratische Politik ist immer eine zweispurige Angelegenheit. Sie umfasst nicht nur die institutionelle Sphäre (politischer Parteien, eines gewählten Parlaments und einer Regierung, im weiteren Sinn auch der bürokratischen Administration, das, was man ›den Staat‹ nennt), sondern auch die teils spontane, chaotische und anarchische, teils massenmedial (via Presse und Fernsehen) regulierte Sphäre, in der sich das stets umkämpfte Gut der öffentlichen Meinung herausbildet. Demokratietheoretisch entspricht dieser Doppelung diejenige von Liberalismus und Republikanismus. Während ersterer, wie gesagt, sich auf die individuelle Autonomie fokussiert, tut dies letzterer bezüglich der kollektiven Autonomie. Politik ist hier eine Angelegenheit der Selbstbestimmung von Gruppen. »Wir, die hier Versammelten, «, so heißt es dann in entsprechenden Pamphleten und Resolutionen, »fordern die Gemeinde/die Regierung auf, ... « Oder es hallt gar durch die Straßen: »Wir sind das Volk.« Dementsprechend privilegiert das republikanische Modell die nicht-institutionelle Sphäre der Politik.

Keines der beiden Demokratie- und Politikmodelle aber kann einen Primat für sich beanspruchen. Nur zusammen können sie der (utopisch aufgeladenen normativen) Idee der Demokratie zur Realität verhelfen. Ob dieser Zusammenschluss einer Synthese bedarf[17] oder als theoretisch nicht aufzulösendes, prak-

---

17. Habermas zum Beispiel stellt sein diskurstheoretisches, prozeduralistisches Modell als Resultat einer wechselseitigen Kritik des liberalistischen und republikanischen Modells vor. Vgl. Jürgen Habermas: »Drei normative Modelle der Demokratie«, in: ders.: *Die Einbeziehung des Anderen. Studien zur politischen Theorie*, Frankfurt/M. 1996, S. 277–292; vgl. auch

tisch stets erneut auszubalancierendes Spannungsgleichgewicht akzeptiert werden muss, wäre die anschließende Frage. Dass jemand, der für eine Kultur ohne Zentrum plädiert, der zweiten Seite der Alternative zuneigt, dürfte deutlich sein. Und es dürfte ebenfalls deutlich sein, dass in diesem Rahmen ein Konzept der Politik, wie es gegenwärtig durch Jacques Rancière repräsentiert wird, als einseitig und letztlich romantisch erscheint. Institutionalisierte Politik subsumiert Rancière, mit Foucault, unter den Begriff der ›Polizei‹. Zwar verweist er auf die weite verwaltungstechnische Bedeutung dieses Begriffs, bringt ihn aber natürlich, wie Foucault auch, rhetorisch-polemisch in Stellung; er weiß um die affektiv-mobilisierende Wirkung des Begriffs in unserer Zeit. Er konzediert gewiss die Unerlässlichkeit der (Polizei-)Politik, aber mehr als ein notwendiges Übel. In normativer Absicht ist bei ihm von einer gegenseitigen Porosität oder Komplementarität der beiden Politikmodelle, der institutionalisierten Politik und des so genannten ›Politischen‹, nicht die Rede. Und den Hintergrund für diese Einseitigkeit bildet, wie für alle französischen Philosophen im Umkreis des so genannten Postmodernismus, eine Metaphysik, die in der Nachfolge Schopenhauers den Primat des Nichtfixierten, des unendlichen Werdens und permanenten Veränderns behauptet.[18]

9. Vom Nutzen des Ästhetischen

Der Nutzen des Ästhetischen, um zu meiner Hauptthese zurück zu kommen, besteht also erstens darin, dass es *innerhalb* einer bereits etablierten demokratischen Kultur prinzipiell für die Problemsituation einer bestimmten Zeit die vergleichsweise beste Lösung anbieten kann, dann nämlich, wenn jene Kultur (mehrheitlich oder in Form einer dominanten Subkultur) davon überzeugt ist, dass das Ästhetische unter den gegebenen Umständen mehr zu bieten hat als die anderen kulturell-intellektuellen Dimensionen, mehr als die Religion oder die (empirische und diskursive) Wissenschaft. Prinzipiell befindet sich die ästhetische Dimension in einer gelebten Demokratie keineswegs in der Defensive. Wäre dem doch so, wäre dies schlecht für die demokratische Kultur, die vom Wettstreit und Kampf der Alternativen lebt.

Einen Nutzen kann das Ästhetische für eine demokratische Kultur zweitens aber auch dann aufweisen, wenn es *nicht* im Zentrum steht. Das Argument dafür lautet: Da Demokratie (nach den spannungsvoll aufeinander bezogenen Model-

---

Habermas' Konzept der Zivilgesellschaft in: Jürgen Habermas: *Faktizität und Geltung. Beiträge zur Diskurstheorie des Rechts und des demokratischen Rechtsstaats*, Frankfurt/M. 1992, S. 435ff.

18. Ich reagiere damit, wenn auch nur schlagwortartig, auf den kritischen Vergleich, den Anja Streiter und andere Diskussionsteilnehmer während der Tagung über »*Ästhetisierung*« – *Geschichte und Gegenwart einer Krisendiagnose* vorgetragen haben. Ausführlicher gehe ich auf Rancière ein in: Josef Früchtl: »Auf ein Neues: Ästhetik und Politik. Und dazwischen das Spiel. Angestoßen durch Jacques Rancière«, in: *Deutsche Zeitschrift für Philosophie*, 55 (2007), H. 2, S. 209–219.

len des Liberalismus und Republikanismus) auf Freiheit und Gleichheit, private Autonomie und Pluralismus, individuelle und kollektive Selbstbestimmung baut, ist (äußerer wie innerer) Zwang mit ihr nicht zu vereinbaren. Es gilt nur der eigentümliche »zwanglose Zwang« (Habermas) von Überzeugung und Überredung (wobei dieser zwanglose Zwang im Falle der Überzeugung anders aussieht als im Falle der Überredung, wenn man denn überhaupt scharf zwischen beiden trennen kann). Die *Bereitschaft* aber, die Überzeugungen und Erfahrungen der anderen eventuell zu den eigenen zu machen, die Bereitschaft also, sich irritieren und möglicherweise eines Besseren belehren zu lassen, hängt – zwar nicht allein, aber doch unter anderem – von der Fähigkeit ab, *ästhetische* Erfahrungen machen zu können. Und dies zumindest aus zwei Gründen.

Den einen habe ich schon genannt: Sofern Umgang mit dem Ästhetischen zu haben heißt, epistemisch fundamental in Antifundamentalismus geschult zu werden, nicht auf unerschütterliche Begründungen zu bauen, sondern sich im Gegenteil verwirren und sogar erschüttern zu lassen und mit labilen Begründungen leben zu lernen, bietet das Ästhetische, bevorzugt wiederum die Kunst, ein unerschöpfliches Irritations- und Anregungspotenzial. Von ›Krise‹ kann in dieser Hinsicht also noch einmal nicht die Rede sein. Der zweite Grund ist, dass ästhetische Erfahrungen seit dem Beginn der Moderne (die innerhalb der Kunstgattungen unterschiedlich anzusetzen ist) wesentlich auf das *Neue* ausgerichtet sind. Ästhetische Erfahrungen sind, so lautet inzwischen der Topos, *spezialisiert* darauf, uns die Welt je und jäh neu sehen, ›erschließen‹ zu lassen. Und da das Neue per se irritiert – meint es doch das, was sich in unser gewöhnliches Verständnis (noch) nicht einordnen, sich per definitionem nicht aus dem Alten ableiten lässt wie ein logischer Satz aus einem anderen, sondern durch einen (manchmal kleinen, manchmal großen) Sprung entsteht, hervorgerufen durch unerwartete Probleme, überraschende Konstellationen, Fehler und bewusste Regelverletzungen – ist die ästhetische Erfahrung auch diesbezüglich eine Quelle der Irritation. Ästhetische Erfahrungen zu machen, heißt also, *Irritationskompetenz* auszubilden, die Fähigkeit, sich verunsichern, reizen und herausfordern zu lassen.

Ein Nutzen des Ästhetischen ist also, um es zusammenzufassen, erstens in einer demokratisch habitualisierten Gesellschaft prinzipiell möglich aufgrund des Pluralismusprinzips. Da das Ästhetische mit anderen intellektuellen Dimensionen prinzipiell auf gleicher Ebene steht, entscheidet die jeweilige gesellschaftlich-kulturelle Situation, welche der Dimensionen zum Zuge kommt. Ein Nutzen des Ästhetischen ist zweitens im Prinzip möglich unter den genannten Stichworten des epistemischen Antifundamentalismus und der Irritationskompetenz. Dinge und Situationen ästhetisch zu erfahren heißt, von ihnen auf eine bestimmte lustvolle Weise irritiert zu werden und dies nicht definitiv, wohl aber in bestimmter Weise begründen zu können.

10. Vom Nutzen der Bescheidenheit

Doch lässt sich – dies muss nun auch deutlich ausgesprochen werden – kein einfacher intrinsischer Zusammenhang behaupten. Man kann nicht sagen: *Da* das Ästhetische fundamental in epistemischem Antifundamentalismus schult, ist es von Nutzen, sondern *sofern* es *ungehindert* in diesem Sinne schult. Ich sage daher nicht, dass das Ästhetische *notwendig*, sondern *potenziell* von Nutzen ist für eine demokratische Kultur. Es *kann* demokratisch nützlich sein, *muss* dies aber nicht. Es gibt zu viele berühmte Gegenbeispiele: de Sade, Baudelaire, Céline, die französische Linie des Denkens des Bösen (die noch Lautréamont, Bataille, Blanchot und Genet umfasst), D'Annunzio, Ernst Jünger, schließlich Nietzsche und Heidegger. Allesamt Ästheten und doch keine Demokraten (was, wohlgemerkt, nichts über ihre Werke besagt). Der Grund für diesen eingeschränkten Nutzen des Ästhetischen liegt, wie bereits angedeutet, darin, dass der epistemische Antifundamentalismus konterkariert werden kann vom moralisch-praktischen und politischen Fundamentalismus.

Wir müssen also bescheidener auftreten. Man kann sich sehr wohl von Dingen und Situationen lustvoll irritieren lassen und dennoch das Irritierende *moralisch nicht* anerkennen. Man kann sehr wohl um die fundamentale Unbegründbarkeit ästhetischer Erfahrungen wissen und dennoch behaupten, eine ›ewige‹, nur von ›großen‹ Individuen zu erahnende, Wahrheit sei in einem Kunstwerk verschlossen. Die Rede von ›großen Individuen‹ ist tendenziell antidemokratisch. Sie erinnert noch einmal daran, dass im Reich des Ästhetischen die Losung auf *Originalität* lautet, nicht, wie im Reich der demokratischen Politik, auf *Egalität*. Von daher erneut der ästhetische Hang zu Radikalität und Extremismus, die Verachtung des Kompromisses, des Mittleren und des Mittelmaßes. Es führt kein direkter hindernisfreier Weg vom Ästhetischen zur Demokratie.

So behält am Ende Rousseau gegen Schiller Recht. Schiller setzt ja im elften seiner Briefe über die ästhetische Erziehung mit einer transzendentalphilosophischen Argumentation an, weil er im zehnten Brief Rousseaus Argument anerkennt, dass man empirisch, aus der Geschichte der (europäischen) Menschheit keinen zwingenden Zusammenhang zwischen der Kunst und der Politik in moralischer Absicht herstellen kann. Wenn uns heute aber Schillers deutsch-idealistischer Ausweg versperrt ist, müssen wir uns in zweifacher Hinsicht bescheiden. Ob eine ästhetische Erfahrung von Nutzen ist für eine demokratisch Kultur, hängt erstens von (historischen und kulturellen) Umständen ab, die nicht allein durch das Reich der ästhetischen Erfahrungen bestimmt werden können, und zweitens davon, dass das fundamentalistische Element der ästhetischen Einstellung das antifundamentalistische nicht behindert, dass also ein Konflikt innerhalb der ästhetischen Einstellung selber jeweils bereinigt wird. Aber ich möchte abschließend wiederholen, dass ästhetische Erfahrungen trotzdem immer noch genug zu bieten haben, auch und gerade für eine demokratische Kultur, und dass diese Leistung den Titel ›Ästhetisierung‹ in gewisser Weise in der Tat verdient.

Anja Streiter

Eine Antwort auf Josef Früchtl

Ich werde im Folgenden die Argumentation, die Josef Früchtl in seinem Beitrag entwickelt, in ein Verhältnis zu Jacques Rancières Position setzen. Beide Autoren beschäftigen sich mit der Frage, wie die Verhältnisse zwischen der Kunst, der Ästhetik, der Politik und der Demokratie zu denken sind. Für beide hat sich vor circa zweihundert Jahren eine Neuordnung dieser Verhältnisse vollzogen. Die Antworten, welche beide Autoren auf dieselben Fragen und ausgehend von derselben Grunddiagnose geben, sind jedoch in jeder Hinsicht gegensätzlich. Ich werde versuchen, die Gründe für diesen Dissens zu benennen, indem ich Josef Früchtl und Jacques Rancière anhand ihrer Auffassungen von Politik, Demokratie und Ästhetik vergleiche.

Früchtl kommt in seinem Vortrag im Hinblick auf die Frage nach dem »Nutzen des Ästhetischen für eine demokratische Kultur« zu einem, wie er es nennt, »kontextualistischen« Urteil: Das Ästhetische kann potenziell von Nutzen sein in einer demokratischen Form der Politik, ist es aber nicht notwendigerweise. Seine Nützlichkeit hängt von Umständen ab, die nicht allein vom Ästhetischen bestimmt werden. Zwischen dem Ästhetischen und der Demokratie gibt es keine notwendige Beziehung.[1]

Ganz anders Rancière: Ästhetik ist für ihn der Name für die enge und wesentliche Verbindung von Kunst und Politik und beide sind für ihn zusammen unabdingbar für die Demokratie. Dabei handelt es sich um kein Nützlichkeitsverhältnis. Kunst und Politik arbeiten vielmehr beide auf ihre Weise im Bereich des Sinnlichen an der Verwirklichung des Grundprinzips der Demokratie, der Gleichheit. Politisch zielt diese Arbeit auf die Gleichheit der Mächtigen und der Machtlosen, künstlerisch auf die Aufhebung der Hierarchie der Repräsentation, auf die Gleichheit von Materie und Form, von passiven und aktiven Kräften, von Emotionalität und Rationalität.[2]

Diesen diametral entgegen gesetzten Aussagen liegen entgegen gesetzte Umgangsweisen mit den Begriffen Ästhetik und Kunst, Demokratie und Politik zugrunde. Früchtl argumentiert mit der Bedeutung, die den Begriffen alltäglich und mehrheitlich gegeben wird. Rancière hingegen nimmt innerhalb der diesem alltäglichen Gebrauch zu Grunde liegenden Aufteilung des Sinns eine Umverteilung vor. Das ist im Rancièreschen Sinne der politische Einsatz seiner Philosophie.

---

1. Josef Früchtl: »Vom Nutzen des Ästhetischen für eine demokratische Kultur. Ein Plädoyer in zehn Punkten«, in diesem Band, S. 119.
2. Vgl. Jacques Rancière: *Das Unbehagen in der Ästhetik*, Wien 2007, S. 15, 18ff, 23ff, 44.

Politik

Früchtl spricht von einer »demokratischen Form der Politik«. Das impliziert die Möglichkeit einer oder mehrerer undemokratischer Formen der Politik. Früchtl nennt explizit die vorrevolutionäre »Politik der Adels- und Königshäuser«. Es ist bei Früchtl dieselbe Politik, die im *Ancien Régime* als nicht autonome Sphäre den Machterhalt der Aristokratie sichert und in der Demokratie als autonome Institution für die »Autonomie der Einzelnen« einsteht. Politik kann in diesem Sprachgebrauch royalistisch und revolutionär, parlamentarisch oder diktatorisch, autonom und nicht autonom sein. Denn es geht »der Politik primär um Macht«.[3]

Das ist genau die Definition von Politik, die Rancière zurückweist. Für Rancière ist es für das Verständnis des Zusammenhangs von Demokratie, Politik, Kunst und Ästhetik zentral, »das Denken der Politik vom Denken der Macht zu trennen«.[4] Anders formuliert: die Politik ist »nicht Ausübung der Macht und der Kampf um die Macht«.[5] Die Macht nennt Rancière auch *domination*, das heißt Beherrschung und Herrschaft. Gegenüber diesen eröffnen in Rancières Definition sowohl die Politik als auch die Kunst einen anderen, auf die Aufhebung von Herrschaft zielenden Raum. Politik im Rancièreschen Sinn wendet sich gegen die Macht der Regierung, die immer auf Hierarchie, auf Oligarchie und damit auf Ungleichheit basiert. Das Geschäft der Ausübung der Macht in Form einer Regierung nennt Rancière »Polizei«. Politik dagegen kennt keine Geschäftsordnung. Sie ist die Ausnahme, eine in Zeit und Ort begrenzte und nicht vorhersagbare Probe auf die grundlegende Ausgangsidee und Zielsetzung der Demokratie: die Gleichheit. Politik ist keine Institution sondern Prozess der Emanzipation, »Umsetzung der vorausgesetzten Gleichheit«.[6] Politik schafft keine Grundlagen, weder für einen gesellschaftlichen Zusammenschluss, noch für eine Identität. Politik spricht nicht aus, was das Wesen oder das Eigene einer Gemeinschaft ist. Diese Art der Gründung oder Identifizierung ist Sache der Polizei.[7] Der Politik geht es vielmehr um die Offenlegung eines Risses oder eines Widerspruchs innerhalb der Definitionen und Gesetze, auf die sich die Regierenden berufen. Auch in so genannten demokratischen Regierungsformen kann der Widerspruch zwischen der Ordnung der Macht und der vorausgesetzten Gleichheit, so Rancière, prinzipiell nie aufgelöst werden.[8] So ist der utopische Horizont dieser Auffassung von Politik und Demokratie nicht ein schließlich zu erreichender Konsens, sondern die immer wieder in immer neuen Formen aufgenommene Arbeit an der Schaffung des Dissenses. Politik ist Arbeit an der Wahrnehmbarkeit der

---

3. Josef Früchtl: »Vom Nutzen des Ästhetischen für eine demokratische Kultur«, in diesem Band, S. 120.
4. Jacques Rancière: *Aux bords du politique*, Paris 1998. S. 16.
5. Rancière: *Das Unbehagen in der Ästhetik*, a.a.O., S. 34.
6. Vgl. Rancière: *Aux bords du politique*, a.a.O., S. 16.
7. Vgl. Jacques Rancière: *Das Unvernehmen. Politik und Philosophie*, Frankfurt/M. 2008, S. 43ff, 146f.
8. Vgl. ebd., S. 42.

Risse, der Widersprüche und Paradoxien, die eine jede Gemeinschaft durchziehen, welche das Gesetz der Gleichheit aller Menschen anerkennt. Das heißt, die Politik, so wie Rancière sie definiert, ist immer ästhetisch, insofern sie eingreift in die Wahrnehmung dessen, was das Gemeinsame unserer Welt ist. Rancières bekannte Formulierung hierfür lautet: Was in der Politik auf dem Spiel steht, ist eine Neuordnung der Teilhabe am und der Aufteilung des Sinnlichen. Deswegen spricht Rancière von einer Ästhetik der Politik.[9] Eine so verstandene Politik ist in Rancières Verständnis immer demokratisch.

Demokratie

Früchtl versteht unter Demokratie eine Gesellschaftsform. Demokratie ist in seiner Definition ein Synonym für die »moderne Gesellschaft«. Deren historisch spezifischen und jüngsten Ausformungen sind die hedonistisch-narzisstische Gesellschaft und die »Erlebnisgesellschaft«. Die »demokratische Gesellschaft« ist bei Früchtl definiert durch »Freiheit und Gleichheit, Autonomie und Pluralismus«. Sie bildet eine »demokratische Kultur« aus, die eine »Kultur ohne Zentrum« ist, ohne Fundament, ohne Letztbegründung. In der demokratischen Gesellschaft herrschen, so Früchtl, diejenigen vorübergehend, die im immer neu aufgelegten Wettstreit um Macht und Einfluss gerade gewonnen haben.[10] So stellt sich für Früchtl nicht so sehr die Frage nach dem Verhältnis von Ästhetik und Politik als vielmehr die Frage nach dem Verhältnis des Ästhetischen zur Gesellschaft. Seine Diagnose lautet: In der »demokratischen Gesellschaft« kann »auch die ästhetische Dimension von Zeit zu Zeit im Zentrum des allgemeinen Interesses« stehen[11] und »potenziell von Nutzen (sein) für eine demokratische Kultur«.[12]

Rancière hingegen unterstreicht: Die Demokratie ist weder eine Regierungsform, noch eine Gesellschaftsform, noch ein sozialer Lebensstil.[13] Demokratie ist für ihn nicht identisch mit dem »parlamentarischen System« oder einer »pluralistischen, verfassungsmäßigen Regierungsform«. Was heute wie ein Pleonasmus klänge – »repräsentative Demokratie« – sei eigentlich ein Oxymoron, das heißt eine Verbindung von zwei Komponenten, die unvereinbar sind.[14] Demokratie ist vielmehr ein Ideal, eine Utopie, welche die uralte Logik unterbricht, »nach der die Gemeinschaften von denen regiert werden, die einen Anspruch darauf haben, ihre Autorität über die auszuüben, die dazu vorgesehen sind, sie zu ertragen«.[15] Diese Utopie geht in keiner Regierung, in keinem Staat bruchlos auf. Denn Demokratie

---
9. Rancière: *Das Unbehagen in der Ästhetik*, a.a.O., S. 35.
10. Vgl. Früchtl: »Vom Nutzen des Ästhetischen für eine demokratische Kultur«, in diesem Band, S. 125–128.
11. Ebd., S. 128.
12. Ebd., S. 132.
13. Vgl. Jacques Rancière: *La haine de la démocratie*, Paris 2005, S. 58; vgl. auch Rancière: *Aux bords du politique*, a.a.O., S. 16.
14. Vgl. ebd., S. 61.
15. Ebd., S. 58.

ist immer ein Skandal, der darin besteht, »zu enthüllen, dass es niemals, unter dem Namen der Politik, ein einziges Prinzip der Gemeinschaft geben kann«.[16]

Die dominante Definition von Demokratie, der Früchtl folgt und gegen die Rancière sich wendet, identifiziert dagegen Demokratie mit einer kombinierten Regierungs- und Gesellschaftsform. Als Einheit von parlamentarischem System und liberaler Gesellschaft aufgefasst, hat die Demokratie zwei Feinde: erstens die nicht legitimen und unbeschränkten Regierungen der Tyrannei, der Diktatur und des Totalitarismus, und zweitens den Exzess der demokratischen Gesellschaft, des demokratischen Lebens selbst,[17] der a) entweder in einem Zuviel an politischer Einmischung all der Leute liegen kann, die an die Macht des Volkes und die Gleichheit aller glauben, oder b) in einer übermäßigen individuellen Genusssucht liegen kann, die das Allgemeinwohl aus den Augen verliert. Die gute demokratische Regierung hält, der dominanten Bestimmung von Demokratie zufolge, zwischen diesen Exzessen des demokratischen Lebens die Waage und schützt so die Demokratie durch staatliche Regulierung vor sich selbst.

Für Rancière hingegen ist die individuelle Genusssucht, welche angeblich die Demokratie von innen bedroht, keineswegs eine der Demokratie wesentlich inhärente Gefahr, sondern vielmehr erwünschter Effekt pseudo-demokratischer Regierungen. In dem Versuch, das Volk von politischer Einmischung abzubringen, verringern die Regierungen, so Rancière, die öffentliche Sphäre und leiten die Aktivitäten der Bürger in die private Sphäre um, wo sie sich auf die Befriedigung individueller Bedürfnisse konzentrieren. Derartige Taktiken beschreibe Aristoteles schon in dem Text »Die Verfassung von Athen«.

Die Behauptung, die Demokratie sei eine Gesellschaftsform, ist für Rancière eine erste irreführende Behauptung, die eine Reihe weiterer irreführender Umdeutungen ermöglicht, an deren Ende die Demokratie identisch geworden ist mit einer hedonistischen, narzisstischen, individualistischen Gesellschaft, die vor sich selbst geschützt werden muss, im Sinne des Allgemeinwohls, über das dann der Staat und die Regierung wachen. Die Identifizierung des »demokratischen Menschen« mit dem »hedonistischen Verbraucher« ist für Rancière keine objektive soziologische Beobachtung, sondern Winkelzug einer uralten, im hierarchischen Denken und Machtstreben gründenden Argumentation gegen die Demokratie.

So stützt sich Früchtl in seiner von ihm als pro-demokratisch verstandenen Argumentation auf eine Definition von Demokratie, die Rancière für gegen die Demokratie gerichtet hält.

---

16. Ebd.
17. Vgl. ebd., S. 14.

Ästhetik

Früchtl definiert Ästhetik als »Nachdenken über Schönheit, Erhabenheit und Kunst«.[18] Die Geschichte dieser Ästhetik »und der Kunst« ist, so Früchtl, »seit zweihundert Jahren eingefügt in die Erfolgsgeschichte der Moderne, das heißt, soziologisch gesprochen, in die Dynamik eines historischen Prozesses der gesellschaftlichen Ausdifferenzierung«.[19] Dieser Prozess führt zur Autonomie der »Institutionen der Wissenschaft, des Rechts, der Politik, der Ökonomie usw.«.[20] Auch die Kunst wird zur »autonomen Institution Kunst«. Diese ist, so Früchtl, ein »ebenso abgegrenzter wie diffuser Diskussionszusammenhang aus Künstlern, Kritikerinnen, Museumsleiterinnen, Professoren und allen anderen, die sich zu den Kennern und Liebhaberinnen der Kunst zählen«. Dieser »Diskussionszusammenhang« entscheidet, so Früchtl, unabhängig von den anderen Institutionen, über das Kunstsein der Kunstwerke.

Der Begriff des Ästhetischen umgreift bei Früchtl die Kunst, das Schöne und das ästhetische Urteil[21] und weder die Ästhetik, noch das Ästhetische, noch die Kunst haben einen inhärenten Bezug zur Politik oder zur Demokratie, so wie sie Früchtl definiert.

Für Rancière hingegen sind »Kunst und Politik nicht zwei dauernde und getrennte Wirklichkeiten, bei denen es darum geht, sich zu fragen, ob sie in Beziehung gesetzt werden *müssen*«.[22] Es gibt nicht immer *die* Kunst, so wenig wie es immer Politik gibt. »Es sind vielmehr zwei Formen der Aufteilung des Sinnlichen, die beide an einem Regime der Identifizierung hängen«.[23] Dieses »Regime«, von dem Kunst und Politik abhängen, nennt Rancière Ästhetik. Ein Regime ist für Rancière keineswegs eine stabile, streng geregelte Einrichtung, vielmehr ist das Regime der Name für ein labiles System, das unter interner Spannung steht und beständig von Auflösung bedroht ist. In einem Regime bewegt sich alles zwischen zwei extremen Polen (im Regime der Ästhetik zwischen den Polen des »reinen Werkes« und des Nicht-Werkes, das heißt der Kunst, die keine mehr ist, insofern sie ununterscheidbar vom Leben geworden ist).[24] Ästhetik ist in Rancières neu geordnetem Feld von Begriffen also der Name einer spannungsgeladenen, fragilen Bezogenheit von Politik und Kunst. Ästhetik ist »das Wort, das den einzigartigen, schwierig zu denkenden Knoten benennt, der sich vor zweihundert Jahren zwischen den Erhabenheiten der Kunst und dem Lärm einer Wasserpumpe,

---

18. Früchtl: »Vom Nutzen des Ästhetischen für eine demokratische Kultur«, in diesem Band, S. 122.
19. Ebd., S. 120.
20. Ebd.
21. Ebd., S. 127.
22. Rancière: *Das Unbehagen in der Ästhetik*, a.a.O., S. 36.
23. Ebd., S. 36.
24. Vgl. Patrice Loraux: »Qu'appelle-t-on un régime de pensée?«, in: Laurence Cornu und Patrice Vermeren (Hg.): *La Philosophie déplacée. Autour de Jacques Rancière*, Bourg-en-Bresse 2006, S. 27–48.

zwischen dem verschleierten Streichertimbre und dem Versprechen einer neuen Menschheit gebildet hat«.[25]

Ästhetik ist das »Denken der neuen Unordnung«,[26] welche die soziale Rollenverteilung ebenso betrifft wie die Aufteilung der Herrschaftsbereiche. Ästhetik ist, so Rancière der Eigenname der Allianz zwischen politischer und künstlerischer Radikalität.[27] Ihrer unauflöslichen Verschlungenheit gibt Rancière dadurch Ausdruck, dass er sie nicht als Kunst und Politik, sondern als Politik der Ästhetik und Ästhetik der Politik aufeinander bezieht.[28] Die Politik der Ästhetik schafft ästhetische Heterogenität, sie bringt zusammen, was nicht zusammen gehört, die Ästhetik der Politik schafft politische *Dissensualität*.[29] So zielt diese »Ästhetik« mit ihrer Verschlingung von Kunst und Politik auch nicht auf eine »konsensuelle Gemeinschaft des Fühlens«, wie sie im *Ältesten Systemprogramm des deutschen Idealismus* anvisiert wird. Dieses Systemprogramm sieht Rancière in Opposition zu Schillers Briefen *Über die ästhetische Erziehung des Menschen*. Nicht im Deutschen Idealismus schlechthin, sondern speziell im schillerschen Konzept des »freien Spiels« ist für Rancière die Logik der »Ästhetik« genannten, wechselseitigen Bezogenheit von Kunst und Politik noch heute gültig formuliert: die Ästhetik der Politik und die Politik der Ästhetik sind eingebunden in eine Gleichung, die sich weder zur Seite der Politik, noch zur Seite der Kunst auflösen lässt.[30]

Weitere aufschlussreiche Gegenüberstellungen zwischen Früchtl und Rancière ließen sich entlang der Begriffe »Moderne« und »Autonomie« entwickeln. An dieser Stelle nur so viel: Politik findet für Rancière in dem Abstand, dem Zwischenraum statt, der zwei einander ausschließende Konzepte trennt, die dennoch denselben Platz beanspruchen. Auch in der Philosophie spielt sich für ihn das, was zu begreifen ist, immer im »zwischen« ab, in den Verhältnissen zwischen Begriffen. Ich hoffe, dass ich diesen Zwischenraum in dem Vergleich der Auffassungen von Josef Früchtl mit denen von Jacques Rancière eröffnen konnte.

---

25. Rancière: *Das Unbehagen in der Ästhetik*, a.a.O., S. 24.
26. Ebd., S. 22.
27. Vgl. ebd., S. 32.
28. Ebd., S. 35.
29. Ebd., S. 49.
30. Rancière zufolge verschwindet im *Ältesten Systemprogramm des deutschen Idealismus* sowohl die Praktik des politischen Dissenses als auch die der ästhetischen Heterogenität durch ihre angestrebte Auflösung in neuen Formen des Lebens, in einer konsensuellen Gemeinschaft, einer Gemeinschaft des Fühlens. Dazu, so Rancière, muss man aber das »freie Spiel« Schillers in sein Gegenteil verwandeln, nämlich in die »Aktivität eines erobernden Geistes, der die Autonomie des ästhetischen Scheins abschafft, indem er jede sinnliche Erscheinung in die Bekundung seiner eigenen Autonomie verwandelt.« Vgl. Rancière: *Das Unbehagen in der Ästhetik*, a.a.O., S. 48f.

Gertrud Koch

Bilderpolitik im Ausgang des monotheistischen Bilderverbots und die Begründung einer politischen Ästhetik

Kaum eines der zehn Gebote wird nachhaltiger mit dem Monotheismus als solchem in Verbindung gebracht wie das so genannte *Bilderverbot*. Das Bilderverbot wird in den beiden Fassungen des Dekalogs (Ex 20,4f; Dtn 5,8f) formuliert: »Du sollst dir kein Gottesbild *(päsäl)* machen und keine Darstellung *(temuna)* von irgendetwas droben im Himmel, unten auf der Erde oder im Wasser unter der Erde. Du sollst sie nicht anbeten und ihnen nicht dienen.«

Im nicht enden wollenden Streit um das Bilderverbot wird dabei oft übersehen, dass es dort gar nicht um ein Verbot von Bildern im Allgemeinen geht, sondern a) um einen besonderen Teil von ihnen, demjenigen nämlich, der die Darstellung von Gott bzw. Göttlichem betrifft, und b) um einen bestimmten Umgang mit ihnen, demjenigen nämlich, der das Bild selbst für einen Fetisch erachtet, mit dem man Handlungen vollziehen kann. Dass es vor allem um das Verbot der Verehrung anderer Götter geht, wird deutlich, wenn man es dem vorangehenden ersten Gebot konfrontiert: »Du sollst keine anderen Götter haben neben mir / gegen mich.« Was als Verbot von Bildern diskutiert wird, ist also eine moralische Verpflichtung zur Treue zu dem einen und unteilbaren Gott. Ein moralischer Imperativ, der den richtigen Umgang mit dem Göttlichen regeln soll. Aus dieser Lesart heraus argumentiert Kant in der *Kritik der Urteilskraft*, wenn er schreibt:

»Vielleicht gibt es keine erhabenere Stelle im Gesetzbuche der Juden, als das Gebot: Du sollst dir kein Bildnis machen, noch irgendein Gleichnis, weder dessen was im Himmel, noch auf der Erden, noch unter der Erden ist usw. Dieses Gebot allein kann den Enthusiasmus erklären, den das jüdische Volk in seiner gesitteten Epoche für seine Religion fühlte, wenn es sich mit andern Völkern verglich, oder denjenigen Stolz, den der Mohammedanismus einflößt. Eben dasselbe gilt auch von der Vorstellung des moralischen Gesetzes und der Anlage zur Moralität in uns. Es ist eine ganz irrige Besorgnis, daß, wenn man sie alles dessen beraubt, was sie den Sinnen empfehlen kann, sie alsdann keine andere, als kalte, leblose Billigung und keine bewegende Kraft oder Rührung bei sich führen würde. Es ist gerade umgekehrt; denn da, wo nun die Sinne nichts mehr vor sich sehen, und die unverkennliche und unauslöschliche Idee der Sittlichkeit dennoch übrigbleibt, würde es eher nötig sein, den Schwung einer unbegrenzten Einbildungskraft zu mäßigen, um ihn nicht bis zum Enthusiasmus steigen zu lassen, als, aus Furcht vor Kraftlosigkeit dieser Ideen, für sie in Bildern und kindischem Apparat Hülfe zu suchen. Daher haben auch Regierungen gerne erlaubt, die Religion mit dem letztern Zubehör reichlich versorgen zu lassen, und so dem Untertan die Mühe, zugleich aber auch das Vermögen zu benehmen gesucht, seine Seelenkräfte über die Schranken auszudehnen, die man ihm willkürlich setzen, und wodurch man ihn, als bloß passiv, leichter behandeln kann.«[1]

Kants direkte Verbindung von Bilderverbot, Moralität und Politik kann als eine Gründungsfigur der modernen Debatte um das Bilderverbot verstanden werden. In seiner kurzen Passage finden sich im Kern alle Argumente, die bis heute die Debatte bestimmen. Dabei lässt er die theologische Seite und die Geschichte des Bilderverbotes aus, denn ihn interessiert das Bilderverbot zuerst nur als gleichnishafte Analogie. So, wie die Bildnisse vom inneren Bund mit Gott ablenken und auf eine äußerliche, bequeme Stütze umlenken, die den Glauben von der inneren Überzeugung zu einer veräußerbaren, an Repräsentationen delegierbaren Sache macht, ergehe es auch der Moralität.

Kant setzt die Konsequenzen, die aus dem monotheistischen Bilderverbot folgen, gleich mit denen des moralischen Gesetzes und der Moralität als einem Vermögen des Menschen. Denn auch dieser soll sich uneingeschränkt, also frei und autonom zum moralischen Gesetz verhalten und nicht durch persuasive Medien der Rhetorik zu seiner Einhaltung gebracht werden. Dies allerdings könnte im Interesse der Regierungen sein, die sich der Bilder als äußerer Machtmittel bedienen möchten. Dabei wird der Einzelne vom Schrecken der Autonomie entlastet und in ein bequemes Abhängigkeitsverhältnis manövriert, das ihm eigene Entscheidungen durch mediale Vermittlung abnimmt. Eine solche Regierung ist eine, die sich auf Unfreiheit gründet, insoweit sie die Regierten manipulativ behandelt und nicht als Freie. Kant schließt in seinem Vergleich der Idee des Bilderverbots mit der des moralischen Gesetzes an Probleme an, vor denen jede politische Ästhetik im Ausgang von Platon steht. Wie das Bilderverbot geht auch die politische Ästhetik von Platon aus, der die *Unterscheidung* in zulässige und abzulehnende Bilder begründet hatte. Und zwar innerhalb der politischen Diskussion um den internen Zusammenhang von Aisthesis und moralischen Werten. Demnach sind diejenigen Bilder gut, die sich dazu eignen, die Werte der Polis in ihren Bürgern zu stärken.

Am Beginn der politischen Ästhetik steht also die Frage nach dem Vermögen der Bilder, im moralisch Guten wie im Schlechten, Handlungen zu erwirken, seien es die des Götzendienstes oder diejenigen, die zum tugendhaften Staatsbürger oder zum Revolutionär führen, der wie Moses neue Gesetze bringt und dazu Aron als seinen Redner braucht, der die Gesetze bildhaft zur Darstellung bringen kann.[2] »Die Masse«, schreibt Freud, »denkt in Bildern«[3] – und das meint er nicht abwertend, sondern psychologisch funktional. Denn das Handlungsvermögen der Masse liegt in ihrer synchronen Feinabstimmung auf eine geteilte Imago hin. Es ist also nicht einfach so, dass ein Führer die Masse bestimmt, sondern die

---
1. Immanuel Kant: *Kritik der Urteilskraft*, in: *Werke in zwölf Bänden*, hrsg. v. Wilhelm Weischedel, Bd. X, Frankfurt/ M. 1968, B 124f.
2. Vgl. hierzu Gertrud Koch: *Die Einstellung ist die Einstellung. Visuelle Konstruktionen des Judentums,* Frankfurt/M. 1992.
3. Sigmund Freud: »Massenpsychologie und Ich-Analyse«, in: *Gesammelte Werke*, Bd. VII, London 1993, S. 82f.

Masse erzeugt sich ihren Führer auch aus sich heraus. Was aus dieser inneren Dynamik sich alles entwickeln kann, ist eine Frage der historischen Narrative, die ich hier nicht nachzeichnen möchte. Mein Hinweis auf Freud dient hier vor allem dazu, das glatte Bild von Freud als Gewährsmann einer strengen Unterstreichung des Bilderverbots etwas einzuklammern. Bildhafte Vorstellungen sind in dieser Lesart überhaupt nicht weg zu denken, und in *dieser* Hinsicht setzt Freud die Bilderfrage zurück ins Zentrum des Bewusstseins. Das Problem wäre dann nämlich nicht die Auflassung des Bildes, sondern dessen Versprachlichung, zum Beispiel in der *talking cure*.

Am Beginn fast aller sich politisch verstehenden Ästhetiken steht eine Bilderfrage, und das Bilderverbot steht insofern in einer Kette, die sich sowohl bildanthropologisch, wie auch ideengeschichtlich auffächern ließe. Für die Bildkulturen, die aus dem Monotheismus hervorgegangen sind, bildet das Bilderverbot eine Art regulative Idee im Kantschen Sinne, ohne dass es je, wie eine landläufige Meinung kolportiert, Bilder als Gattung gemeint hat, sondern immer nur bestimmte Bildpraktiken der Darstellung und Rezeption reguliert hat, – wo es überhaupt gegriffen hat. Die Geschichte des Bilderverbotes ist ja, wie alle Geschichten von Ge- und Verboten, vor allem auch die Geschichte ihrer Umdeutung, Umgehung oder ihrer expliziten Zurückweisung. Betrachtet man das Bild*verbot* als regulative Idee einer politischen Ästhetik, dann lässt es sich zu einem Freiheits- bzw. Selbstbestimmungs*gebot* umformulieren: Du sollst weder Dich selbst noch andere zu bloßen Instrumenten machen, weder soll also die eigene Freiheit sich in die Abhängigkeit von magischen Praktiken begeben, noch soll man sich magischer Praktiken bedienen dürfen gegenüber anderen, um seine eigene Freiheit durchzusetzen. Die Entwicklungslinie zur modernen Ästhetik führt schließlich zu einer postulierten Freiheitsgarantie, die der Kunst als Ganzer jene Autonomie zuschreibt, die im Subjekt begründet worden war. Damit allerdings stellt sich die Frage nach dem Politischen der Kunst und Ästhetik. Diesen Weg möchte ich im Folgenden kurz an einigen prägnanten Positionen skizzieren.

Politische Ästhetik ist ein Begriff, der sich in zwei Hinsichten auffächern lässt: Zum einen wird damit nach der politischen Eigenschaft *der* Ästhetik gefragt, zum anderen nach einer politisch zu bestimmenden Ästhetik in Abgrenzung zu anderen nicht politischen Ästhetiken. Die zentralen Fragen im Kontext des Begriffs der politischen Ästhetik lauten: Kann oder soll also die Ästhetik als Ganze politisch bestimmt werden? Oder sind es lediglich bestimmte ästhetische Praktiken, denen politische Eigenschaften zugeschrieben werden können? Fragt man nach dem Politischen der Ästhetik und/oder der Kunst, so möchte man klären, wie sich die Aspekte, die mit dem Ästhetischen verbunden werden, politisch auswirken bzw. wo die Politik in das Ästhetische gemischt wird. Das Politische *in* der Ästhetik zu bestimmen, bedeutet, sich über politische Folgen ästhetischer Vorgänge oder Dinge klar zu werden. Viele ästhetische Programme schreiben zum Beispiel der Kunst eine Rolle im Erziehungsprozess des Staatsbürgers oder im Prozess der Vergemeinschaftung zu.

Das Ästhetische *in* der Politik zu bestimmen, fragt dagegen meistens nach der instrumentellen Inanspruchnahme von affektiven und sensualistischen Vermögen der Kunst zur Durchsetzung kunstferner Zwecke des eigenen Interesses. Walter Benjamin hat diese beiden Seiten in der berühmten Formel auf den Begriff gebracht, die bereits ein politischer Kommentar zur Kunst des italienischen Futurismus war, dass es nämlich nicht auf die Ästhetisierung der Politik ankomme, sondern um die Politisierung der Ästhetik ginge.[4] Damit verpflichtet sich Benjamin selbst einem Programm einer politischen Ästhetik. Die Unterscheidung zwischen Ästhetiken, die für sich politische Geltungsansprüche stellen, und Politiken, die sich zu ihrer Durchsetzung ästhetischer Techniken der Affektsteuerung bedienen, ist historisch oft nicht trennscharf. Denn oft werden der Kunst erst einmal diejenigen Vermögen zugeschrieben, die dann politisch eingesetzt werden sollen. Beide Varianten verbindet zumindest die Annahme, dass das Ästhetische Einfluss auf das Außerästhetische nimmt und dass es eine enge Verbindung von Kunst und Welt gibt, sei erstere nun weltschöpfend, -erschließend oder -negierend.

Seit der Diskussion zum Stellenwert der Künste zur und in der Polis, wie sie Platon in seinen Schriften zum Staat eingeführt hat, sind immer wieder Versuche unternommen worden, das Politische der Ästhetik auf seine staatsbürgerliche Erziehungsfunktion hin zu diskutieren.

Bei Platon wird nicht etwa die Kunst insgesamt verworfen, sondern diese unterschieden in eine erwünschte und eine unerwünschte.[5] Die Kunst selber wird als Medium betrachtet, das Vorbilder auf affektive und somit höchst wirksame Art im Guten wie im Schlechten vermitteln kann. Seit Platon wird der Kunst darin ein direkter politischer Sinn zugesprochen, dass sie erzieherischen Einfluss auf die Herausbildung der Tugenden des politischen Bürgers ausübt. Aus der Sphäre der Lüge und Täuschung steigt sie dort auf, wo sie die Ideen des Guten und Tugendhaften vorbildhaft formt. Platons Bestimmung des Ästhetischen als Politisches räumt der Kunst zwar eine privilegierte Stellung im staatsbürgerlichen Erziehungsprozess ein, schreibt ihr aber eine teleologische Subordination unter das höher bewertete politische Ziel des idealen Staates zu, die durch Zensur durchgesetzt werden muss. Der ästhetische Staat Platons ist eine Erziehungsdiktatur.

In dieser Tradition bewegen sich auch die politischen Ästhetiken des 20. Jahrhunderts, die der Kunst eine positive Vorbildfunktion zuschreiben und sie als kulturelles Symbol des politischen Systems verstehen (siehe etwa den ›sozialistischen Realismus‹ mit seinen ›positiven Helden‹). Dass die Kunst weder ganz frei noch neutral ist, sondern an Interessen gebunden zwischen der Affirmation des Bestehenden und radikaler Gesellschaftskritik selbst eine historisch prekäre Lage einnimmt, wird zu ihrer Bestimmung im frühen Neomarxismus der 1920er und 1930er Jahre (etwa bei Kracauer, Lukács, Marcuse und anderen) und später in der Wende zu den Cultural Studies, die zwischen Foucaultscher Machtanalyse und historistischem Kulturrelativismus der Ästhetik die Autonomie absprechen.

---

4. Vgl. Walter Benjamin: »Das Kunstwerk im Zeitalter seiner technischen Reproduzierbarkeit«, in: *Gesammelte Schriften*, Band I/2, Frankfurt/M. 1974, S. 467–469.
5. Platon: *Republica*, II. 376c ff., X. 595a ff.

Eine radikale Umkehrung der platonischen Unterordnung der Kunst unter die Politik bildet sich im deutschen Idealismus und der Romantischen Schule aus. Im Anschluss an Kants Bestimmung aus der *Kritik der Urteilskraft* wird der Anspruch auf ein im *sensus communis* von allen geteiltes Geschmacksurteil, zu dem die Kunstwerke herausfordern, zu einem politischen Vorgang. Und zwar insoweit sich so eine Gemeinschaft bildet, die auf Erkenntnissen beruht, die dem ›freien Spiel der Einbildungskraft und des Verstandes‹ entstammen und darum zum Medium eben einer Freiheit werden können, die dem bloßen Gesetz und seiner Befolgung überlegen sein sollen.[6] Für Kant wird also in der Ästhetik ein Freiheitsmodell aktiviert, das aus sich heraus politisch ist, weil es einer idealen bürgerlichen Gemeinschaft entspricht. In der radikalen Freiheitsidee verliert sich der funktionale Aspekt, der in Platons Argument vorrangig war. In Schillers *Briefen zur ästhetischen Erziehung des Menschen* wird dieses Moment aus Kants Ästhetik weiter radikalisiert und sowohl dem formalen Recht des Kontraktualismus wie auch den ethischen Begründungen von Pflichten entgegengestellt.[7] Die Kunst ermöglicht es, eine Freiheit zu konstituieren, in der der Mensch sich selbst als »Objekt des freien Spiels« gegenübersteht. Damit ist die Kernidee, die in die Idee der autonomen Kunst eingehen wird, formuliert: Frei von Zwecken und Mitteln wird die Kunst zum Medium der interesselosen und darin von allen teilbaren Selbstreflexion – und schließlich zur Reflexion ihrer selbst.

Die Überführung in einen ›ästhetischen Staat‹ wird am Ende als *unio mystica* einer neuen Religion gedacht, in der das Gemeinwesen zusammengeführt wird. Im *Ältesten Systemprogramm des deutschen Idealismus,* das dem Freundeskreis von Hölderlin, Schelling und Hegel zugeschrieben wird, ist »der höchste Akt der Vernunft« zum »ästhetischen Akt« geworden.[8] Am Ende wird die Kunst zwar nicht zur Politik, aber zur das Gemeinwesen begründenden Religion, die nun an die Stelle des Rechts treten soll. Damit ist die Begründung einer politischen Ästhetik in eine Sackgasse geraten, was zwar zu einer folgenreichen Poetik bis in die Kunst des zwanzigsten Jahrhunderts hinein geführt hat, aber zugleich auch den Bereich des Politischen wieder eingeebnet hat.

Die Kantsche Bestimmung des Gefühls des Schönen als Topos der Subjektwerdung durch Rückbezüglichkeit, die gleichzeitig Herrschaftsreduktion ist und sogar Herrschaftsfreiheit verspricht, hat eine Ästhetik der Freiheit angestoßen, die bis heute wirksam ist, und in deren Begriffen das Verhältnis von Ästhetik und Politik gedacht wird. Eine Reiteration unternimmt Hannah Arendt in ihren Kant-Vorlesungen *Das Urteilen.*[9] Im ästhetischen Urteil werden wir befähigt, die Perspektivität als solche anzuerkennen, ohne in die interessen- und zweckgebundene Übernahme oder Ablehnung einzelner Perspektiven zu verfallen. So wird auch hier die eigentliche politische Dimension im Urteilen über Kunst zur Selbst-

---

6. Vgl. Kant: *Kritik der Urteilskraft*, in: *Werke in zwölf Bänden*, Bd. X, a.a.O., §§ 9, 20.
7. Friedrich Schiller: »Über die Ästhetische Erziehung des Menschen in einer Reihe von Briefen«, in: *Sämtliche Werke*, Bd. 5, München 1993, 27. Brief.
8. »Das älteste Systemprogramm des deutschen Idealismus« (o.V.), in: Georg Wilhelm Friedrich Hegel, *Werke*, Bd. 1, Frankfurt/M. 1979.
9. Hannah Arendt: *Das Urteilen*, München 1998.

reflexivität im Sinne einer Relativierung der eigenen Perspektive und einer spektatorialen Anerkennung der vielen anderen Perspektiven. Erzählungen gewinnen einen überperspektivischen Sinn, da sie über die Einzelperspektive ihrer eigenen Konstruktion jeweils reflexiv und kommunikativ hinausweisen, indem sie auf andere hin erzählt werden. So führt die Kunst nicht aus der Welt heraus, sondern in diese hinein. Das Imaginative der phänomenal erscheinenden Welt im Auge des Betrachters führt aber auch zu einer jener Möglichkeiten, die der Romantik so am Herzen lag: die einer anderen oder neuen Welt. Arendt hat diesen Einbruch des Neuen in die Welt im Rückgriff auf die ›Natalität‹ des Menschen begründet, durch die der Mensch zum Handeln und damit zur Freiheit befähigt wird. In dieser Konzeption des plötzlichen In-die-Welt-Tretens kann man einen Ansatz zu einer politischen Ästhetik sehen. Die ästhetische Erfahrung der Dinge intensiviert die Beziehung zur Welt, sie bringt den Einzelnen dazu, tiefer in die Welt einzudringen, sowohl die anderen Standpunkte zu sehen, wie auch die eigene Individuierung imaginativ zu stärken. In dieser antiromantischen Wendung der romantischen Ästhetik wird keine *communio* höheren Grades angestrebt, sondern der Sinn für die Mannigfaltigkeit der wirklichen Welt geschärft. Am Ende schließt sich hier aber auch der Kreis der zu engen Koppelung von Politik und Moral im Medium des Ästhetischen, denn die ästhetische Erfahrung führt auch für Arendt zu einer moralischen Bezugnahme auf die Welt, zu einer zuwendenden Sorge um Ich und Welt. Die Koppelung von politischen, ästhetischen und moralischen Motiven wird gebunden an die Urteilskraft und damit an Vermögen zur kritischen Unterscheidung. Dies verbindet die unterschiedlichsten Ansätze, das Ästhetische und das Politische zu koppeln.

Es lassen sich hier aber auch Ästhetiken voneinander abgrenzen, die dieses selbstreflexive Spiel zwischen Subjekt, Kunstwerk und Welt weniger als kommunikative Verflechtung *durch* die Kunst, sondern als ein *der* Kunst eingeschriebenes Vermögen sehen. In Theodor W. Adornos Metapher vom Kunstwerk als Flaschenpost, deren Empfänger keine Adresse hat, wird diese Seite stärker akzentuiert. Das Vermögen der Kunst besteht hier weniger in der Politisierung der Sinne als vielmehr in einer Form kritischer Durchdringung der Wirklichkeit anstelle ihrer sinnlich intensivierten Bejahung. Die theoretische Grundlage hierfür ist freilich ebenfalls eine Wendung der romantischen Ästhetik, die Abschied genommen hat von der Ästhetik als der Lehre vom Schönen und stattdessen das Widerständige und Sperrige am Kunstwerk hervorhebt. ›Ästhetische Imperative‹ zielen auf eine künftige Gesellschaft und nicht mehr auf die Gründung eines ästhetischen Staates oder einer im Ästhetischen sich bildenden Gemeinschaft. Die Kunst tritt nicht *in* die Welt, sondern tritt dieser entgegen: eine Kunst der Entzweiung. In dieser wird die Kritik zur radikalen Negation – das Kunstwerk bleibt ein Rätsel, das selbstreflexiv die Entzweiung als eine Figur des Bruchs zwischen Sinn und Subjekt offen hält statt zu schließen. Das Politische der Ästhetik ist ihre Freiheit, ihre Weigerung gegenüber der instrumentellen Indienstnahme. Insofern aber die Kunst selbst historisch gerahmt und produziert ist, bleibt sie ambivalent. Nur da, wo sie radikal unverfügbar ist, erfüllt sie ihre politische Statthalterschaft, wo sie dies nicht ist, verfällt sie der Affirmation.

Die Negation als einer Grundbestimmung des Ästhetischen kennzeichnet auch die Verfahren der Dekonstruktion, die gegenüber der Adornoschen Ästhetik weniger das zeitphilosophische Motiv des U-topischen, des Messianischen im Auge hat, als vielmehr das A-topische des im Ort der Schrift eingeklammerten Sinns, der sich nie einholen lässt. Beiden ästhetischen Theorien ist gemeinsam die Betonung der Entzweiung und des Dividuellen (eine unabdingbare Teilbarkeit jenseits identitärer Einheit) gegenüber den Sinnstiftung und das Gemeinsame betonenden Ästhetiken der Gemeinschaft.

Für die Begründung einer politischen Ästhetik stellen diese paradigmatischen Modelle ein Problem dar: Entweder wird das Politische funktional bestimmt und verstößt damit gegen die Postulate, die in der ästhetischen Freiheit als Vorbedingung und Modell politischer Freiheit formuliert wurden – oder das Ästhetische wird zur Warteschleife der politischen Kritik, die nie politisch praktisch werden kann und darin gegen das Postulat des Politischen als Handeln verstößt. Diese als aporetisch verstandenen Grenzen werden von den Ästhetiken des Pragmatismus in mehrere Richtungen geschliffen. John Dewey verbindet *Kunst als Erfahrung* mit *Kunst als Kommunikation* – und schließt sich damit ebenfalls der romantischen Privilegierung der Kunst als Medium ästhetischer Gemeinschaftsbildung an. Allerdings wird die Gemeinschaft selbst nicht mehr als eine Sekte Gleichgestimmter gedacht, sondern als *The Great Community*, als Inklusion. Damit wird der Schritt vom Platonischen Polis-Modell zur modernen Demokratie gemacht – Kunst behält ihre eigenen Vermögen zu einer Erfahrung und Erkenntnis umschließenden Bildung, die sie aber nun politisch als *Massen*medium kommunizieren kann.[10]

Die politische Ästhetik im Ausgang des Pragmatismus ist gekennzeichnet durch eine nicht negierende Erweiterung des Kunstbereichs selbst. Was jeweils wie im Ästhetischen erfahrbar wird, ist nicht durch die soziale Distinktion von Oben und Unten definiert. Damit wird das Ästhetische zu einem offenen Medium, das sich weder u-topisch auf eine andere Zeit, noch a-topisch auf einen anderen Ort bezieht, sondern sich im ›now-here‹ bewegt, allerdings in einer Bewegung, die nicht mehr als Schließung gedacht wird, sondern als offener Horizont, als sich ständig verschiebender Radius sozialen Handelns.

In Bezug auf eine Begründung politischer Ästhetik stellt sich also die Frage, ob sie jenseits einer politischen Theorie noch zu denken ist, die den politischen Rahmen moderner Massendemokratien ausfüllen müsste. Eine politische Ästhetik, die kein eigenes politisches Telos im ›now and here‹ des politischen Handelns entfaltet, kehrt nicht zufällig zurück zu ihren Anfängen: zu Platon und den Romantikern. Wo weder das autokratische noch das vergemeinschaftende Modell der Politikschöpfung durch Kunst akzeptabel erscheint, tritt die Figur der radikalen Kritik und Entzweiung als politische Kritik an der Politik auf.

Im Ausgang der politischen Ästhetik möchte ich einige der bildtheoretischen Implikationen diskutieren, die sich aus dieser ideengeschichtlichen Konstellation heute ergeben haben:

---

10. John Dewey: *Kunst als Erfahrung*, Frankfurt/M. 2003.

Und wieder beginnt alles bei Platon. Platon unterscheidet bekanntlich zwischen Abbild und Trugbild. Und genau dieses Verhältnis beider zueinander inspiriert den französischen Philosophen Gilles Deleuze zu folgender Umkehrfigur:

»Das Abbild ist ein mit Ähnlichkeit ausgestattetes Bild, das Trugbild ein Bild ohne Ähnlichkeit. Der Katechismus, der so sehr vom Platonismus beeinflusst ist, hat uns mit folgender Wendung vertraut gemacht: Gott schuf den Menschen nach seinem Bilde und seiner Ähnlichkeit, doch durch den Sündenfall hat der Mensch die Ähnlichkeit verloren, das Bild aber bewahrt. Wir sind Trugbilder geworden, wir haben die moralische Existenz verloren, um in eine ästhetische Existenz einzutreten.«[11]

Die Unterscheidung in Trugbilder im Gegensatz zu anderen setzt etwas in Gang, was sich *in the long run* als die Bewegung in die Moderne hinein zeigen wird. Wo die Spannung zwischen Ebenbildlichkeit/Ähnlichkeit der Abbilder zur Idee implodiert, bleiben noch die Trugbilder, Phantasmata übrig:

»Das Künstliche und das Trugbild widerstreiten im Herzen der Moderne, dort, wo diese ihre Rechnungen begleicht, und zwar so, wie zwei Zerstörungsweisen widerstreiten: die beiden Nihilismen. Denn es besteht ein großer Unterschied zwischen zerstören, um die vorhandene Ordnung der Repräsentation, der Modelle und Kopien zu bewahren und zu verewigen, und dem Zerstören der Modelle und Kopien, um das schöpferische Chaos einzuführen, das die Trugbilder in Gang setzt und ein Phantasma aufkommen lässt – die unschuldigste aller Zerstörungen, die Zerstörung des Platonismus.«[12]

Das ist also für Deleuze die Umkehrung des Platonismus mit Nietzsche. Erst hier scheint die epistemische Spannung zerstäubt, für die das Bilderverbot einmal stand. Es geht nun nicht mehr um die ›richtige‹ Abbildung einer Idee, sondern um die ästhetische Grundierung der Existenz, die aus der Klammer der platonischen Wahrheitsidee gelöst wird. Es gehört zu den Paradoxien der Debatte, dass gerade in dieser entschiedensten Bejahung der ontologischen Bestimmung des Trugbildes die Intention des Bilderverbots radikal verwirklicht erscheint: es gibt überhaupt keine Abbildlichkeit mehr, auf die sich die epistemische Hierarchie bis zur metaphysischen Wahrheit der Idee aufbauen könnte. Denn mit dem Verdikt gegen die idealistisch gefasste Abbildlichkeit wird die epistemische Kette zerrissen, die im »Spiegel der Natur« (Rorty) die äußere Welt durch die Abbilder in der inneren des Bewusstseins erkennen und (ab)lesen wollte.

Erst wo die Möglichkeit des idealen Abbildes epistemisch unterminiert ist, findet die Übersetzung des Bilderverbots in ein ästhetisches Programm statt, dass sich von einer bloßen Spiegelung der Welt, ihrer Verdoppelung im Bild trennt und dieses in die Autonomie entlässt. Die Beziehungen zur politischen Ästhetik

---
11. Gilles Deleuze: »Trugbild und antike Philosophie«, in: ders: *Logik des Sinns*, Frankfurt/M. 1993, S. 315.
12. Ebd., S. 324.

sind also weit abgründiger als es das bloße Pro und Contra-Spiel ums Bilderverbot ahnen lässt. Denn erst die Emanzipation *zum* Trugbild setzt jenes Potenzial des Bildes frei, das es aus der Relation zum und Abhängigkeit vom Ideenhimmel ins radikalisierte Diesseits der Phantasmata moderner Subjektivität entlässt. Allerdings ist der Preis hoch – Deleuze und Teile der französischen philosophischen Ästhetik entrichten ihn im Anschluss an einen nietzscheanisch gelesenen Freud. Der Preis ist die Auflösung im phantasmatischen Akt der Bildwerdung, im schöpferischen Chaos aufzugehen – und damit jene Spannung zu negieren, die eine schwache Referentialität zumindest noch zur Umwelt des Subjekts und damit auch zu den anderen aufrechterhält.

In seinem Buch *Bilder trotz allem* setzt der französische Kunsthistoriker Georges Didi-Huberman den Streit insofern fort, als er darin die Rhetorik des Unvorstellbaren mit der Empirie von Bildern in Verbindung setzt, die ihre eigene Pragmatik entwickeln und von dieser her gelesen werden sollen, statt auf einem a priori festgelegten ontologischen Status *des* Bildes festgezurrt zu werden.[13] Innerhalb seiner Argumentation geht er auf Sartres Phänomenologie des Imaginären als einer Theorie bildhaften Vorstellens ein, das vom Denken gar nicht zu trennen sei: An Auschwitz zu denken impliziert immer auch bildhafte Aspekte der Vorstellung. Neben dem pragmatischen Aspekt wird so auch hier der Ausgang aus dem Bilderverbot mit einer bewusstseinsphilosophisch begründeten Psychologie des Bildes gesucht. Die vom Bilderverbot ausgehende Linie, die Didi-Huberman angreift, macht er an Lyotard fest, der die Debatte um die Dar-/Vorstellbarkeit der Shoah an Kants Ästhetik des Erhabenen angeschlossen hat. Kant hat seinen Begriff des Erhabenen auch mit dem physikalischen Massenbegriff in Verbindung gesetzt und in der Tat scheint diese Metapher wirksam zu werden in dem Gedanken, dass es die Massenhaftigkeit, das physische Ausmaß der Vernichtung, ihre schiere Größe ist, die das Vorstellungsvermögen aufsprengt und als undurchdringlich wie das ferne Gebirgsmassiv erscheint. Die Gegenthese wäre dann die, dass alles, was vorstellbar ist, im Prinzip auch darstellbar ist, da es bereits in unseren Vorstellungen existent ist. Weder im Englischen noch in den romanischen Sprachen wird ja interessanterweise zwischen Repräsentation als Vorstellung und als Darstellung buchstäblich unterschieden, sondern nur im Kontext, hingegen werden Einbildungen als *imaginaire* oder *imaginary* direkt auf das bildhafte Vorstellen semantisch bezogen. Es sind diese imaginären Vorstellungen, die Sartre als »Akte« zu fassen versucht, wenn er schreibt: »Es gibt keine Bilder *im* Bewusstsein [...], sondern das Bild *ist ein bestimmter Bewußtseinstyp*. Das Bild ist ein Akt und kein Ding.«[14] Wenn Bilder also Akte des Bewusstseins sind, dann sind Bilder als Sachen Ding nur soweit als sie Gegenstand für das Bild sind, das wir uns vom Bild machen, das wir gesehen haben. Aus dieser ständigen Verwebung von Wahrnehmung und Vorstellung hat Pierce den »Strom des Bewusstseins« kanalisiert. In der Tat scheint es, als steuere heute alles auf eine Bildpragmatik zu.

---

13. Georges Didi-Huberman: *Bilder trotz allem*, München 2007.
14. Jean-Paul Sartre: »Die Imagination«, in: ders: *Transzendenz des Ego*, Reinbek 1997, S. 242.

Wenn man die pragmatische Prämisse vom Bild als Akt ernst nimmt, stellt sich freilich die Frage nach der politischen Ästhetik des Bilderverbots immer noch: Denn als Akt ist das Bild performativ als Handlungsbezug definiert, und das genau war ja einmal die Prämisse, die im Bilderverbot diskutiert wird. Was ist die Macht des Bildes und zu was wollen und sollen wir es ermächtigen? Jan Assmann hat in Bezug auf das Bilderverbot diese Frage auf problematische Weise beantwortet, indem er das Bilderverbot selbst als einen performativen Akt auffasst, denn ein Verbot ist ein solcher performativer Akt, den er als Gewaltakt des Monotheismus sieht, dessen eifernder Gott einer ist, der gewaltsam all diejenigen verfolgt, die sich seinen Geboten widersetzen. Vor allem in seiner einseitigen Bildtheorie, die davon ausgeht, dass das Bild selbst als Medium im Bilderverbot abgelehnt wird, weil es präsenzästhetisch determiniert ist, scheint mir ein Problem zu liegen, denn das ist bereits eine Festlegung, die weder zwingend aus dem Bilderverbot noch aus der Bildtheorie folgt.

Felix Ensslin

Eine Antwort auf Gertrud Koch

Ich möchte kurz nachzeichnen, wie die argumentative Struktur des Vortrags von Gertrud Koch ihre Evidenzen schafft, respektive die Bedingungen formuliert, welche eingehalten werden müssen, um den zweiten Teil ihres Titels einzulösen, nämlich die »Begründung einer politischen Ästhetik«. Ihre Überlegungen gehen davon aus, dass das monotheistische Bilderverbot niemals ein Gattungsverbot ausgesprochen, sondern sich stattdessen auf ein bestimmtes Sujet bezogen hat, nämlich Gott oder das Göttliche, sowie auf einen bestimmten »Umgang« damit, nämlich die dem Bild dienende Handlung, die es zum Fetisch macht. Dabei sei kurz daran erinnert, was einen Fetisch zum Fetisch im psychoanalytischen Sinne macht: Er verdeckt, beziehungsweise verschließt die Anwesenheit einer Abwesenheit. Was das Bilderverbot also verbietet, wenn es die Handlung verbietet, die den Fetisch schafft, besteht darin, die Anwesenheit einer Abwesenheit zu verbergen. Die Anwesenheit einer Abwesenheit soll gezeigt werden, und zwar durch die Abstinenz vom Bild des Göttlichen.

Gertrud Koch entwickelt von hier aus zwei Perspektiven, eine »bildanthropologische« und eine »ideengeschichtliche«. Mit der »bildanthropologischen« Perspektive ist etwas gemeint, was man die Unhintergehbarkeit des Imaginären nennen könnte. Mit Freud lenkt Koch die Aufmerksamkeit hierbei auf die *two-way-street* imaginärer Bildungen und Bindungen im politischen Raum: Nicht nur die Masse wird geschaffen, indem jeder sich auf eine gemeinsame Führerimago bezieht, sondern umgekehrt wird auch der Führer durch das gemeinsame In-Bezug-setzen erst geschaffen. An dieser Stelle wird bereits angesprochen, was der Vortrag als Pointe herausarbeitet: die Handlungs- oder Aktdimension der Einbildung im und ins *here/now* der Gegenwart. Doch um diesen Bildakt richtig zu verorten, muss Gertrud Koch zunächst verdeutlichen, wie er historisch an einen subjekttheoretisch begründeten Freiheitsbegriff gekoppelt ist. Allerdings wird dieser »ideengeschichtliche« Rückgriff zeigen, dass dieser Freiheitsbegriff und die mit ihm verbundene Vorstellung des Bildakts sich in Negativität verlieren. So stellt sich für Koch am Ende die Frage, wie die Einbildung als Handlung zu denken wäre, wenn man versucht, diesen bloß negativen Freiheitsbegriff zu überschreiten.

Am Anfang des Weges, auf dem Koch die Frage der Ästhetik in der Politik, beziehungsweise die Frage des Politischen in der Ästhetik verfolgt, steht Platons Unterscheidung in richtige und falsche Kunst, dass heißt die Unterscheidung zwischen einer die Tugend stützenden und die Polis stärkenden Kunst einerseits und einer falschen andererseits, die mit Phantasmata arbeitet. Durch Kant kommt dann das Moment einer (transzendental und) subjekttheoretisch begründeten Freiheit hinzu. Das freie Spiel von Einbildungskraft und Verstand, das im ›Versuchen des Gegenstandes‹, so Kant sinngemäß in der *Kritik der Urteilskraft*, die Regel zum ästhetischen Wohlgefallen erst frei finden muss, steht höher als die Unterordnung unter die Gesetzgebungen von Vernunft und Verstand. In der weiteren, von Koch nachgezeichneten Entwicklung wird die Freiheit des Subjekts, die in diesem Spiel zum Ausdruck kommt, der Kunst als Ganzes, nämlich als ihre Autonomie, zugeschrieben. Und von dort aus wiederum wird die Kunst eingesetzt, um die Freiheit zu den Subjekten und ihrer politischen Gemeinschaft *zurück*zutragen. Adorno und Derrida werden hier als letzte Etappe dieser Tradition verstanden, und zwar im Sinne von »Ästhetiken der Entzweiung«, die entweder »u-topisch«, wie im Falle Adornos, oder »a-topisch« vorgehen, wie im Falle der Dekonstruktion. In dieser Lesart schreiben sie der Kunst eine Funktion ein, die der Gegenwart als Negativ gegenübersteht. Und eben diese Vorstellung einer bloß negativen Beziehung – so wird der Schluss sein, wenn ich ihn richtig verstehe –, ist auf der Suche nach der Begründung einer politischen Ästhetik zu überwinden.

Nach der Errichtung dieser ideengeschichtlichen Bildsäule auf bildanthropologischem Sockel folgt ein Übergang zu aktuellen bildtheoretischen Überlegungen im engeren Sinne. Koch führt hier vor allem den amerikanischen Pragmatismus an. Seine von ihr hervorgehobene Leistung besteht darin, die Kunst weder zum Medium eines romantisch-elitären Gemeinschaftsbildungs-Programms zu machen, noch zum bloß negativen Hort einer anderen Welt, sondern zu einem Massenmedium, in dem das *here/now* Gegenstand der Erfahrung wird und kommuniziert werden kann. Für Koch dient der Pragmatismus dazu, an und mit ihm die dann nur noch rhetorische Frage zu stellen, ob »eine Begründung politischer Ästhetik« noch »jenseits einer politischen Theorie« zu denken sei, die *nicht* den »politischen Rahmen moderner Massendemokratien ausfüllen« könnte.[1] Das ist wohl so zu verstehen, dass die »a-topische« oder »u-topische« Weiterentwicklung des kritisch-romantischen Kunstbegriffs zu elitär und nur für »Sekten« brauchbar ist.

Im Rückflug über den Atlantik landet Koch dann bei der Frage der Einbildung oder Einbildungskraft als Topos eines Handlungsvermögens. Von Deleuze wird die Kritik an der Kritik übernommen: Demnach reicht es nicht, in kritischer Absicht die falschen Abbilder der Vorbilder zu zerstören. Was zerstört werden muss, ist die Relation von Vorbild und Abbild – und damit die Relation des Immanenten zum Transzendenten. Nicht das »falsche Bild« soll kritisiert werden, weil es dem Transzendenten nicht entspricht, sondern auf dem Boden des Verlusts der Vorbildlichkeit – des Transzendenten – sowie der Abbildlichkeit soll die Ästhetisierung des Subjekts *in toto* angenommen werden. »Durch den Sündenfall hat der Mensch die Ähnlichkeit verloren, das Bild aber bewahrt.«[2] Dieses von Koch angeführte Deleuze-Zitat liest sich dann als die Formel einer Form: Die Bewahrung des Bildes ist nicht der Bezug auf ein Vorbild, sondern der Bezug auf die rein immanente Form des Bildes, und sie verkündet den »Eintritt in eine ästhetische Existenz«. Sartres Statement, dass das »Bild ein bestimmter Bewusst-

---

1. Gertrud Koch: »Bilderpolitik im Ausgang des monotheistischen Bilderverbots und die Begründung einer politischen Ästhetik«, in diesem Band, S. 145.
2. Gilles Deleuze: »Trugbild und antike Philosophie«, in: ders: *Logik des Sinns*, Frankfurt/M. 1993, S. 315.

seinstyp« ist und kein »Behältnis« von Bildern, wird so zu einer Art existentiellen immanenten Letztbestimmung, die auf das Subjekt und seine Subjektivität zurückführt. »Wenn Bilder also Akte des Bewusstseins sind, dann sind Bilder als Sachen Ding nur soweit, als sie Gegenstand für das Bild sind, das wir uns vom Bild machen, das wir gesehen haben.«[3] Vielleicht könnte man verdeutlichend sagen: das Bild, das wir uns immer schon gemacht haben werden. Und darin steckt die implizite Frage, auf welcher Ebene die Entscheidung darüber fällt, was das Ding als Gegenstand für das Bild gewesen sein wird.

Indem das monotheistisch Göttliche, zusammen mit dem griechischen Ideenhimmel, zerstört wird, wird demnach die Einbildung in ihrer Handlungsdimension befreit. Da kein Fetisch mehr entstehen kann, der den Platz des Göttlichen einnähme, weil es diesen Platz nicht mehr gibt, so die Logik, ist auch kein Fetisch an sich kritikwürdig, denn er nimmt nur den Platz ein, der sowieso von der Unhintergehbarkeit des Imaginären besetzt ist. Das Wesentliche ist dabei die Befreiung von der Dimension der Transzendenz. In gewissem Sinne wird das Bilderverbot also genau im Moment seiner scheinbar größten Überschreitung eingehalten. Aufs bloß Immanente geklappt ist der Fetisch nur ein schöpferischer Akt. Er verdeckt keine Abwesenheit mehr, sonder bewegt sich in der Fülle des *here/now*.

Das verkennt allerdings die Möglichkeit, dass dies umgekehrt zu denken sein könnte. Die Stelle, an der der Fetisch den Platz des Göttlichen einnimmt, ist nur historisch und im Kontext des Diskurses der Religion eben jener Platz des Göttlichen. Der Fetisch, der die Anwesenheit einer Abwesenheit verdeckt, ist auch dann denkbar, wenn diese Stelle nicht mehr das Göttliche heißt oder die Idee. Eher ist es so, dass der Akt der Einbildung, der Fetisch und die Stelle des Göttlichen in gewissem Sinne auf *einer gemeinsamen Bedingung* beruhen, beziehungsweise in ihrem wechselseitigen Bezug aufeinander ihre eigene Bedingung darstellen. Der Fetisch, der die Lücke verdeckt, beruht auf einer Bedingung, die diese Anwesenheit der Abwesenheit, das Aufreißen der Lücke, jederzeit wieder ermöglicht. Diese Möglichkeit ist jedem Bild inhärent. So kann man das Bilderverbot auch umgekehrt verstehen: als das Gebot, diesen Exzess des Göttlichen zu verbergen, der auch das Vorbild selbst immer schon transzendiert und sprengt.

Von Deleuze und Sartre also kommt die Einsicht, dass die Einbildung selbst eine vorbildlose Handlung ist. Sie ist Handlung, die, befreit vom Joch des Vorbilds, des Ideenhimmels, sozusagen bezugslos ist. Der Preis ist potenziell hoch – der psychotische Verschluss in den je eigenen multiplen »Phantasmata moderner Subjektivität«.[4] In der Tat ist nicht zu sehen, wie diese Phantasmata noch »kommunikabel«, gar *massenmedial* und in einer Massendemokratie vermittelbar sein könnten, wenn ihre Abgleichungen nicht den Zufällen der Macht und sozialen Hierarchisierungen ausgeliefert sein sollen. Das »x«-Werden, dem ein Subjekt – ob Individuum oder Kollektiv – am Karren seines Phantasmas *nach* dem vollzogenen Akt der setzenden und vorbildslosen Einbildungskraft folgt, ist

---

3. Gertrud Koch: »Bilderpolitik im Ausgang des monotheistischen Bilderverbots und die Begründung einer politischen Ästhetik«, in diesem Band, S. 147.
4. Ebd.

nicht nur singulär; es ist auch eingeschlossen, autistisch – oder psychoanalytisch gesprochen: auto-erotisch.

Und hier kommt die Volte, die mitgedacht werden muss, und, soweit ich sehen kann, von Koch nicht angesprochen wird: Gerade weil es die *Form* ist – die Form des Bildes ohne Vorbild, oder besser, abzüglich des Vorbilds –, ist die Form gerade als Form dann doch wieder gar nicht so singulär. Sie hat die Form des Ichs selbst, des Egos, und zwar allumfassend, und steht somit immer an einer Grenze, – einer Grenze zwischen einer kompletten Zerstörung nicht nur des Vorbilds, sondern auch des Phantasmas selbst, und einer weltumspannenden Grandiosität, die jede Referentialität ausschließt. Das subtrahierte Vorbild taucht als Subtrahiertes, als Grenze des Bilds im Bild selber auf. Der komplette Ausschluss der Referenz gelingt nie, die Form ist niemals allein zu Hause. Sie verdoppelt sich als ihr eigener Anstoß, Anlass, als ihre Ursache zurück in sich selbst. Das ist die Unhintergehbarkeit nicht des Imaginären, sondern, polemisch gesagt, des immanent Transzendenten.

Hier taucht dann die Referentialität wieder auf, aber nicht metaphysisch und auch nicht empirizistisch und auch nur bis zu einem bestimmten Punkt dialektisierbar. Zwar ist der Bezug zwischen Phantasma und Realem an sich dialektisch. Aber der Vollzug ist immer schon da, das heißt die Dialektik immer schon in einem konkreten, realen Moment des *stops*. Die unhintergehbare Referenz ist nicht auf die Realität bezogen, denn das Phantasma ist selbst eine Realität wie jede andere auch, eben solange es noch Phantasma ist und nicht die dunkle Nacht der Psychose. Stattdessen bezieht sich die Referentialität auf ein Reales, *gegen* welches und durch welches das Phantasma selbst schon sich aufrichtet: Es ist das Reale des subtrahierten Vorbildes, also eine Weise der Negativität (oder der Privation).

Das Phantasma bezieht sich nicht als befreites Trugbild gegen die Möglichkeit des knechtenden Abbildes auf ein Reales, sondern als eine mögliche Abwehr gegen das, was die Voraussetzung von beidem – Trugbild wie Abbild – ist. Der Unterschied zwischen beiden ist nicht kategorial, sondern historisch und topisch. Im ersten Fall, dem Trugbild, gibt es keine symbolischen Allgemeinheiten, seien sie religiös oder metaphysisch benannt, die selbst diese Formung der Form prädisponieren könnten. Sie sind nur im Realen. Im zweiten Fall, dem Abbild, gibt es solche Allgemeinheiten – mehr oder weniger. Psychoanalytisch könnte man sagen: Im ersten Fall bewirkt die Kastration – die Begegnung mit dem Begehren des Anderen, das gerade durch das Bilderverbot sowohl verdeckt wie aufgedeckt wird – eine Einschreibung in die bestehende Ordnung, ins *here/now* via Ich-Ideal. Im zweiten Fall jedoch – da eben jene Ordnung selbst ständig rotiert, da sie weder religiös, noch metaphysisch oder normativ verankert scheint – gleitet diese Einschreibung ständig ab und reflektiert zurück auf ein Ideal-Ich, ein Phantasma.

Gertrud Koch schreibt selbst, dass der Preis für die Rückeinschreibung der politischen Ästhetik durch das Phantasma *à la* Deleuze mittels eines Einbildungsaktes *à la* Sartre hoch ist. »Der Preis ist die Auflösung im phantasmatischen Akt der Bildwerdung, im schöpferischen Chaos aufzugehen – und damit jene Spannung zu negieren, die eine schwache Referentialität zumindest noch zur Umwelt des Subjekts und damit auch zu den anderen aufrechterhält.«[5] Doch hier zieht sie, wenn ich sie richtig lese, nicht die Konsequenz aus den Prämissen, die sie selbst herausarbeitet. Die Umwelt ist ja selbst bereits Element dessen, was der »phantasmatische Akt der Bildwerdung« als Umwelt geschaffen hat. Das verweist darauf, dass im Akt selbst oder in seinen Möglichkeitsbedingungen eine Dimension vorliegt, die die Referenz für den Akt der Bildwerdung darstellt und sowohl im Bild als Form als auch im Bild des je singulären Bild-Werdens wieder auftaucht.

In Seminar XI fragt Lacan, wie die phantasmatische Ebene im Verhältnis zum Realen funktioniert, das heißt er stellt genau die Frage nach der Referentialität. In Kürze lautet seine Antwort: »Das Reale stützt das Phantasma, das Phantasma beschützt das Reale«.[6] In psychoanalytischer Sprache kann man sagen: Als Stütze ist das Reale die Ursache des Phantasmas, und als Objekt ist das Phantasma ein Schutz gegen das lästige Insistieren eines etwas, das nicht passt, dass niemals ganz aufgeht, in keinem Bild. Etwas transzendiert immer, eben *weil* das Transzendente subtrahiert ist – und kein Bild vollständig.

Die Referenz taucht demnach auf, wenn der Schutz des Phantasmas fällt. Und er kann immer fallen, jederzeit, in jedem Bild, weil das Reale der Form niemals in dem Geformten ganz aufgeht, sondern sich dort verdoppelt. Das Bild kann also immer fallen, weil das Reale darin fällt – auffällt, ausfällt. Und daher kann das Reale auch immer wieder ein anderes Bild – im Kontext der politischen Ästhetik kann man sagen: eine andere Welt – stützen. Die Referenz des Phantasmas ist dann das Reale, das in ihm nicht aufgeht, und die Referentialität der Phantasmata ist der Moment und der Topos ihres Scheiterns. Hier erreichen wir dann die Ebene, auf der das Ästhetische politisch wird, und zwar dadurch dass dieses Scheitern der Phantasmata universalisierbar ist – nicht als Bild, sondern auf der Ebene der Voraussetzung des Bildes und des von dieser Ebene ausgehenden Scheiterns jedes Bild- oder bildenden Aktes selbst. Das Politische ist hier nicht politisch als Vorbild eines Abbildes, sondern als reale und tatsächlich unhintergehbare Ursache der scheinbaren Unhintergehbarkeit des Imaginären, – also als eine Ursache, die gerade durch den Abzug des Vorbildes, durch seine Subtraktion entsteht, als Reales, das durch die Subtraktion des Imaginären wirksam wird.

So kann dann das Bilderverbot anders gelesen werden. Weil der Gott des Monotheismus der erste vollständig personalisierte Gott ist, darf nicht gezeigt werden, dass dies bedeutet, dass sein Bild auch über ihn selbst hinausweist, dass sich in ihm seine Form verdoppelt und sich selbst transzendiert. Das eben macht ihn zum vollständig personalisierten Gott im Gegensatz zu den in sich geschlossenen, nicht über sich hinausweisenden Göttern des griechisch-römischen Olymps. Diesen wird normalerweise, eben aufgrund dieser Geschlossenheit, die Personifizierung zugeschrieben. Aber nur im monotheistischen Gott wird sichtbar, dass die Form des Imaginären nie ausreicht, um sich selbst zu fassen. Dieser Exzess ist erst

---

5. Ebd.
6. Jacques Lacan: *Das Seminar, Buch 11: Die vier Grundbegriffe der Psychoanalyse*, Berlin [4]1996, S. 47.

das, was die Person zur Person macht, als ihre eigene Unmöglichkeit. Und eben diese Unmöglichkeit wird durch das Bilderverbot geschützt. Weil dieser Exzess im Akt der Bildwerdung nicht eingefangen werden kann, darf er auch nicht eingefangen werden: Und ebenso wird das Phantasma, diese Unmöglichkeit könne einer Möglichkeit entsprechen, aufrechterhalten.

Wenn dies richtig ist, bliebe es dabei: Im *here/now* gerade auch der massenmedialen Kommunikation ist der Moment der Negativität des Bildes, sein Sturz, der Topos des Politischen. Seine Positivität liegt darin, dass dieser Topos ebenso die Voraussetzung, die Stütze eines anderen, verantworteten Bildes ist. Der Weg dorthin führt aber über den Sturz des Fetisches, nicht über seine »massenmediale« Universalisierung und Domestizierung, weil man ihn vermeintlich nicht mehr an der Stelle des Göttlichen erscheinen sieht, sondern in der ästhetischen Bild- und Schöpferkraft einer von Vor- und Abbildlichkeit getrennten Subjektivität.

IV.

ÄSTHETIK UND RELIGION

Cornelia Temesvári

Von der Abschaffung der Götter zur realpräsentischen Kunst
Vorbemerkungen zu »Ästhetisierung« und Religion

Platons Mimesis- und Dichterkritik sowie seine Forderung nach einer Reglementierung der Künste wurden in diesem Band schon mehrfach als Vorläufer der Ästhetisierungsdebatten des 20. Jahrhunderts diskutiert. Wenn Platon in den *Nomoi* in der freien, ungezügelten und alle Gesetze überschreitenden Entfaltung der künstlerischen Ausdrucksweise das Potenzial der Subversion bestehender Ordnung kritisiert, so ist dies eine Ästhetikkritik, die die größte Gefahr der Freiheit der Künste darin ausmacht, dass sie nicht nur in der politischen, sondern besonders auch in der religiösen Anarchie endet: Auf die künstlerischen Ausschweifungen würde zunächst die Infragestellung der politischen und gesellschaftlichen Autoritäten folgen, gipfeln aber würde sie darin, »daß man um Schwüre und Treu und Glauben und überhaupt um die Götter sich nicht mehr kümmert«.[1] Die von Platon beschworene künstlerische Rebellion zielt auf die Überschreitung nicht nur ästhetischer und politischer, sondern auch religiöser Gesetze, und wird entsprechend als eine »Abirrung von den Musen«[2] verstanden; die Kunst in Platons Idealversion eines Staates dagegen ist eine, die gerade untrennbar an die Gesetzmäßigkeiten von Politik und Religion gekoppelt ist. Daraus folgt ein Anspruch an die Künste, der weniger auf deren ästhetische Qualität setzt als auf ihre Anbindung an religiöse Weihen und politische Richtlinien. Denn nicht die ›Anmut‹ des Gesangs entscheidet darüber, ob etwa eine Dichtung sich zum öffentlichen Vortrag eignet, sondern die Tatsache, dass sie religiös (und politisch) autorisiert wurde:

> »Niemand soll die Erlaubnis dazu haben oder sich dessen unterfangen ein Lied vorzutragen welches die Gesetzverweser nicht geprüft oder bei ihrer Prüfung mißbilligt haben, und wenn es anmutiger wäre als die Gesänge eines Thamyras und Orpheus. Vielmehr nur von *den* Dichtungen soll öffentlicher Gebrauch gemacht werden welche für heilig erklärt und den Göttern geweiht wurden oder welche von tugendhaften Männern zum Lobe oder Tadel von irgend Jemandem gedichtet und als passend hiezu befunden sind.«[3]

Die Kritik an ästhetischen Formen, denen, wie bei Platon der rebellierenden Kunst, das Potenzial der Gesetzesüberschreitung innewohnt, ist der eigentliche Kern religiöser Ästhetikkritik, die sich vor allem an der Diskussion um die Themen Imagination, Sinnlichkeit und Bildlichkeit entzündet. Religiöse Kritik am

---
1. Platon: *Nomoi* 701c, in: *Sämtliche Werke*, Bd. IX, hrsg. v. Karlheinz Hülser, übers. v. Friedrich Schleiermacher, Frankfurt/M., Leipzig 1991.
2. Ebd., 670a.
3. Ebd., 829d.

Ästhetischen richtet sich dabei nicht gegen die Ästhetik als ein Äußeres, das eine feindliche Übernahme und Entwertung des Religiösen insgesamt zur Folge haben könnte. Vielmehr geht es um die Verteidigung von Grundsätzen, die nur durch bestimmte Dimensionen des Ästhetischen als gefährdet gesehen werden, während andere Dimensionen, die in den letzten Jahren immer mehr in den Blick der religionsästhetischen Religionswissenschaft genommen wurden, gerade als systemunterstützend und -bewahrend gelten. So kritisiert etwa Maimonides in Auseinandersetzung mit Aristoteles die Einbildungskraft als Quelle von Fehlleitung und als Ursprung gefährlicher Illusionen und Fiktionen, wie denen der anthropomorphen Körperlichkeit Gottes. Zugleich aber lobt er sie als diejenige Fähigkeit, die die höchstmögliche Form menschlicher Erkenntnis, die Prophetie, erst ermöglicht.[4] Auch der biblische Umgang mit dem sogenannten zweiten Gebot (Ex 20:4, Deut 4:16–18, 5:8) zeugt von einer gewissen Ambivalenz, wenn zwar bestimmte Formen des Bildlichen als Risiko eines Abfalls in den Götzendienst verurteilt werden, zugleich aber Bezalel ausgiebig als Künstler gefeiert wird, der nicht nur die Bundeslade herstellte, sondern diese auch mit zwei dreidimensionalen goldenen Cherubim schmückte – eine Darstellung, die im Grunde unter das Abbildungsverbot fallen würde (Ex 31:1–10, 37:7–9).[5]

Die religiöse Kritik an bestimmten Dimensionen des Ästhetischen scheint sich also gerade in ihrer Ambivalenz von einer Ästhetisierungskritik zu unterscheiden, die tendenziell im Ästhetischen insgesamt eine Gefahr nicht nur für das Normative im Religiösen sieht, sondern dem Ästhetischen die Fähigkeit zuschreibt, das Religiöse überhaupt zum Verschwinden zu bringen. Sie unterscheidet sich zugleich aber auch von einer Ästhetisierungsgläubigkeit, die, umgekehrt, im Ästhetischen eine Möglichkeit ausmacht, das bereits als verschwunden konstatierte Religiöse zu ersetzen. Wie jedoch ist die Verwendung des Begriffes ›Ästhe-

---

4. Allerdings unterstreicht Maimonides, Moses' Prophetie (und nur diese) erreiche eine höchste Stufe allein durch den Intellekt und sei dementsprechend unabhängig von der Imagination, vgl. Moses Maimonides: *Guide of the Perplexed*, Bd. II, hrsg. u. übers. v. Shlomo Pines, Chicago 1963, S. 402; zur Imagination in Auseinandersetzung mit Aristoteles vgl. Kap. 4, S. 255–259; zur Imagination als *evil impuls* vgl. S. 280; zu Imagination und Prophetie siehe besonders Kap. 35 und 36. Einen Überblick über unterschiedliche jüdische Positionen zur Imagination gibt Geoffrey H. Hartman: »Imagination«, in: Arthur A. Cohen und Paul Mendes-Flohr (Hg.): *Contemporary Jewish Religious Thought. Original Essays on Critical Concepts, Movements, And Beliefs*, New York, London 1987, S. 451–472.

5. Eine detaillierte Diskussion darüber, welche Formen des Bildlichen aus jüdischer Sicht eine Übertretungsgefahr darstellen, findet sich in dem im 16. Jahrhundert verfassten halachischen Kompendium *Schulchan Aruch* im Abschnitt über die Idolatrie (Joreh Deah, 141). Demnach verboten sind etwa dreidimensionale Darstellungen der Engel und des Menschen, während Abbildungen derselben auf gewebter Kleidung oder Wandgemälden ebenso wie das Herstellen unvollständiger dreidimensionaler Figuren erlaubt sind, vgl. Yosef Karo: *Der Schulchan Aruch oder die vier jüdischen Gesetzesbücher*, Bd. 4, übers. v. Heinrich George F. Löwe, Hamburg 1840, S. 69–78, besonders S. 73f. Beschrieben findet sich dort auch das Abschneiden der Nasen geschnitzter dreidimensionaler Gesichter als Mittel der Legalisierung – ein Vorgehen, das mit den von Heike Behrend in diesem Band beschriebenen Praktiken islamischer Bildlegitimisierung durch Fragmentierung und Abtrennung durchaus vergleichbar scheint, vgl. Heike Behrend: »Populäre Fotografie, Ästhetisierung und das ›Islamische Bilderverbot‹ an der ostafrikanischen Küste« in diesem Band, S. 163–176.

tisierung‹ im Hinblick auf die Religion und vor dem Hintergrund der Debatten der letzten Jahrzehnte überhaupt genau zu bestimmen, und wie wird in der Rede von ›Ästhetisierung‹ das Verhältnis zwischen Religiösem und Ästhetischem konkretisiert?

Wenn auch die Denkfigur der ›Ästhetisierung‹ zunächst als eine Figur der Nachträglichkeit erscheint, die markiert, dass etwas vordem Nicht-Ästhetisches durch eine Bewegung der Transformation, der Ersetzung, Überschreibung oder Übernahme ästhetisch wird, so zeigt ein Blick auf einige beispielhafte Verwendungen dieses Begriffs, die das Feld der Religion berücksichtigen, dass es dabei keineswegs darum geht, dem Religiösen ästhetische Dimensionen abzusprechen und ein nachträgliches Ästhetisch-Werden einer zuvor nicht-ästhetischen Sphäre zu postulieren. Behauptet wird vielmehr eine Modifikation ästhetischer Dimensionen im Bereich des Religiösen, die aus einer Neuformulierung des Sinngehalts seiner Praktiken resultiert oder aber eine solche bewirkt. Paradigmatisches Beispiel sind Rüdiger Bubners Ausführungen zur Umwertung des Fests im Kontext der »Ästhetisierung der Lebenswelt«. Bubner entwickelt ein entwicklungsgeschichtliches Dreiphasenmodell der Aufeinanderfolge von Religion (Theologie), Humanismus (Säkularisierung) und Ästhetisierung und formuliert die These, dass »die klassischen Auffassungen von der Rolle des Fests verschwinden, wo die größeren Deutungszusammenhänge, die ihm seine Funktion für das Leben zuwiesen, ihrerseits abgebaut werden«.[6] Diese ›klassischen Auffassungen‹ identifiziert Bubner einerseits mit der theologischen Deutung des Fests, andererseits mit deren säkularisiertem Nachfolger, der humanistischen Fest-Deutung.

> »Feste gemäß der traditionellen Auffassungen erweisen ihre Vitalität, solange die entsprechenden *Rahmenbedingungen* in Kraft sind. Gesellschaften begehen die zeremoniellen Akte des ästhetisch organisierten Verkehrs mit Göttern, mit höheren Mächten, mit dem einen Gott des christlichen Glaubens, solange die profanen Lebenszüge daraufhin orientiert bleiben. [...] In dem Zeitalter jedoch, wo die Götter abgeschafft sind und der alte Glaube gestorben, führen die aus theologischem Deutungsrahmen interpretierbaren Feste ein Kümmerdasein, wie der im Kampf mit Kommerz und Freizeit unterlegene christliche Kalender uns Jahr für Jahr demonstriert. Ebenso verlieren die dem humanistischen Ideal gewidmeten Säkularfeiern, die in der Macht politischer Überzeugungen gründeten, an wirklicher Zustimmung.«[7]

Gerade das Ästhetische im Religiösen (die ›zeremoniellen Akte des ästhetisch Organisierten‹) bildet also den Punkt, an dem sich zunächst im Rahmen der Säkularisierung, hier als humanistische Umdeutung verstanden, dann im Rahmen der Ästhetisierung eine Umwertung manifestiert, die in Bubners Lesart deshalb verdammenswert ist, weil sie in ein zeitlich-gleichförmiges, all-ästhetisches Sein der Sinnentleerung mündet. Denn an die Stelle der vormals theologisch beziehungsweise humanistisch fundierten Deutungsmuster tritt nun »eine Ästhetisierung

---

6. Rüdiger Bubner: *Ästhetische Erfahrung*, Frankfurt/M. 1989, S. 143.
7. Ebd., S. 147f.

der *unmittelbaren* Alltagsvollzüge selber. Nichts, das den Alltag sinnstiftend übersteigt, ist nämlich übriggeblieben, um im Modus zyklischer Erinnerung in ihn einzugreifen und ihm die grundsätzliche Richtung zu weisen.«[8] In diesem Kontext sieht Bubner die Feste schrumpfen »auf den harmlosen Rest materieller Belustigung und Verköstigung, gleichsam auf Jahrmarkt, Wurst und Wein.«[9] Bubners These ließe sich in gewisser Weise in der Tradition von unilinearen dreistufigen Säkularisierungs-Entwicklungsmodellen wie denen von Auguste Comte oder Ludwig Feuerbach mit ihren Hypothesen einer Aufeinanderfolge von Theologie, Philosophie und Wissenschaft sehen – mit dem entscheidenden Unterschied, dass die Fortschrittsgläubigkeit jener Autoren durch einen fundamentalen Kulturpessimismus ersetzt ist. Dieses Klagelied des Verlusts einer religiös motivierten Sinnstiftung wird in der Rede von ›Ästhetisierung‹ häufig aufgegriffen;[10] die These, die vermeintliche ›Entgrenzung des Ästhetischen‹ hätte bewirkt, »daß das Ästhetische prominent und die Künste marginal geworden sind«,[11] wird jedoch konterkariert von fortlaufenden Tendenzen besonders der philosophischen Ästhetik, der Kunst- und Literaturwissenschaften gerade in den Künsten eine neue Sinnstiftung und Transzendenz auszumachen.

Etwa zeitgleich mit Bubner formuliert beispielsweise George Steiner seine These vom absoluten Kunstwerk, in welchem die ›Epiphanie einer realen Gegenwart‹ die Reaktion auf die Abwesenheit Gottes bildet. Der ›Tod Gottes‹ wird hier als Voraussetzung einer emphatischen Idee des Kunstwerks formuliert, die durch eine Verlagerung der Transzendenz in die Immanenz der Kunst eine anti-dekonstruktivistische Bedeutungsfülle des *Als-ob* deklariert: »In recent art and thought, it is not a forgetting which is instrumental, but negative theism, a peculiarly vivid sense of God's absence or, to be precise, of His recession. The ›other‹ has withdrawn from the incarnate, leaving either uncertain secular spoors or an emptiness which echoes still with the vibrance of departure. Our aesthetic forms explore the void, the blank freedom which come of the retraction (*Deus absconditus*) of the messianic and the divine.«[12] Gegen diese Leere wird eine Form der Kunstreligion geltend gemacht, eine, wenn auch subtile, theologische Bestimmung der Kunst: »It is a theology, explicit or suppressed, masked or avowed, substantive or imaged, which underwrites the presumption of creativity, of

---

8. Ebd., S. 148.
9. Ebd.
10. Aus theologischer Perspektive formulierte zuletzt Yves de Maeseneer »a warning against too much theological aesthetic enthusiasm«. Auch der theologische Umkehrschluss, die Religion nicht als »victim of the contemporary aestheticization« zu sehen, sondern sie vielmehr als »agent of aestheticization« zu konstruieren, sei vermutlich nicht mehr als ein »act of mere self-destruction«. Yves de Maeseneer: »The Art of Disappearing: Religion and Aestheticization«, in: Michael Hoelzl und Graham Ward (Hg.): *The New Visibility of Religion: Studies in Religion and Cultural Hermeneutics*, London u.a. 2008, S. 99–116, hier S. 111f.
11. Wolfgang Iser: »Von der Gegenwärtigkeit des Ästhetischen«, in: Joachim Küpper und Christoph Menke (Hg.): *Dimensionen ästhetischer Erfahrung*, Frankfurt/M. 2003, S. 176–202, hier S. 202.
12. George Steiner: *Real Presences*, Chicago 1989, S. 229.

signification in our encounters with text, with music, with art. The meaning of meaning is a transcendent postulate.«[13]

Jüngste Überlegungen Karlheinz Stierles zum Verhältnis von Ästhetisierung und Säkularisierung kommen zu einem ähnlichen Ergebnis, wenn die Ästhetisierung nicht als Speerspitze des Säkularisierungsprozesses gedacht,[14] sondern als positive Antwort auf den durch Letztere hinterlassenen Sinnverlust gesehen wird:

»Es scheint, dass der Transzendenzentzug der Säkularisierung jeweils neue Bedürfnisse nach dem freisetzt, was man sekundäre Transzendierung nennen könnte. Ästhetisierung wäre demnach nicht ein Teilbereich oder ein Teilsystem der Säkularisierung sondern eine spezifische Antwort auf diese. Die Kunst macht sich nicht zum Organ der Säkularisierung, wie sie sich zum Organ der christlichen Transzendierung gemacht hatte. Ästhetisierung als Antwort auf Säkularisierung begründet eine neue, emphatische Idee des Kunstwerks als Ort der Überschreitung der Faktizität aber zugleich der in keiner Dienstbarkeit mehr aufgehenden Selbstbezüglichkeit. Wenn in jeder Negation das Negierte als eine nie endgültig zu tilgende Virtualität aufgehoben ist, so gilt dies auch für den Transzendenzentzug der Säkularisierung. Diesem entspringt die Dynamik einer innerweltlichen Transzendenz, die sich im Medium der Kunst und insbesondere der ästhetischen Rationalität des Kunstwerks zum Austrag bringt. So kann man durchaus von der Geburt einer neuen Idee des Kunstwerks auf dem Boden des Transzendenzentzugs der Säkularisierung sprechen.«[15]

Erst die durch die Säkularisierung ermöglichte Herauslösung des Kunstwerks aus seiner theologisch fundierten Funktionalität begründet nach Stierle die Möglichkeit einer Verlagerung der Transzendenz in die Kunst. Mit Stierles hegelianisch inspiriertem Kunstbegriff scheint jedoch ebenso eine Ablehnung der Funktionslosigkeit von Kunst impliziert, wenn die Kunst zu nichts anderem als einem Substitut für die Religion wird, in welcher nur mehr »die Erinnerung an

---

13. Ebd., S. 216.
14. So etwa Silvio Vietta, der den historischen Ausgangspunkt einer neuzeitlich-gesteigerten Rolle der Ästhetik und einer Leitfunktion des Ästhetischen im Prozess der Säkularisierung bereits in der Zulassung der Ikonenmalerei durch das zweite Konzil von Nizäa im Jahr 787 sieht, das auf die Bilderdebatten in Folge des Verbots der Bilderverehrung durch den byzantinischen Kaiser Leo III. im Jahr 726 reagierte. Die Konzilentscheidung resultiere, so Vietta, in der Entstehung einer neuen Bildtheologie, die zu einer bis ins Hochmittelalter unangefochten gültigen Stereotypisierung von Bildfunktion und Bildwirkung führt, die erst durch eine neuzeitliche, auf Veranschaulichung und Vergegenwärtigung gerichtete – und in diesem Sinne *ästhetisierte* – Bildkonzeption gebrochen wird. Vgl. Silvio Vietta: *Europäische Kulturgeschichte: Eine Einführung*, München 2005, S. 283f.
15. Karlheinz Stierle: »Säkularisierung und Ästhetisierung im Mittelalter und in der frühen Neuzeit«, in: Silvio Vietta und Herbert Uerlings (Hg.): *Ästhetik – Religion – Säkularisierung*, Bd. I, München 2008, S. 55–74, hier S. 57.

die erste prägende Welttranszendenz der christlichen Religion sich unauslöschlich bewahrt«.[16]

Die Rede von einer Symbiose von Säkularisierung und Ästhetisierung scheint dann einzuleuchten, wenn man die Säkularisierung als eine der neutralisierenden »Profanierung« (Agamben) entgegen gesetzte Denkfigur begreift, nämlich als »eine Form der Verdrängung, welche die Kräfte weiterwirken läßt und sich auf deren Verschiebung von einem Ort zum anderen beschränkt«[17] oder als eine unabschließbare, fortschreibende Transformation mythisch-theologischer in ästhetische Metaphern im Sinne Blumenbergs.[18] ›Ästhetisierung‹ und ›Säkularisierung‹ wären dann gewissermaßen zwei Bezeichnungen desselben Phänomens, das nicht einen Transzendenzverlust, sondern eine Transzendenzverschiebung ausweist. Bubners Klage über eine negativ verstandene Profanierung des Alltags und seine Definition der Ästhetisierung als eine ästhetische Verwandlung des Alltags unter den »Bedingungen äußerster Säkularisierung«[19] würde dann eine in der Tradition der Romantik stehende Kunstemphase gegenüberstehen, die das Ästhetische im Religiösen zum Religiösen im Ästhetischen potenziert, das Ästhetische dabei aber – im Gegensatz zu den Ästhetisierungskritikern – gerade nicht als entgrenzt, sondern als auf die Kunst begrenzt versteht.

---

16. Ebd., S. 74.
17. Giorgio Agamben: *Profanierungen*, Frankfurt/M. 2005, S. 74.
18. Vgl. Hans Blumenberg: *Arbeit am Mythos*, Frankfurt/M. 1979.
19. Bubner: *Ästhetische Erfahrung*, a.a.O., S. 149.

Heike Behrend

Populäre Fotografie, Ästhetisierung und das »Islamische Bilderverbot« an der ostafrikanischen Küste

Nach Pierre Bourdieu besitzt die Fotografie nicht eigentlich eine Ästhetik, denn es ist der Automatismus des fotografischen Apparates, der das Foto produziert. Fotografie als »art moyen«, als populäre Praxis, die jedem offen steht, definiert sich denn auch vor allem über ihre sozialen Gebrauchsweisen. Obwohl die Fotografie nicht der spezifischen Logik einer autonomen Ästhetik gehorcht, liegen jedoch jeder Aufnahme ästhetische Kriterien zugrunde. Jede Aufnahme ist Ausdruck einer Wahl, die lobt, weil sie der Absicht folgt, festzuhalten, zu feiern und zu verewigen.[1] Tatsächlich haben Fotografen von Anfang an ästhetische Konventionen von anderen Künsten übernommen. Während in Europa vor allem Theater und Malerei die Ästhetik der populären Studiofotografie prägten, möchte ich im Folgenden am Beispiel der populären fotografischen Collage-Praktiken des Bakor-Studios auf Lamu, einer Insel an der ostafrikanischen Küste, eine andere Geschichte der Ästhetisierung der Fotografie vorstellen, die von einer Ästhetik der Schrift und des Ornaments geprägt ist.

Kleiner Exkurs zur Geschichte der ostafrikanischen Küste

Seit Jahrhunderten ist die ostafrikanische Küste in ein kosmopolitisches Netz von Handelsbeziehungen eingebunden, das den Indischen Ozean umfasst und Arabien, Persien sowie Indien einschließt. Gleichzeitig bildete die Küste auch den Umschlagplatz für den Handel mit dem afrikanischen Hinterland.[2] Sie war Teil eines »Weltsystems«, einer Welt des globalen Handels und der Koexistenz von Afrikanern, Arabern, Indern, Persern und Chinesen. Diese globale Ökonomie, die um 600 nach unserer Zeitrechnung entstand, war eine Schöpfung des Ostens; sie gründete auf fortgeschrittenen Technologien – unter ihnen zum Beispiel die Erfindung der *camera obscura* – die sich später der Westen aneignen sollte. Dieses Weltsystem ging der Herausbildung eines expansionistischen Westens voraus und ermöglicht einen Einblick in vergangene kosmopolitische Ordnungen und Netzwerke, die alternative politische Visionen einer mehr oder weniger friedlichen Koexistenz bieten.[3]

---

1. Pierre Bourdieu u.a.: *Eine Illegitime Kunst. Die sozialen Gebrauchsweisen der Photographie*, Frankfurt/M. 1981, S. 17.
2. Vgl. John Middleton: *The World of the Swahili. An African Mercantile Civilization*, New Haven, London 1992.
3. Vgl. James Clifford: *Routes. Travel and Translation in the Late Twentieth Century*, Harvard 1997, S. 176.

»Bilderlosigkeit«

Afrika wird oft als ein Kontinent von vor allem figurativen Darstellungen gesehen, von Masken, Skulpturen und »Fetischen«. Doch, wie Jack Goody gezeigt hat, ist deren Produktion nicht gleichmäßig über den ganzen Kontinent verteilt. Es gab und gibt auch weiterhin Regionen, in denen kaum oder gar keine figurative Kunst entstand oder nur in einem sehr beschränkten Kontext.[4] Die Regionen »ohne Bilder« standen aber in vielfältigen Austauschbeziehungen mit denjenigen, die Bilder produzierten. Von daher ist nicht davon auszugehen, dass die Bewohner der Regionen »ohne Bilder« sich nicht auf die Produktion von figürlichen Darstellungen hätten einlassen können, sondern dass sie einen Anikonismus vorzogen.[5] Obgleich in diesen Regionen kein explizites Bilderverbot herrschte, wurden gerade religiöse Mächte oft gar nicht und wenn, dann nicht anthropomorph und konkret, sondern eher auf abstrakte Weise dargestellt.[6]

Es scheint, als stellte die ostafrikanische Küste eine solche Region dar. Nach den vorhandenen archäologischen Funden zu urteilen, scheinen figurative Malereien, Zeichnungen und Skulpturen weitgehend abwesend gewesen zu sein, während eine Fülle anikonischer Darstellungen in Form von Ornamenten und Arabesken in Holzschnitzereien, Stuckarbeiten und auf Töpferarbeiten zu finden sind. Daneben existierte eine hochentwickelte Ritualkunst, in der »performative Porträts« von Personen hergestellt wurden. In eher peripheren Geistbesessenheitskulten konnten Personen für eine kurze Zeit verkörpert und Tote vergegenwärtigt werden. Während »äußere« Bilder nicht in Bildmedien Darstellung fanden, wurden »innere« Bilder in Geistmedien im Ritual externalisiert und öffentlich gemacht.[7] Doch verkörperten sich in diesen Kulten nicht die eigenen Ahnen, sondern verschiedene Kategorien von Fremden. Auch stellten die Geister weniger individuelle Fremde dar als vielmehr ihr Generisches, ihren Geist. Der Geist der Europäer verkörperte nicht einen Europäer, sondern das Europäisch-Sein, die verallgemeinerte Kraft, die Europäer auszeichnete.

Als im achten Jahrhundert der Islam sich langsam an der Küste ausbreitete, mussten seine Anhänger (wahrscheinlich) nicht ikonoklastisch gegen lokale Bildtraditionen vorgehen, sondern der islamische Anikonismus konnte mehr oder weniger direkt an die lokalen (bilderlosen) Traditionen anschließen. Während in einigen Regionen Westafrikas die Einführung des Islam mit einer Zerstörung und Unterdrückung lokaler figurativer Kunstproduktionen einherging, weil der Islam »Idole« und andere figurative Darstellungen nicht tolerierte, scheint sich der Islam an der ostafrikanischen Küste ohne größere Brüche und Diskontinuitäten ausgebreitet zu haben. Dies umso mehr als sich die »bilderfeindliche Hal-

---

4. Jack Goody: *Representations and Contradictions. Ambivalences towards Images, Theatre, Fiction, Relics and Sexuality*, Oxford 1997, S. 35.
5. Vgl. Fritz Kramer: »Praktiken der Imagination«, in: Gerhard v. Graevenitz, Stefan Rieger und Felix Thürlemann (Hg.): *Die Unvermeidlichkeit der Bilder*, Tübingen 2001, S. 17–30.
6. Goody: *Representations and Contradictions*, a.a.O., S. 68.
7. Vgl. Kramer: »Praktiken der Imagination«, in: *Die Unvermeidlichkeit der Bilder*, a.a.O.

tung« des Islam erst später in Auseinandersetzung mit dem Christentum herausgebildet hat.

Vor der Einführung der Fotografie durch indische und europäische Fotografen um 1860 existierte also nur ein sehr reduziertes visuelles Repertoire der Porträtkunst. Mit Ausnahme des Sultans, der im 19. Jahrhundert auf Ölgemälden nach westlichem Vorbild porträtiert wurde, wurden Frauen und Männer nicht in Bildern, sondern in Gedichten gelobt und gepriesen und in Inschriften auf ihren Gräbern erinnert. Doch wird in Mombasa erzählt, dass das gemalte Porträt von Sultan Sayyid Said nicht ihn darstelle. Obwohl der Sultan sich porträtieren ließ, habe der Maler ein anderes Gesicht gemalt, das Gesicht einer erfundenen Person. Während der Sultan also offiziell den Wunsch nach einem Porträt erfüllte, sabotierte er ihn gleichzeitig, indem er sein Gesicht wie eine Maske hinter dem eines anderen versteckte und auf diese Weise verhinderte, das »islamische Bilderverbot« zu verletzten.

Einführung der Fotografie

Als die Fotografie an die ostafrikanische Küste gebracht wurde, traf sie also nicht nur auf einen Anikonismus, sondern auch auf performative Darstellungsweisen, in denen weniger das konkrete Individuelle einer Person als vielmehr ihr Allgemeines, ihr Generisches, zum Ausdruck gebracht wurde. Die Fotografie eröffnete somit ein radikal neues Feld, das sich trotz Widerstand und Ablehnung erfolgreich etablierte. Sie konnte in verschiedene öffentliche und private Räume des sozialen Lebens eindringen und sich behaupten. Niemals unumstritten und in Debatten hart umkämpft faszinierte sie doch auch muslimische Frauen und Männer, die das neue Medium einsetzten, um ihre Sichtbarkeit zu erhöhen und um Porträts von sich und anderen herzustellen. Während die Fotografie von Landschaften oder Stillleben sich nicht als eigene populäre Genres herausbildeten, war es die Porträtfotografie, die seit den 1950er Jahren in die lokale Kultur des Festes und in *rites de passage* Eingang fand. Die von Walter Benjamin schon 1935 emphatisch erhobene Forderung,[8] dass jeder heutige Mensch im Zeitalter der technischen Reproduzierbarkeit einen Anspruch habe, fotografiert (oder gefilmt) zu werden, erfüllte sich auch an der afrikanischen Ostküste. Fotografische Portraits erlaubten afrikanischen Frauen und Männern, das Medium als eine neue Technik des Selbst zu nutzen, sich in Bildern gleichzeitig als ästhetisches Subjekt und Objekt zu erfahren. Während sich der koloniale Staat die Porträtfotografie zu Nutze machte, um seine Untertanen effektiver zu identifizieren, zu überwachen und zu kontrollieren und eine Praxis der Identifizierung von fotografischem Porträt und Subjekt »im Wahren« schuf, wurde die populäre Studiofotografie zu einer Art

---

[8]. Walter Benjamin: »Kleine Geschichte der Photographie«, in: *Gesammelte Werke*, Bd. II/1, hrsg. v. Rolf Tiedemann u. Hermann Schweppenhäuser, Frankfurt/M. 1977, S. 368–385.

Wunschmaschine, die die dargestellten Personen zu erhöhen und zu idealisieren suchte.[9]

An der ostafrikanischen Küste musste die Fotografie nicht, wie in Europa, mit anderen Bildmedien, wie zum Beispiel der Malerei, konkurrieren; sie konnte, insbesondere als Porträtkunst, eine Leerstelle besetzen; gleichzeitig schloss sie aber auch an bestimmte bereits vorhandene Kunstformen an, transformierte sie und wurde ihrerseits durch sie verändert. Mit der Radikalisierung des Islams (sowie des Christentums) seit den 1980er Jahren wurde jedoch das »Bilderverbot« von islamischen Gelehrten aktualisiert und strikter gefasst. Gegen die Fotografie, die immer »ein Mehr« zu sehen gibt, versuchten muslimische Gelehrte an ein visuelles Regime anzuschließen, das nicht einfach zu sehen gibt, sondern auf vielfältige Weise Sichtbares verhüllt und entzieht. Insbesondere Frauen begannen wieder verstärkt Regeln der Seklusion zu folgen, die durch Verhüllung und den Entzug von Sichtbarkeit das Verhältnis zwischen den Geschlechtern, von innen und außen und öffentlich und privat bestimmen. Um ihre Reinheit zu erhalten, versuchten viele, die Produktion, Zirkulation und Konsumtion ihrer Bilder zu verhindern oder sie verstärkt zu kontrollieren und sich vom globalen Fluss von Fotografien und Videos abzukoppeln. Auf höchst unterschiedliche Weise betrieben sie eine Bilderpolitik, die auch als eine ›Ästhetik der Invisibilisierung‹ beschrieben werden könnte.

Das »islamische Bilderverbot«

Wie Religionswissenschaftler immer wieder hervorgehoben haben, sind die monotheistischen Religionen – Judentum, Christentum und Islam – zutiefst ikonoklastisch. Alle drei Religionen entwickelten sich in Opposition zu polytheistischen Praktiken und behaupteten sich durch ikonoklastische Akte gegen heidnische Idole. Ihre Geschichten sind gekennzeichnet durch wiederholte Kämpfe gegen Bilder. Tatsächlich wurde die Geschichte religiöser Darstellungen – wie ein Schatten – von einer Geschichte ihrer Zerstörung begleitet.

Obwohl von allen drei monotheistischen Religionen der Islam Bilder am stärksten bekämpft zu haben scheint, haben muslimische Theologen – im Gegensatz zu christlichen – kaum ein großes Interesse an Bildern gezeigt. Der Koran berichtet nur, wie Abraham die Idole seines Vaters zerbrach. Als der Prophet im Jahre 630 Mekka einnahm, reinigte er die Stadt von Idolen, deren Zahl mit 360 angegeben wird.[10] Es waren dreidimensionale Objekte, die einen Schatten werfen, die zerstört wurden, während flache, zweidimensionale Bilder überhaupt nicht erwähnt werden. Die Abneigung des Propheten richtete sich also vor allem gegen Idolatrie

---

9. Vgl. Heike Behrend: »Fotografie als Wunschmaschine. Fotografische Praktiken in Kenia und Uganda«, in: Annette Czekelius und Michael Thoss (Hg.): *Porträt Afrika. Fotografische Positionen eines Jahrhunderts*, Haus der Kulturen der Welt, Berlin 2000 (Kat. Ausst.), S. 68–73.
10. Annemarie Schimmel: *Deciphering the Signs of God*, Edinburgh 1994, S. 57.

und nicht gegen Bilder an sich. Tatsächlich gründet das islamische Bilderverbot weniger auf dem Koran als auf dem Hadith, der späteren Sammlung von Texten über die Reden und Taten des Propheten. Hier werden Bilder – wie Hunde – als unrein beschrieben, die deshalb während des Gebets nicht anwesend sein dürfen. Während anikonische Darstellungen erlaubt sind, werden Bilder von Menschen und Tieren – Wesen mit *ruh*, Atem – verboten, weil ihre Darstellung ein Akt der Hybris ist. Durch den synonymen Gebrauch des Verbs »darstellen« und »erschaffen« fordert ein Mensch, der es wagt, einen anderen darzustellen bzw. zu erschaffen, Gott heraus und verdient es, bestraft zu werden. Künstler, die sich anmaßen, Menschen und Tiere darzustellen, werden nach ihrem Tod von Gott aufgefordert, den Dargestellten Leben und Atem zu geben. Und weil sie eben dieses nicht zu leisten imstande sind, werden sie im Feuer der Hölle brennen.[11]

Im Gegensatz zu christlichen Theologen haben islamische Gelehrte keine eigene Bildtheorie entwickelt. Tatsächlich hat sich die Ablehnung von Bildern – so wie sie im Hadith formuliert wurde – erst in einer späteren Periode herausgebildet, wahrscheinlich in Auseinandersetzung mit der jüdischen und der christlichen Religion.[12] Erst als das Christentum Bilder als Waffe im Kampf gegen den Islam einsetzte, begannen muslimische Gelehrte, ihre Opposition zum christlichen Bilderkult zum Ausdruck zu bringen und figurative Darstellungen im Hadith zu problematisieren.[13] Wie Hans Belting gezeigt hat, gründet das islamische Bildkonzept stark auf dem menschlichen Körper. Körper und Bild werden weitgehend gleichgesetzt, so dass die tödliche Verletzung einer dargestellten Person im Bild – also zum Beispiel ihre Enthauptung – das Bild akzeptabel macht, weil es nicht länger ein Bild ist. Bilder sind also vor allem Verrat am Lebendigen. Die göttliche Schöpfung kulminiert in Lebewesen, aber Lebewesen sind keine Schöpfer, sie können nicht lebendig machen.[14]

Ich möchte betonen, dass das »islamische Bilderverbot« niemals ein absolutes Verbot war. Im profanen Bereich von Palästen gab es wunderbare Wandmalereien und in Anatolien sogar Statuen. Seit dem neunten Jahrhundert wurden Manuskripte mit Verzierungen versehen, die figurative Darstellungen und Porträts mit einschlossen. Und Kaligrafien überschritten oft die Grenzen zwischen Schrift und figurativen Darstellungen, indem sie menschliche oder tierische Figuren aus Buchstaben herstellten.[15] Von einem allgemeinen islamischen Bilderverbot vor der Einführung moderner visueller Medien zu sprechen, ist also unangemessen. Es waren nicht unbedingt Bilder an sich, sondern figurative Darstellungen in sakralen Räumen, die verboten waren. Ich schließe mich Oleg Grabar und seiner These an, dass dem Islam nichts eignet, was notwendigerweise Bilder verbietet.

---

11. Ibric Almir: *Das Bilderverbot im Islam*, Marburg 2004, S. 60f.
12. Johann Christoph Bürgel: *The Feather of Simurgh. The »Licit Magic« of the Arts in Medieval Islam*, New York 1988, S. 13.
13. Vgl. Silvia Naef: *Y a-t-il une »question de l'image« en islam?*, Genf 2004, S. 31, und Oleg Grabar: *Die Entstehung der Islamischen Kunst*, Köln 1977, S. 101.
14. Hans Belting: *Florenz und Bagdad. Eine westöstliche Geschichte des Blicks*, München 2008, S. 75f.
15. Naef: *Y a-t-il une »question de l'image«*, a.a.O., S. 51ff.

Das Bilderverbot entstand unter spezifischen historischen Bedingungen. Eine eher indifferente Haltung zu Bildern wurde zu einem Verbot formuliert, als der Islam sich gegenüber dem Christentum und seiner eher offensiven Bildpolitik behaupten musste. Die Ablehnung bestimmter Bilder in bestimmten Kontexten wurde dann legalisiert und erlangte somit eine moralische Qualität.[16] Wie die explosive Expansion technischer Bilder überall in der islamischen Welt zeigt, war und ist das islamische Bilderverbot niemals absolut gewesen und kann völlig aufgehoben werden, wenn Bilder als Waffe im Dienst des Islam eingesetzt werden wie zum Beispiel im heutigen Nordnigeria.

Das Bakor-Studio auf Lamu

Das Bakor-Studio[17] wurde in den 1960er Jahren von Omar Said Bakor gegründet, der 1932 geboren wurde und aus dem Jemen stammte. Er war ein brillanter Bricoleur, ein *selfmade man*, der, bevor er endlich sein Studio eröffnen konnte, zehn Jahre lang als Straßenfotograf arbeitete. Er experimentierte mit unterschiedlichen Montagetechniken »to make strange things possible and for fun«, wie einer seiner Söhne mir erklärte. Bakor starb 1993; seine Söhne führen das Geschäft weiter.

Am Beispiel der Collagen des Bakor-Studios auf Lamu möchte ich die komplizierten Prozesse der Lokalisierung, Ästhetisierung und Hybridisierung des Mediums Fotografie an der ostafrikanischen Küste nachzeichnen. Ich werde die lokalen Interventionen analysieren, mit Hilfe derer das Medium Fotografie so transformiert wurde, dass es den sozialen, kulturellen und religiösen Werten entsprach. Wie ich zeigen werde, entwickelte Bakor in seinen fotografischen Collagen eine einzigartige populäre Ästhetik der Invisibilisierung, die das Bilderverbot gleichzeitig anerkennt und sabotiert. Wie die magischen Realisten und die Surrealisten in Europa versuchte Bakor durch das Verfahren der Montage, Menschen und Dinge auf den Fotos auf spielerische und überraschende Weise zusammenzubringen und sie zu verwandeln. Vor dem Hintergrund von Indexikalität und einem spezifischen medialen Wahrheitsanspruch sind die Collagen Bakors denn auch ein Skandal wie alle Fotografien, die in der Dunkelkammer Manipulationen mit Schere, Licht und Klebstoff ausgesetzt werden.[18]

---

16. Grabar: *Die Entstehung der Islamischen Kunst*, a.a.O., S. 104.
17. Zur weiteren Lektüre zum Bakor Studio siehe Heike Behrend: »Politiken des Gesichts im Spannungsfeld von Bilderverbot und populärer Fotografie an der Ostküste Kenias«, in: Gottfried Boehm, Birgit Mersmann und Christian Spies (Hg.): *Movens Bild. Zwischen Evidenz und Affekt*, München 2008, S. 326–343, sowie Heike Behrend: »›To Make Strange Things Possible‹: The Photomontages of the Bakor Photo Studio in Lamu, Kenya«, in: John Middleton und Kimani Njogu (Hg.): *Media and Identity in Africa*, Edinburgh 2009, S. 187–207.
18. Rosalind Krauss: »Corpus Delicti«, in: Rosalind Krauss und Jane Livingston (Hg.): *L'Amour Fou. Photography and Surrealism*, Washington, New York 1985, S. 55–112, hier S. 91.

Ornamentalisierung der Fotografie

Indem Bakor fotografische Portraits mit Ornamenten und Arabesken kombinierte, überführte er bereits existierende Kunsttraditionen in das neue Medium der Fotografie. Tatsächlich knüpfen sie in ihrer Tendenz zur Ornamentalisierung an bereits etablierte Kunstformen an. Florale Motive wie *waridi*, Rose, *yungi-yungi*, Wasserlilie, *shoki-shoki*, eine Art Lychee, sowie die Blätter verschiedener Pflanzen wie *kulabu* bilden standardisierte Muster, die auf Textilien, auf Gipsreliefs und Holzschnitzereien zu finden sind. Sie bestätigen eine Tendenz innerhalb islamischer Kunst, nämlich zu ornamentalisieren, was auch immer in ihren Bereich fällt.[19] (Abb. 1a und 1b)

Das Ornament in der islamischen Kunst wurde als eine symbolische Form interpretiert, die sich der westlichen Konvention der Zentralperspektive entgegenstellt.[20] Obwohl die Linearperspektive (über die Erfindung der *camera obscura* durch den arabischen Gelehrten Alhazen) in den fotografischen Apparat eingeschrieben ist, bewirkt die Ornamentalisierung der Fotografie den Kollaps der Dreidimensionalität und reduziert das Bild auf eine Oberfläche. Vor diesem Hintergrund kann die Ornamentalisierung der Fotografie nicht nur als der Versuch gesehen werden, die Zentralität des fotografischen Porträts zu mindern, sondern auch als eine Form der Subversion der dem Apparat eingeschriebenen Zentralperspektive.

Durch die Verbindung mit Ornamenten werden die Porträts Teil einer Oberflächendekoration und verstärken dadurch die generellen Prinzipien islamischer Kunst, den Anti-Naturalismus und die Tendenz zur Abstraktion. Die Fragmentierung und dekorative Zusammensetzung der Oberfläche verhindern, dass das Porträt für sich allein steht. Stattdessen wird es zu einem Verbindungspunkt, einer »Relais-Station« mit anderen, eher abstrakten Einheiten. Tatsächlich wird dem Raum zwischen den Formen genauso viel oder sogar mehr Bedeutung beigemessen als den Formen selbst, und auf diese Weise tragen die Ornamente dazu bei, zu verhindern, dass der Betrachter sich in dem Porträt verlieren könnte. Die Ornamente werden zu Hindernissen für die Idolatrie. Die Ornamentalisierung der Porträts kann also als Versuch gesehen werden, vor dem Hintergrund des islamischen Bilderverbots die Bedeutung des fotografischen Porträts zu reduzieren, gleichzeitig aber auf die eigentlich verbotene Abbildung der Person nicht zu verzichten. Obgleich der Künstler in seinen Darstellungen die göttliche Schöpfung nicht wiederholen darf, gewinnt er durch die Ornamentalisierung die Freiheit, mit Fragmenten der göttlichen Welt in ihrer Abstraktheit zu spielen und sie zu neuen Einheiten zusammenzusetzen.

---

19. Grabar: *Die Entstehung der Islamischen Kunst*, a.a.O., S. 262.
20. Belting: *Florenz und Bagdad*, a.a.O., S. 42.

Abb. 1a: Ornamentalisierungen (© Bakor-Studio, Sammlung Heike Behrend).

Abb. 1b: Ornamentalisierungen (© Bakor-Studio, Sammlung Heike Behrend).

»Image-Texts«

Mit der Verbreitung des Islam an der ostafrikanischen Küste ging auch die Verbreitung der Schrift einher. Lesen, Schreiben und Rezitieren wurden zentrale Praktiken, um mit Gott (und anderen Menschen) zu kommunizieren. Die Schrift verließ den engen Raum des Buches und verbreitete sich auf Wänden von Moscheen und Grabmälern. Sie wurde zum integralen Bestandteil von Mosaiken und Ornamenten.[21]

Anstelle von figurativen Darstellungen schmückten Schrift und Ornament die Oberflächen von Gebäuden und anderen Objekten. Lesen und Anschauung bildeten eine Einheit und führten zur Meditation. Tatsächlich verbanden sich Schrift und Ornament in einzigartiger Weise, um das Wort Gottes zu vermitteln. Beide besetzen die Schwelle zwischen Sichtbarkeit und Unsichtbarkeit, Präsenz und Abwesenheit, um durch visuelle Mittel Repräsentation überhaupt zu problematisieren.[22]

Das Schreiben des Koran war eine rituelle Tätigkeit, die sich mit zahlreichen Reinheitsgeboten verband. Die einzelnen Buchstaben bildeten Teile eines größeren semantischen Systems; sie besaßen nicht nur Zahlenwert, sondern auch *Baraka*, eine positive Kraft oder Macht, die von Gott und dem Koran ausstrahlt. Der Schrift kam also nicht nur eine Materialität jenseits der Repräsentation zu, sondern auch magische Kraft. Wie in anderen Regionen der islamischen Welt, so wurden auch an der ostafrikanischen Küste Texte und Buchstaben zu Zwecken der Divination und zum Schutz in Stoffe eingearbeitet und in Talismane gesteckt.

---

21. Ebd., S. 73.
22. Ebd., S. 88.

Abb. 2: Image-Text: »Eid Mubarak« (© Bakor-Studio, Sammlung Heike Behrend).

Bereits in vorkolonialer Zeit fand die Schrift Eingang in zahlreiche Bereiche des Lebens (nicht nur der Elite) und bildete das wichtigste Medium der Kommunikation.

Vor diesem Hintergrund ist es nicht weiter überraschend, dass Bakor die arabische Schrift in seine Collagen integrierte und dadurch ein Medium, dass von vielen als »unislamisch« abgelehnt wurde, in den Dienst des Islam stellte. In seinen Collagen verband Bakor die Macht der Schrift mit der des fotografischen Bildes. (Abb. 2)

In dieser Collage bringt Bakor eine »typische« Sicht auf Lamu, die auch auf Postkarten zirkuliert, mit seinem Porträt und dem Schriftzug »Eid Mubarak«, »gesegnetes Fest«, zusammen, einer Grußformel, die Muslime an islamischen Feiertagen benutzen, um einander ein gutes Fest zu wünschen. Die Grußformel erfordert eine Antwort, und auf diese Weise initiiert Bakors Collage einen Dialog mit dem Betrachter. In der Collage vermittelt die Schrift nicht nur die zentrale Botschaft, sie transformiert auch das Bild, indem sie seine Oberfläche mit der heiligen Schrift versieht und damit den Bildraum sabotiert und kundtut, dass das, was wir sehen, nur ein visuelles Zitat ist, das Bild eines Bildes.[23] So wie das Ornament mildert hier die Schrift die gefährliche Übertretung des islamischen Anikonismus. Die religiöse Inschrift transformiert die Collage nicht nur in eine Werbung für Gott, sondern auch in eine Quelle von *Baraka*, von Segen und Kraft zur Heilung und zum Schutz. Muslimische Heilige haben *Baraka*, auch die Kaaba und der Koran strahlen *Baraka* aus; nicht nur durch Berührung, Trinken, Lesen, Hören und Kopieren kann die heilige Kraft weiter gegeben werden, auch durch das Medium der Fotografie kann an ihr partizipiert werden.

Während der großen muslimischen Feiertage verkaufte Bakor denn auch Collagen, die den berühmten Scheich Ahmed Badawi zusammen mit dem Passfoto von Pilgern zeigten. Sein Sohn erklärte mir, dass, wenn man ein solches Bild im Haus habe, das Haus »gut« sei. Nicht nur die Schrift, sondern auch Fotos von heiligen Männern verströmten Baraka an Gläubige; sie machen deutlich, dass neue Medientechnologien in sich das Potenzial tragen, auch spirituelle Kräfte und Mächte in eher profanere Bereiche auszudehnen.

---

23. Joseph Koerner: »The Icon as Iconoclash«, in: Bruno Latour und Peter Weibel (Hg.): *Iconoclash*, Karlsruhe, Cambridge 2002, S. 209.

Abb. 3: Pilger vor der Kaaba (© Bakor-Studio, Sammlung Heike Behrend).

In seinem Studio bot Bakor seinen Kunden auch Fotokulissen an, die die Kaaba von Mekka zeigten. (Abb. 3)

Während Pilger, die die Kaaba in Mekka besuchen, dort nicht fotografieren dürfen, konnten sie sich in Bakors Studio vor der Kaaba ablichten lassen. Omar Said Bakor erklärte mir: »Wenn du Mekka besuchen willst, kommst du ins Studio. Wir haben eine Fotokulisse der Kaaba an der Wand und du kannst vorgeben, du wärest dort gewesen«. Auf diese Weise machte Bakor »strange things possible« und obwohl er das islamische Gebot des Anikonismus verletzte, tat er es im Dienst des Islam.

Bakors Köpfe

An der ostafrikanischen Küste kommt Genealogien, wie auch in anderen Teilen der Welt, eine große Bedeutung bei der Definition einer sozialen Person zu. Insbesondere im Islam spielt die genealogische Nähe oder Ferne zum Propheten eine zentrale Rolle und als *Scharif* gelten die, die eine mehr oder weniger direkte Abstammung von Mohammed nachweisen können und deshalb auch Träger von *Baraka* sind. In der islamischen populären Kunst sind somit auch Darstellungen von Stammbäumen der Familie des Propheten sehr häufig anzutreffen.

In seinen Collagen nahm Bakor auf diese Tradition Bezug und stellte auf spielerische Weise genealogische Beziehungen dar. (Abb. 4)

In dieser Collage hält einer von Bakors Söhnen den Kopf des Vaters in der einen und den des älteren Bruders in der anderen Hand. Die Montage visualisiert den Begriff der sozialen Person als ein Aggregat externer Beziehungen, ein gebräuchliches Thema in der afrikanischen Kunst. Auch die Ambivalenz der Beziehungen zwischen Vater und Söhnen findet Darstellung durch das »Hochhalten« von Vater und älterem Bruder einerseits und ihrer »Enthauptung« andererseits. Wie bereits erwähnt, stellte Bakor seine Collagen her, indem er bereits vorhandene Bilder zerschnitt und die Fragmente neu zusammensetzte. Er schnitt den abgebildeten Personen auch den Kopf ab, um ihn auf einen neuen Körper zu setzen. Dieser Akt des Zerschneidens und insbesondere die Enthauptung sind zutiefst ikonoklastisch.

Auch im Islam gilt die Unversehrtheit des Körpers als Norm, denn vor dem Hintergrund des Bilderverbots kann die bildliche Darstellung eines Lebewesens den verbotenen Status eines Bildes verlieren, wenn der dargestellten Person der Kopf abgetrennt wird. »Wenn der Kopf abgetrennt ist, ist es kein Bild mehr«, heißt es in einem einschlägigen Text eines Rechtsgelehrten.[24] Wenn allerdings etwas fehlt, wie Auge, Hand oder Fuß, nach dessen Abtrennung die Person weiter-

---

24. Rudi Paret: »Textbelege zum islamischen Bilderverbot«, in: Hans Fegers (Hg.): *Das Werk des Künstlers*, Stuttgart 1960, S. 46, und Hans Belting: *Das echte Bild. Bildfragen als Glaubensfragen*, München 2005, S. 1.

POPULÄRE FOTOGRAFIE

Abb. 4: Vater und Söhne (© Bakor-Studio, Sammlung Heike Behrend).

leben könnte, dann bleibt das Bild Bild und fällt weiterhin unter das Verbot.[25] Die Beschädigung der Person auf dem Bild muss also so stark sein, dass sie wie bei einer Enthauptung unbedingt zum Tode führt, damit das Bild aufhört, Bild zu sein. »Wenn die Abbildung von Anfang an das Bild eines Rumpfes ohne Kopf ist, oder eines Kopfes ohne Rumpf, oder wenn man ihm einen Kopf gemacht hat, sein übriger Leib aber kein Lebewesen darstellt, fällt er nicht unter das Verbot«.[26]

Der spielerische Umgang mit abgeschnittenen Köpfen in den Collagen Bakors kann also auch als ein Versuch gesehen werden, das Bilderverbot (nachträglich) einzuhalten. Durch die Integration einer ikonoklastischen Geste in die Collage verliert das Foto seinen Status als Bild und erkennt das Bilderverbot an. Einige von Bakors Collagen können also als »icons of iconoclash«[27] gesehen werden, als Bilder, die gleichzeitig ihre Bildhaftigkeit zu zerstören suchen.

Die Einfügung von Ornamenten, von Schrift und ikonoklastischen Gesten sind also Strategien, die hegemoniale Visualität der Fotografie zu unterlaufen und dennoch zu nutzen. Sie sind der in sich widersprüchliche Versuch, sich eines westlichen visuellen Mediums zu bedienen, das immer ein Mehr zu sehen gibt,

---

25. Paret: »Textbelege zum islamischen Bilderverbot«, in: *Das Werk des Künstlers,* a.a.O., S. 47.
26. Ebd.
27. Koerner: »The Icon as Iconoclash«, in: *Iconoclash,* a.a.O.

und gleichzeitig an ein lokales visuelles Regime anzuschließen, das Verhüllung, Geheimnis, visuelle Skepsis und eher den Entzug von Sichtbarkeit zu fördern sucht. Sie etablieren eine Ästhetik der partiellen Invisibilisierung, die an die symbolische Form der *Maschrabiyya* anschließt. *Maschrabiyya* sind kunstvolle Fenstergitter, die Frauen (und Männern) in einem Haus erlauben, nach draußen zu sehen, während sie selbst unsichtbar bleiben. Das Fenstergitter besteht aus Ornamenten, die sich mit der Sonne auf den Wänden, Decken und Böden des Innenraums bewegen. Es dient mit seinen Ornamenten dazu, das Licht selbst zu filtern und zu regulieren und als symbolische Form zu inszenieren.[28] Gleichzeitig aber versperrt und verhüllt es den Innenraum. Das Fenster wird dadurch eher Lichtschirm als Öffnung nach außen.[29] Wie in Bakors Collagen, die den Raum des fotografischen Feldes durch Leerstellen und Lücken aufbrechen, geben die Fenstergitter nicht einfach zu sehen, sondern entziehen auch der Sichtbarkeit, verstellen den Blick und arbeiten mit Masken, Schleiern, Auslöschung und partieller Eliminierung.

---

28. Belting: *Florenz und Bagdad*, a.a.O., S. 272ff.
29. Ebd., S. 276.

Hannelies Koloska

Bildmagie zwischen Religion und Kunst
Eine Antwort auf Heike Behrend*

Die von Heike Behrend aufgeworfenen Fragen und Überlegungen sind aufgrund ihres Untersuchungsgegenstandes von besonderer Relevanz, wenn man das Thema der Ästhetisierung von einem außereuropäischen Blickwinkel her betrachten möchte. Die Kategorisierung von Künsten, insbesondere die Abgrenzung von Kunst und Nichtkunst, wie sie in westlichen Diskursen zumindest bis zum Beginn der klassischen Moderne vorherrschte, ebenso wie die Auffassungen zu Ästhetisierungstendenzen in der Moderne sind auf historische und zeitgenössische Debatten in islamisch geprägten Gesellschaften nur bedingt übertragbar. Gerade deshalb erschließt Heike Behrends Aufsatz Untersuchungsfelder, die weiterer Diskussion bedürfen. Im Folgenden werden davon drei Problemkomplexe aufgegriffen: 1.) das Spannungsverhältnis zwischen einer vormodernen islamischen Ambiguitätstoleranz[1] – also einer Toleranz des Nebeneinanders divergierender Normen – und einer zeitgenössischen Tendenz der Infragestellung der Akzeptanz darstellender Medien; 2.) die Fotografie und ihr Verhältnis zu kulturspezifischen Sehweisen; sowie 3.) die Arbeiten Omar Bakors als mögliche Erfahrungsräume von »Ästhetisierungen«.

Der Umgang mit bildlichen Darstellungen ist über Jahrhunderte im Islam relativ problemlos verlaufen, weswegen Oleg Grabar mit Recht den Begriff »Anikonismus« dem »Bilderverbot« vorzieht, gibt es doch zu diesem Sachverhalt weder festgeschriebene Dogmen noch allumfassende theologische Auseinandersetzungen.[2] Bilder hat es in islamisch geprägten Gesellschaften immer gegeben, jedoch hatten sie eine andere Funktion als Bilder im Christentum. Während das Bild im Christentum – nach Belting – als Kultbild zu einem gemeinsamen kollektiven Körper avancierte und eine Kultgemeinschaft schuf,[3] ist das Bild im Islam auf den profanen Bereich beschränkt geblieben und hat keine Rolle im Kult eingenommen. Die allgemein verständliche, identitätsstiftende und die neue Religion symbolisierende Ikonografie wurde die arabische Schrift, so dass religiöse und politische Macht und Machtentfaltung über Kalligrafie zum Ausdruck gebracht wurden. Im Koran findet sich kein explizites Bilderverbot wie in Ex 20 oder Dtn

---

* Ich danke meiner Kollegin Amina Avdovic für ihre wertvollen Anregungen und Hinweise.
1. Thomas Bauer macht eine »Ambiguitätstoleranz« für die islamische Kultur der Vormoderne geltend, vgl. dazu sein Forschungsprojekt »Die Kultur der Ambiguität: Eine andere Geschichte des Islam« an der Universität Münster: www. uni-muenster.de/Religion-und-Politik/forschung/projekte/a2.html (abgerufen Oktober 2009).
2. Oleg Grabar: »Art and Architecture in the Qur'an«, in: Jane D. McAuliffe (Hg.): *Encyclopaedia of the Qur'an*, Bd. 1, Leiden 2001, S. 161–175.
3. Hans Belting: *Bild und Kult. Eine Geschichte des Bildes vor dem Zeitalter der Kunst*, München [4]2004, S. 164ff.

5, ebenso wenig wird, wie Heike Behrend ausführt, in den Hadithsammlungen ein allgemeines Verbot ausgesprochen. Auch die Zerstörung der Götzen und Bilder um und in der Kaaba durch den Propheten wurde nicht als Präzedenzfall gewertet und zu einer theologischen oder politischen Doktrin erhoben. Deswegen erscheint es angebracht, die Interpretation dieser Handlung als eines »ikonoklastischen Gründungsakts«[4] stark in Frage zu stellen und stattdessen Heike Behrend zu folgen und diesen Akt als Versuch der Bekämpfung des Götzendienstes aufzufassen.[5] Darüber hinaus soll an dieser Stelle darauf verwiesen werden, dass – so der frühe muslimische Historiker al-Azraqi – der Prophet bei der Entfernung von Bildern, die sich an den inneren Wänden der Kaaba befanden, eine Darstellung nicht zerstörte: das Bild der Jungfrau Maria mit ihrem Sohn.[6] Eine allgemeine Ablehnung jeglicher christlicher Ikonen durch den Propheten wird also nicht formuliert. Vielmehr ist nach den Gründen zu fragen, die zu dieser unentschiedenen Haltung Bildern gegenüber führten, und danach, warum es auch in jenen Ausführungen, die sehr wahrscheinlich erst in späterer Zeit zum Korpus der Prophetentradition hinzutraten, keine expliziten Aussagen zu diesem Thema gibt.

Wie Heike Behrend ausführt, findet man seit der Frühzeit des Islam figurative Darstellungen, sei es in Schlössern ummayyadischer Kalifen, in späteren naturwissenschaftlichen Traktaten ebenso wie in literarischen Werken und auch als Einzelwerke. In allem blieb diese Kunst aber auf den privaten, profanen Raum beschränkt und fand sich hauptsächlich unter den Eliten. Mit der Einführung der Fotografie hat sich diese Situation grundlegend geändert; an der von Benjamin postulierten Demokratisierung des Bildes haben Muslime aller Gesellschaftsschichten teil. Erst jetzt ist die Frage nach Erlaubnis oder Verbot, nach Gebrauch von Fotos (ebenso wie Film) zu einer eigenständigen Problematik geworden. Die Meinungen zu diesem Problem sind durchaus sehr unterschiedlich und es lässt sich keine generelle Tendenz auf der theoretischen Ebene erkennen. Auf der praktischen Seite kann man dagegen eindeutig feststellen, dass die Fotografie ebenso wie das Filmen in allen muslimischen Ländern von der großen Mehrheit der Bevölkerung mehr oder weniger exzessiv ausgeübt wird, auch die Fotografie in afrikanisch-islamischen Ländern legt davon Zeugnis ab.[7] Dennoch zeichnet sich eine Verschiebung von stark ambiguitätstolerant geprägten Gesellschaften hin zu Gesellschaften bzw. Gesellschaftsgruppen ab, deren Normen immer stärker rein religiös oder rein säkular motiviert sind, wobei sich die Tendenz einer Annahme der Untrennbarkeit von Islam und weltlicher Sphäre verstärkt. Dazu scheinen die Kategorisierungen, die in Europa seit dem 18. Jahrhundert vorherr-

---

4. Hans Belting: *Florenz und Bagdad. Eine westöstliche Geschichte des Blicks*, München 2008, S. 69.
5. Die Handlung muss darüber hinaus auch als Typologie verstanden werden, welche Muhammed mit Abraham, der die Götzen seines Vaters zerstörte, verbindet.
6. Vgl. Arent J. Wensinck und Jacques Jomier: »Ka'ba«, in: *Encyclopaedia of Islam, New Edition*, Bd. IV, Leiden 1978, S. 318.
7. Vgl. Elizabeth Edwards: »Africa«; Jan-Erik Lundström: »West Africa«; Heike Behrend: »East Africa«, in: Robin Lenman (Hg.): *The Oxford Companion to the Photograph*, Oxford 2005, unter http://www.oxfordreference.com.

schen, stark beizutragen. Dies betrifft nicht nur die Kategorien von Politik und Religion, sondern auch die Betrachtung der Kunst als eigenständigen Bereich und die Trennung von Ästhetischem und Nichtästhetischem.

Geistesgeschichtlich betrachtet war und ist das Ästhetische grundlegend für die islamische Kosmologie ebenso wie die Metaphysik, ist es doch jederzeit im menschlichen Leben und vor allem in der Beziehung zwischen Gott und Mensch fest verankert. Daraus folgt, dass kein grundsätzlicher Unterschied zwischen Ästhetischem und Nichtästhetischem gemacht und eine Unabhängigkeit des Ästhetischen zurückgewiesen wird. Das Künstlerische als Mittel, neue ästhetische Räume zu erschließen, wird daher aus zwei Gründen kritisch betrachtet. Einerseits enthält es die Möglichkeit des Anthropozentrismus, auf die Heike Behrend hinwies, andererseits birgt es die des Betrugs in sich, weil in beiden Fällen die Möglichkeit besteht, dass das vom Menschen Hervorgebrachte an die Stelle oder über das von Gott Geschaffene gesetzt wird. Die Befürworter einer strikten Einschränkung der Fotografie, wie Muhammed Qutb oder Abdelaziz ibn Bas, betonen den Aspekt des Betrugs und Scheins, der sich in den modernen Medien Bahn bricht. Sie bestehen auf eine Tradition, die ohne Bilder bzw. mit sprachlichen Bildern auskommt, und sehen die Gefahr einer Unterminierung normativer Ordnungen.[8] In gewisser Weise ließe sich deren absolut gesetztes Bilderverbot als Kritik an einer übersteigerten Ästhetisierung in der Moderne verstehen.

Im Gegenzug dazu sehen die Verfechter der Fotografie und der neuen Medien, wie etwa Muhammed Abduh, keine Gefahr für die Beziehung des Menschen zu Gott, ergeben sich doch durch die neuen Formensprachen neue Möglichkeiten, das Dasein zu bewältigen und durch erweiterte ästhetische Erfahrungen auch religiöse Erfahrungen zu sammeln.[9] Sie unterstreichen dabei, dass heutzutage Kunstwerke und Bilder keinen solchen Einfluss auf die Menschen haben, dass die Gefahr bestünde, sie würden zu Objekten der Anbetung werden. In diesem Sinne fördern auch verschiedene religiöse und politische Führer, wie etwa Hasan al-Turabi im Sudan, den Gebrauch moderner ästhetischer Formen als Hilfsmittel zur religiösen Erziehung.[10] Heike Behrend spricht von einem ähnlichen Phänomen in Nordnigeria.

Kann man also zusammenfassen, dass die Einführung der Fotografie und die globale Verbreitung des Bildes in allen seinen Formen zu einem in der Vormoderne nicht vorhandenen Ikonoklasmus unter strenggläubigen Muslimen geführt hat? Wird dem im modernen Medienzeitalter vorherrschenden »Primat des Bildes« durch dessen Kritiker ein »Primat des Wortes« entgegengesetzt? Oder handelt es sich allgemein um die Auseinandersetzung mit Errungenschaften der Moderne und deren Einfluss auf muslimische Gesellschaften (so auch die »Emanzipation« der Frauen), die über das Medium »Bild« verhandelt werden?

Ausgehend von Bourdieus Thesen zum sozialen Gebrauch der Fotografie formuliert Heike Behrend zwei entscheidende Fragen: Inwiefern ist Fotografie Kunst?

---

8. Silvia Naef: *Bilder und Bilderverbot im Islam*, München 2007, S. 125ff.
9. Ebd., S. 113ff.
10. Ebd., S. 126.

Und: Welche sozialen Gebrauchsweisen unterliegen der Fotografie? Behrend betont dabei, an Bourdieu anknüpfend, das Nichtvorhandensein einer der Fotografie eigenen Ästhetik. Die Fotografie bedürfe erst des Kontexts anderer Künste, um selbst zur Kunst zu werden. Inwiefern dieses Axiom tatsächlich zutreffend ist, sei dahingestellt, allerdings wird das Moment des Nichtästhetischen auch unter Muslimen angeführt, um die Fotografie als rein mechanischen Vorgang zu klassifizieren, den keine kreative, also lebensschaffende Eigenleistung des Fotografen begleitet – deren Resultat also ein reines Abbild ist. Aber lauert nicht gerade in der täuschenden Mimesis eine Gefahr der optischen Illusion, der Verwechslung von Natur und Kunst, von Realität und Fiktion? Oder entspringt aus ihr, die Frage positiv gedreht, die Möglichkeit verschiedener Wahrnehmungsweisen?

Im Koran – Fotografie noch nicht im Blick – wird diese Frage in Form einer metaphorischen Erzählung behandelt (Q 27:44): Die Königin von Saba besucht Salomo. Als sie seinen Palast betritt, erscheint ihr der Glasboden wie Wasser und sie hebt ihren Rock, entblößt ihre (haarigen) Beine, um hindurchzuwaten. Doch muss sie feststellen, dass es sich nur um eine täuschend echte Imitation handelt. Die Ästhetik der perfekten Nachahmung, der trügerische Schein, hat sie in die bedenkliche Situation gebracht, sich selbst und ihre Defizite erkennen zu müssen und andere sie erkennen zu lassen.

Die Vorstellung von der Erstellung einer rein mechanischen Reproduktion scheint allerdings in Omar Bakors Arbeiten kaum eine Rolle zu spielen. In seinen Fotomontagen wird ganz offen und unübersehbar mit der Spannung zwischen Realität und Fiktion gespielt. Er bildet die Wirklichkeit nicht ab, sondern schafft eine Welt, in der Träume real werden, in der mit der An- und Abwesenheit von Personen gespielt wird. Er umgeht dabei keineswegs ein Verbot figürlicher Darstellung, indem er die Personen dezentralisiert, ebenso wenig wie die persische Miniaturmalerei sie umgangen hat, indem sie auf die Dreidimensionalität verzichtet. Beide machen allerdings deutlich, dass es nicht um gezielte Nachahmung sondern um Darstellung geht, nicht um einen menschlichen Schöpfungsakt sondern um Repräsentation von Personen. Man verschließt sich nicht dem Realismus, weist aber auf die Künstlichkeit der Bilder hin. Den Bildern wohnt nicht nur ein ästhetisches sondern auch ein ästhetisierendes Moment inne, indem der Prozess der Transformation von Realitäten zu Fiktionen offensichtlich gemacht wird.

Damit aber scheint dem Bild die Macht magisch-kultischer Wirkweise entzogen zu sein. Demnach würde, so argumentiert Heike Behrend, durch die von Bakor angewendeten Techniken die Abneigung gegen das Figürliche, vor allem die Angst vor Anbetung und vor unzulässiger Schöpfung, obsolet. Ist es aber nicht auch möglich, dass durch diese Verfahrensweisen magische Dimensionen inner- oder außerhalb ihrer selbst trotz oder gerade wegen der Künstlichkeit erzeugt werden, weil die Bakor umgebenen Sehweisen von vornherein die mit bloßem Auge erkennbare Realität übersteigen? Gerade im Hinblick auf bestimmte ostafrikanische Kunstpraktiken, wie etwa jener der »Geistervideos«, die von Heike

Behrend an anderer Stelle untersucht wurden, scheint diese Frage berechtigt.[11] In ihnen werden durch Spezialeffekte okkulte Mächte sichtbar gemacht, etwa durch die Nutzung von Elektrizität und Blitzen, um die Aura von Geistern darzustellen, oder durch das Zurückgreifen auf Effekte wie die Doppelbelichtung, um die Gespaltenheit einer Person in Körper und Geist zu verdeutlichen. Auch dort kann man sicher sein, dass sich der Betrachter der Arrangiertheit der Bilder bewusst ist. Dennoch wird diesen Geistern reale Wirkmächtigkeit zugeschrieben. Auch die von Heike Behrend beschriebene Fotomagie, die in christlichen afrikanischen Gruppen praktiziert wird, wobei den Bildern heilende ebenso wie zerstörerische Kräfte zueigen sein sollen, deutet auf einen Umgang mit dem Medium Foto, der sehr stark durch soziale und religiöse Konstellationen geprägt ist.[12] Könnten also auch den Fotocollagen von Bakor magische Kräfte zugesprochen werden (zum Beispiel das tatsächliche Zusammentreffen mit dem geliebten, lange verstorbenen Sufischeich)? Kulturspezifische Sehweisen, die durch verschiedene Paradigmen geprägt sind und an denen das gesamte soziale Umfeld des Produzenten ebenso wie des Rezipienten beteiligt ist, sind komplex und bestimmen die Grenzen zwischen Ästhetischem, Künstlichkeit und realer Lebenswelt jeweils neu. Die Macht des Ästhetischen kann somit durch die von Bakor vorgenommenen Konfigurationen sowohl gebrochen als auch gestärkt werden. Vielleicht hat das Zusammentreffen des Phänomens der ostafrikanischen Bildmagie und des »Puritanismus« fundamentalistischer Muslime zur Ausbildung der Spielfreude und dem Spaß am Experimentieren bei Bakor geführt, wobei er Grenzen bestätigt und sie zugleich zu unterlaufen scheint. Bakor umgeht in seinen Arbeiten eindeutige Festlegungen und unterstreicht dadurch die in der kenianischen Gesellschaft vorhandenen Ambiguitäten. Statt die eigenen kulturellen Traditionen abzulehnen und somit den islamistischen Ästhetisierungsgegnern, die hinter historischem ebenso wie zeitgenössischem künstlerischen Schaffen und Ausdruck stets eine Tendenz der Apostasie zu entdecken vermeinen, Raum zu geben, bleibt Bakor einer Ambivalenz verpflichtet, die zum einen auf die Problematik der abnehmenden Toleranz gegenüber künstlerischer Welterfassung hinweist, die aber zum anderen auch einen genuinen Zugang zur Wirklichkeit darstellt, indem verschiedene Ästhetiken und Politiken implizit zueinander in Beziehung gesetzt werden. Die Fotoarbeiten sind somit zweierlei – sie diagnostizieren eine religiös-kulturelle Krise und sind selbst auch Ausdruck einer solchen, die sich hinsichtlich des Umgangs mit und Verständnisses von Kunst und Ästhetik als selbständiger Erfahrungsraum der Erfassung von Realität und Fiktion, von Wahrheit und Ideologie, unter vor allem strenggläubigen Muslimen entwickelt hat.

---

11. Heike Behrend: »Zur Medialisierung okkulter Mächte. Geistmedien und Medien der Geister in Afrika«, in: Moritz Baßler, Bettina Gruber und Martina Wagner-Egelhaaf (Hg.): *Geister. Erscheinungen – Medien – Theorien*, Würzburg 2005, S. 201–211.
12. Heike Behrend: »Photo Magic: Photographs in Practices of Healing and Harming in East Africa«, in: *Journal of Religion in Africa* 33 (2003), S. 129–145.

Bruce Lincoln

Ästhetik, Religion und Politik
Überlegungen zu Walter Benjamin anhand des persischen Achämenidenreichs

I.

Wenn es einen Text gibt, der in das von uns behandelte Thema eingeführt hat und die Diskussion darüber bis heute bestimmt, dann ist es Walter Benjamins mittlerweile kanonischer Aufsatz »Das Kunstwerk im Zeitalter seiner technischen Reproduzierbarkeit«, der – zunächst in einer verstümmelten französischen Übersetzung – 1936 erstmals erschien.[1] Allerdings ist die Auseinandersetzung mit diesem Aufsatz nicht gerade einfach. Denn neben der etwas schwierigen französischen Übersetzung gibt es noch drei deutsche Fassungen von Benjamins Hand (1935, 1936, 1939), die jeweils einen anderen Stand seines Denkens, den Einfluss seiner Gesprächspartner und Kritiker sowie kleine Änderungen in der Perspektive und den rhetorischen Strategien oder des historischen Kontextes widerspiegeln.[2] Zudem hat jede Fassung selbst mehrere Schichten, weil frühere Gedanken und Gedankengänge einander so überlagern, dass sich einige ungewöhnliche Gegenüberstellungen sowie Spannungen, Brüche und gelegentlich sogar Widersprüche ergeben.[3] Noch komplizierter wird die Sache durch den in den letzten Jahren rasant gewachsenen Berg an Sekundärliteratur: die von Klaus-Gunther Wesseling 2003 zusammengestellte Bibliographie ist mittlerweile auf 807 Seiten angeschwollen. Den ganzen Benjamin zu überblicken, ist zu einer Lebensaufgabe geworden, der ich mich nicht gewachsen fühle.[4]

---

1. Die Übersetzung von Pierre Klossowski erschien in der *Zeitschrift für Sozialforschung* (1936) unter dem Titel »L'œuvre d'art à l'époque de sa reproduction mécanisée« und ist auch in der von Rolf Tiedemann und Hermann Schweppenhäuser herausgegebenen Werkausgabe enthalten: Walter Benjamin: *Gesammelte Schriften*, Frankfurt/M. 1974, Bd. I/2, S. 709–739. In der Übersetzung fehlt der erste Abschnitt von Benjamins Aufsatz, der ebenso wie offen marxistische Passagen auf Drängen des Pariser Redaktionssekretärs des Instituts für Sozialforschung, Hans Klaus Brill, gestrichen wurden, um mögliche Problemen des Instituts in seiner neuen Heimat USA aus dem Weg zu gehen.
2. Die drei Fassungen finden sich in Benjamin: *Gesammelte Schriften*, a.a.O., I/2, S. 431–469 (erste Fassung), VII/1, S. 350–384 (zweite Fassung und dort auch korrekt so bezeichnet), I/2, S. 471–508 (dort als zweite Fassung bezeichnet, tatsächlich aber die dritte Fassung).
3. Besonders erstaunlich ist, zumindest für mich, wie Ideen und Strukturmuster, die bereits in Benjamins Aufsatz »Über Sprache überhaupt und über die Sprache des Menschen« (1916, postum veröffentlicht; ebd., II/1, S. 140–157) und in einem auf Juli 1916 datierten Brief an Martin Buber (Walter Benjamin: *Briefe*, hrsg. und mit Anmerkungen versehen von Gershom Scholem und Theodor W. Adorno, Bd. 1, Frankfurt/M. 1966, S. 125–128) aufgegriffen und umgeformt wurden, aber dennoch im späteren Aufsatz erkennbar bleiben.
4. Klaus-Gunther Wesseling (Hg.): *Walter Benjamin. Eine Bibliographie*, Nordhausen 2003.

Allerdings unterscheidet sich das, was mich interessiert, von dem, was die meisten Leser des Aufsatzes fasziniert, und ich werde mich auf einige wenige Stellen konzentrieren, die Benjamins Ansichten über die sich ändernde Rolle der Religion im Verhältnis zu Kunst und Politik illustrieren, sowie darauf, wie sich daraus für ihn die entscheidende Differenz zwischen Vergangenheit und Gegenwart einerseits und zwischen progressiven und reaktionären Tendenzen andererseits ergibt. Interessant finde ich vor allem Benjamins schematischen historischen Abriss, der mir in einer für den Aufsatz bezeichnenden wie erhellenden Weise fehlerhaft scheint. Zur Verdeutlichung dieser Probleme werde ich im Laufe meiner Argumentation auf Beispiele aus meinen Forschungen zum Persien der Achämeniden (ca. 550 bis 330 v.u.Z.) zurückgreifen; andere ließen sich jedoch gleichfalls heranziehen.[5]

II.

Die erste für meine Zwecke relevante Textstelle ist in Benjamins drei deutschen Fassungen weitgehend identisch und steht in dem Abschnitt, der in der ersten Fassung die Überschrift »Ritual und Politik« trägt:

»In dem Augenblick aber, da der Maßstab der Echtheit an der Kunstproduktion versagt, hat sich <auch> die gesamte soziale Funktion der Kunst umgewälzt. An die Stelle ihrer <u>Fundierung aufs Ritual</u> {ist} [hat] <tritt> ihre Fundierung auf eine andere Praxis {getreten} [zu treten]: nämlich ihre Fundierung auf Politik.«[6]

Diese Textstelle postuliert einen historisch bedeutsamen Strukturwandel, der im Aufsatz näher zeitlich bestimmt wird: den Übergang der Stellung von Kunst, die sie von der Vorgeschichte bis in die Romantik innehatte und die sich als Folge der technischen Entwicklungen im 19. Jahrhundert veränderte. Wie in den vorhergehenden Abschnitten liefert Benjamin hier eine umfassendere Charakteristik von Kunstwerken aus vormoderner Zeit, wobei er ihre *Echtheit* mit einer Reihe anderer Eigenschaften verknüpfte, darunter *Einzigkeit, Autorität, Eingebettetsein in den Zusammenhang der Tradition* und *ihren Ausdruck im Kult*; all diese

---

5. Meine Überlegungen zur Epoche der Achämeniden habe ich in einer Reihe von Veröffentlichungen detailliert ausgeführt; u.a. in *La politique du paradis perse* (erscheint demnächst in Paris), »The Role of Religion in Achaemenian Imperialism«, in: Nicole Brisch (Hg.): *Religion and Power: Divine Kingship in the Ancient World and Beyond*, Chicago 2008, S. 213–233, und *Religion, Empire, and Torture. The Case of Achaemenian Persia*, Chicago 2007. Siehe auch: Paul Zanker: *Augustus und die Macht der Bilder*, München 1987, Marie Tanner: *The Last Descendant of Aeneas: The Hapsburgs and the Mythic Image of the Emperor*, New Haven 1993, und Zainab Bahrani: *Rituals of War: The Body and Violence in Mesopotamia*, New York 2008.
6. Benjamin: *Gesammelte Schriften*, a.a.O., I/2, S. 442 (erste Fassung), VII/1, S. 357 (zweite Fassung), I/2, S. 482 (dritte Fassung). {} = nur in der ersten Fassung. [] = nur in der zweiten Fassung. <> = nur in der dritten Fassung. In der zweiten und dritten Fassung im Original kursiv; Unterstreichung durch den Verfasser.

Eigenschaften fasste er zum Konzept der *Aura* zusammen, die auf eine *Fundierung aufs/im Ritual* zurückzuführen sei.[7] Solche Rituale können magischer oder religiöser Art sein (falls diese Unterscheidung überhaupt sinnvoll ist), und der fragliche Kultus kann der einer Gottheit oder abstrakt sein, etwa der Schönheitskult der Renaissance.[8] Doch bei aller Formenvielfalt war das vormoderne Kunstwerk für Benjamin durchweg theologisch fundiert.

Zwei Textstellen nuancieren diese Feststellung. In der ersten erklärt Benjamin, dass eine heidnische Statue der Venus selbst im Mittelalter ihre Aura bewahrt habe, obgleich die Christen in ihr »einen unheilvollen Abgott«, etwas noch immer von einer negativen übernatürlichen Macht Beherrschtes sahen.[9] In der zweiten Textstelle behauptet er, die Aura existiere in der Natur wie in der Kultur als »einmalige Erscheinung einer Ferne, so nah sie sein mag. An einem Sommernachmittag ruhend einem Gebirgszug am Horizont oder einem Zweig folgen, der seinen Schatten auf den Ruhenden wirft – das heißt die Aura dieser Berge, dieses Zweiges atmen«.[10] Mit Rückgriff auf die wörtliche Bedeutung des griechischen *aura* als »Hauch« beschrieb Benjamin hier sowohl natürliche als auch kulturelle Auren als hauchartig, also als spürbare, jedoch unkörperliche, geheimnisvolle und flüchtige Kräfte, die auch weit entfernten Dingen die Anmutung von Nähe verleihen. Sind Berge und Zweige zuträgliche Beispiele in dieser ergreifenden Schilderung, so liegt das anspruchsvollere – und wesentlich bedeutsamere – Beispiel der Gottheit nur ein wenig unter dieser bildlichen Oberfläche.[11]

---

7. Diese Eigenschaften werden in der ersten Fassung in den mit »Echtheit« und »Ritual und Politik« überschriebenen Abschnitten (Abschnitt III und V der ersten beiden Fassungen, Abschnitt II und IV in der dritten) angeführt und miteinander verknüpft. Anders als die späteren Fassungen, erwähnt die erste Fassung auch explizit die Theologie als Grundlage des Kunstwerks und seiner Aura. So schreibt er hier, »der einzigartige Wert des ›echten‹ Kunstwerks ist immer theologisch fundiert,« während es in den beiden anderen heißt, »*Der einzigartige Wert des ›echten‹ Kunstwerks hat [immer] seine Fundierung im Ritual, <in dem es seinen originären und ersten Gebrauchswert hatte>*« (jeweils im Original kursiv). Ebd., I/2, S. 441 (erste Fassung), VII/1, S. 356 (zweite Fassung), I/2, S. 480 (dritte Fassung).
8. Ebd., I/2, S. 441 (erste Fassung), VII/1, S. 356 (zweite Fassung), I/2, S. 480–481 (dritte Fassung).
9. Ebd., I/2, S. 441 (erste Fassung), VII/1, S. 355–356 (zweite Fassung), I/2, S. 480–481 (dritte Fassung). In der ersten Fassung besteht das mittelalterliche Publikum aus »Kirchenvätern«, in der zweiten und dritten aus »Klerikern«.
10. Ebd., I/2, S. 440 (erste Fassung), VII/1, S. 355 (zweite Fassung), I/2, S. 479 (dritte Fassung). Die ersten zwei Fassungen leiten diese Passage nur mit der Frage »Was ist eigentlich Aura? Ein sonderbares Gespinst aus Raum und Zeit« ein. Demgegenüber steht in der dritten Fassung die klärende Bemerkung, dass vor allem die natürliche Aura behandelt wird, um das Wirken der Aura in der menschlichen Kultur und Geschichte zu erläutern: »Es empfiehlt sich, den oben für geschichtliche Gegenstände vorgeschlagenen Begriff der Aura an dem Begriff *einer Aura von natürlichen Gegenständen* zu illustrieren«. Hervorhebung durch den Verfasser.
11. Die dritte Fassung enthält eine zusätzliche Anmerkung (7), die das religiöse Gefühl anspricht, das den Ausführungen zugrunde liegt und sie anstößt, das aber in den früheren Fassungen unerwähnt blieb: »Die Definition der Aura als ›einmalige Erscheinung einer Ferne, so nah sie sein mag‹, stellt nichts anderes dar als die Formulierung des Kultwerts des Kunstwerks in Kategorien der raum-zeitlichen Wahrnehmung. Ferne ist das Gegenteil von Nähe. Das *wesentlich* Ferne ist das Unnahbare. In der Tat ist Unnahbarkeit eine Haupt-

Insofern die technischen Mittel künstlerischer Reproduktion – Lithographie, Photographie, Kino u.a. – die »Einzigkeit«, die einzigartige Unmittelbarkeit des Hier und Jetzt eines Kunstwerks, beeinträchtigten, wurden auch andere Aspekte seiner Aura abgeschwächt, und es entstand eine Lücke, an deren Stelle – so behauptet Benjamin an der zitierten Stelle – dann die Politik tritt: »*An die Stelle ihrer Fundierung aufs Ritual* {ist} *[hat]* <tritt> *ihre Fundierung auf eine andere Praxis* {getreten} <hat zu treten>: *nämlich ihre Fundierung auf Politik.*«[12] Daraus ergibt sich ein einfaches und starres Schema der Eigenschaften von Kunstwerken vor und in der Moderne:

Vor der Moderne haben Kunstwerke die Eigenschaft: (+Religion/-Politik)
In der Moderne haben Kunstwerke die Eigenschaft: (-Religion/+Politik)

III.

Obwohl dieses Schema Benjamins Analyse des Verhältnisses von Vergangenheit und Gegenwart exakt abbildet, vereinfacht sie seine Einschätzung der Gegenwart, so wie er sie im ersten Absatz des letzten Abschnitts (XIX in der ersten und zweiten Fassung, »Nachwort« in der dritten Fassung) entwickelt.

»Die zunehmende Proletarisierung der heutigen Menschen und die zunehmende Formierung von Massen sind zwei Seiten eines und desselben Geschehens. Der Faschismus versucht, die neu entstandenen {proletarischen} proletarisierten Massen zu organisieren, ohne die {Produktions- und Eigentumsordnung} Eigentumsverhältnisse, auf deren Beseitigung sie hindrängen, anzutasten. Er sieht sein Heil darin, die Massen zu ihrem Ausdruck (beileibe nicht zu ihrem Recht) kommen zu lassen. [...] *Die Massen haben ein Recht auf Veränderung der Eigentumsverhältnisse; der Faschismus sucht ihnen einen Ausdruck in deren Konservierung zu geben.* {Er} *Der Faschismus läuft folgerecht auf eine Ästhetisierung des politischen Lebens hinaus.*«[13]

Hier findet sich die berühmte Formulierung, die Ästhetisierung des politischen Lebens sei ein Kennzeichen des Faschismus. Was er damit meinte, beschrieb Benjamin anschließend anhand der spektakulären, für die Kamera inszenierten und in den Wochenschauen verbreiteten Nazi-Aufmärsche, den den Massen das

---

qualität des Kultbildes. Es bleibt seiner Natur nach ›Ferne so nah es sein mag‹. Die Nähe, die man seiner Materie abzugewinnen vermag, tut der Ferne nicht Abbruch, die es nach seiner Erscheinung bewahrt.« Ebd., I/2, S. 480. Im Original kursiv.

12. Ebd., I/2, S. 442 (erste Fassung), VII/1, S. 357 (zweite Fassung), I/2, S. 482 (dritte Fassung). Im Original kursiv; zusätzliche Hervorhebung durch den Verfasser.

13. Ebd., I/2, S. 467 (erste Fassung), VII/1, S. 382 (zweite Fassung), I/2, S. 506 (dritte Fassung). Hervorhebung des letzten Satzes und der Begriffe »Recht« und »Ausdruck« in allen drei Fassungen; Hervorhebung des vorletzten Satzes und doppelte Hervorhebung von »Recht« und »Ausdruck« in der ersten Fassung; in der zweiten Fassung ist auch »Recht« kursiv.

erhebende Gefühl gaben, sich selbst zu begegnen (die paradoxe Erfahrung von Nähe und gleichzeitiger Entfernung derer, die zugleich Schauspieler und Publikum waren), während sie die kritische Aufmerksamkeit von der sozioökonomischen Realität ablenkten (und dadurch perpetuierten) und so die andauernde Ausbeutung und Entfremdung eben jener Massen sicherstellten.[14]

Dazu kam in der dritten Fassung ein weiterer Satz, mit dem Benjamin 1939 seiner gewachsenen Empörung Ausdruck verlieh und zugleich sein Argument weiter ausführte: »Der Vergewaltigung der Massen, die er [der Faschismus] *im Kult eines Führers* zu Boden zwingt, entspricht die Vergewaltigung einer Apparatur, die er der Herstellung von *Kultwerten* dienstbar macht.«[15] Mit diesem Satz wendet sich der Text wieder der Religion zu, wenn es heißt, dass der Faschismus nicht nur über einen eigenen Kult verfüge, sondern auch die Technik der künstlerischen Produktion pervertiere, indem er die Kamera zwingt, selbst Kultwerte zu erzeugen – und das zu einer Zeit, in der die Kamerawirkung die kultischen, rituellen und auratischen Aspekte von Kunst hätte überflüssig machen sollen.

Diese Überlegung erfordert eine Revision des obigen Schemas mit seiner einfachen Gegenüberstellung von vormodernen und modernen Kunstwerken. Ergänzend zum zeitlichen Gegensatz von Vergangenheit und Gegenwart wird innerhalb der Moderne eine zweite Unterscheidung eingeführt. Neben der eigentlich modernen Kunst, bei der die Fundierung durch die Religion von der Politik ersetzt wurde, kennt die Moderne auch eine davon abweichende Form: eine monströse Verbindung von Fortschritt und Atavismus, in der sich Politik, Religion und Kunst völlig ungehemmt miteinander vermischen.[16] Daher muss das Schema wie folgt erweitert werden:

Vor der Moderne haben Kunstwerke die Eigenschaft:	(+Religion/-Politik)
In der eigentlichen Moderne haben Kunstwerke die Eigenschaft:	(-Religion/+Politik)
In der Moderne unter dem Faschismus haben Kunstwerke die Eigenschaft:	(+Religion/+Politik)

---

14. Diese Darlegung steht in jenem Textteil, der im zitierten Ausschnitt mit [...] markiert ist: ebd., I/2, S. 467. In der zweiten und dritten Fassung findet sie sich in einer Fußnote: ebd., VII/1, S. 382, bzw. I/2, S. 506.
15. Ebd., I/2, S. 506. Hervorhebung durch den Verfasser.
16. Der Faschismus ist nicht das einzige moderne System, das sich um eine Stärkung der Aura bemüht; er beschreibt aber eine extreme Form dieses Bemühens. Eine solche Stärkung lässt sich z.B. auch bei kapitalistischen Strategien beobachten, welche die kommerzielle Filmproduktion kontrollieren und die Fetischisierung von Hollywoodstars, den Klatsch über Prominente etc. betreiben. Benjamin hat dies im Abschnitt »Der Filmdarsteller« in der ersten Fassung bemerkt (ebd., I/2, S. 451–452), verschob die Beschreibung in der zweiten Fassung jedoch in den folgenden Abschnitt (ebd., VII/1, S. 370) und überarbeitete sie weitgehend in der dritten Fassung (ebd., I/2, S. 492).

IV.

Die Kategorie der Kultwerte erscheint in dem ursprünglich »Kultwert und Ausstellungswert« genannten Abschnitt (VI in der ersten und zweiten Fassung, V in der dritten), in dem Benjamin den Übergang von einer religiösen zu einer politischen Fundierung der Kunst beschreibt.[17] Dabei stellt er den *Kultwert* eines Kunstwerks seinem *Ausstellungswert* gegenüber: der Kultwert sei von der Beschränkung der Sichtbarkeit des Objekts abhängig, der Ausstellungswert von seiner Zugänglichkeit für ein breites Publikum. Damit lässt sich jedes Werk auf einer Skala zwischen zwei Extremen verorten: a) das heilige Objekt, das von allen, außer von wenigen Privilegierten abgeschirmt wird und nur für die Gottheit bestimmt ist; und b) ein leicht und uneingeschränkt zugängliches Werk. Wenn man Kunstwerke auf technischem Wege reproduzieren kann, lassen sie sich leicht verbreiten und ausstellen und werden schließlich dem beschränkteren Geltungsbereich des Rituals und des Kults enthoben.[18] Dass die Objekte von einem Massenpublikum außerhalb des Kontextes des Heiligen betrachtet werden, diese Situation scheint Benjamins Politikmodell als ein typisch und ausschließlich modernes auszuweisen. Obwohl ich auch an einigen anderen Punkten Bedenken gegenüber Benjamins Ausführungen habe, scheint mir seine Argumentation hier doch am problematischsten.

Als einfaches Beispiel für das, was mir falsch erscheint, möchte ich das erste große erhaltene Kunstwerk aus der Zeit der Achämeniden anführen. Es handelt sich um die monumentale Reliefskulptur in Bīsutūn, die im zweiten und dritten Jahr der Herrschaft des Dareios entstand (520–519 v.u.Z.). Vor der Betrachtung des eigentlichen Reliefs sei gesagt, dass es 66 Meter über der tragenden Mauer angebracht ist, und zwar auf dem steilen Felsabsturz eines Bergs, der sich wiederum 500 Meter über die Straße zwischen Ekbatana und Babylon, einer der wichtigsten Verbindungsrouten der Antike, erhebt. In einer solchen Höhe sind die Einzelheiten und die begleitenden Inschriften für die Menschen darunter praktisch nicht zu erkennen (Abb. 1 und 2). Daher vermutete man bisweilen, dass sich das Relief vor allem an einen göttlichen Betrachter richtete; untermauert wurde dies unter anderem durch die Herkunft des Namens Bīsutūn aus dem Altpersischen *Baga-stāna, wörtlich »Aufenthaltsort der Götter«.[19]

Die für gewöhnliche Menschen eingeschränkte Sichtbarkeit und Zugänglichkeit eines Kunstwerks, die Aufhebung räumlicher Entfernung und existenzieller

---

17. Ebd., I/2, S. 443–445 (erste Fassung), VII/1, S. 357–360 (zweite Fassung), I/2, S. 482–484 (dritte Fassung).
18. Dieser Punkt wird durch die Kursive in der ersten Fassung hervorgehoben: »*die technische Reproduzierbarkeit des Kunstwerks emanzipiert dieses zum ersten Mal in der Weltgeschichte von seinem parasitären Dasein am Ritual.*« Ebd., I/2, S. 442, im Original kursiv, zusätzliche Hervorhebung durch den Verfasser. Dieselbe Formulierung findet sich in der zweiten und dritten Fassung: VII/1, S. 356 bzw. I/2, S. 481, doch wurde dort die Hervorhebung zurückgenommen.
19. Rüdiger Schmitt (Hg.): *The Bisitun Inscriptions of Darius the Great: Old Persian Text.* Corpus Inscriptionum Iranicarum, Bd. 1, Texts I, London 1991, S. 17.

Abb. 1: Berg Bīsutūn, aus östlicher Richtung (von Ekbatana kommend) gesehen. (© Livius.org)

Abb. 2: Berg Bīsutūn, Detail der Reliefskulptur 66 Meter über der tragenden Mauer. (© Livius.org)

Unterschiede sowie die Einzigartigkeit, Authentizität und Aura – all das deckt sich offenkundig mit Benjamins Begriff des Kultwerts. Auch der religiöse Bezug des Kunstwerks tritt offen zu Tage, etwa in der Figur der höchsten Gottheit Ahura Mazdā (»der weise Herr«), der über der Szene schwebt: Er deutet mit seiner Rechten auf den unter ihm stehenden Dareios und hält in der Linken einen Ring, der meist als das Sinnbild einer Herrschaft von Gottes Gnaden interpretiert wird (Abb. 3).

Betrachtet man das Relief jedoch als Ganzes (Abb. 4), dann wird deutlich, dass nicht die Gottheit, sondern der König die zentrale Figur und sein Sieg über die Feinde das zentrale Thema der Darstellung ist (Abb. 4 und 5). Das bedeutet freilich nicht, dass der politische den religiösen Gehalt überdeckt, setzt das Relief doch alles daran, Dareios als König »nach dem Willen des weisen Herren« (eine in der Inschrift vielfach wiederholte Formulierung) zu inszenieren und zu zeigen, dass seine Siege nur durch göttliche Gnade und Hilfe möglich waren.[20] Aus marxistischer Perspektive werden hier politische und sozioökonomische Rea-

---

20. Mit sechsunddreißig Wiederholungen ist die Phrase »nach dem Willen des weisen Herren« (Altpersisch *vašnā Auramazdāha*) im Grunde der Refrain der Inschrift.

Abb. 3: Ahura Mazdā (»der weise Herr«) auf der Reliefskulptur in Bīsutūn. (© Michael Kozuh)

Abb. 4: Dareios der Große empfängt mit zu Ahura Mazdā gerichteter Grußgeste den Segen des Gottes. Hinter ihm stehen bewaffnete Würdenträger des persischen Hofs und der Armee, vor ihm neun von Dareios im Vorjahr besiegte Aufständische, die die Inschriften als Lügner und Abgesandte eines Dämons des Chaos bezeichnen. Hier warten sie entwaffnet und an Hals und Händen gefesselt auf die Hinrichtung. (© M. Kozuh)

Abb. 5: Dareios überwältigt seinen Vorgänger, den er zum Usurpator erklärt, auf dem Thron. Dieser könnte aber genauso gut der rechtmäßige König sein, was wiederum Dareios zum Usurpator machen würde. (© Michael Kozuh)

litäten (die imperiale Konzentration von Reichtum und Macht, Monopole der ausführenden Gewalt und des Herrschaftsdiskurses) religiös überhöht, doch mit gleichem Recht lässt sich auch behaupten, dass das Politische vollständig vom Religiösen durchdrungen ist oder dass durch den Versuch einer Trennung von Religiösem und Politischem unpassende und veraltete Kriterien auf eine Gesellschaft angewandt werden, in der man dies überhaupt nicht unterschied. Schlicht falsch ist allerdings die Behauptung, auch wenn sie sich auf Benjamin stützt, dass das Kunstwerk jener Zeit seinen Ursprung allein in der Religion hatte und die Möglichkeit einer Fundierung in der Politik noch nicht vorhanden war.

V.

Um den Gedanken weiter auszuführen, folgt ein Blick auf ein anderes achämenidisches Kunstwerk: die Reliefskulpturen von Persepolis zwischen den beiden Treppen, die zum Apadāna hinaufführen – jener gewaltigen Empfangshalle für bis zu 10.000 Menschen, deren Bau unter Dareios um 515 v.u.Z. begonnnen und kurz nach der Thronbesteigung von Xerxes 486 vollendet wurde. Hier gibt es weder Darstellungen von Ahura Mazdā und anderen Göttern noch irgendwelche Embleme des Göttlichen. Eine frühere Gelehrtengeneration hielt die Reliefs für Zeugnisse eines Neujahrsrituals, was inzwischen als nicht haltbar zurückgewiesen wird.[21] Vielmehr stimmt die Fachwelt nun überein, dass ihre fein gearbeiteten Steinfiguren eine Prozession von 172 Tributleistenden darstellt, die in 23 Delegationen unterteilt sind.[22] Jede Delegation, die jeweils durch ihre Trachten und die Gesichtszüge gekennzeichnet ist, repräsentiert eines der zum Perserreich gehörenden Völker. Darüber hinaus tragen alle Figuren für ihre Heimat typische Gegenstände oder führen aus dem jeweiligen Gebiet stammende Tiere mit sich, die sie dem Achämenidenkönig zum »Geschenk« machen werden (Abb. 6 bis 8).

Wenn ein achämenidisches Kunstwerk die Bezeichnung säkular verdient, dann dieses. Zudem war es das Werk, das am ehesten die Massen ansprach, selbst wenn mit Masse hier nicht das städtische Proletariat gemeint ist, sondern die Würdenträger der eroberten, zu tributpflichtigen Provinzen des Perserreichs herabgesunkenen Staaten. Darüber hinaus heben die Apadāna-Reliefs – beinahe wie Wochenschauen zu Nürnberger Reichsparteitagen – die Distanz zwischen Betrachter und Betrachtetem, zwischen Wirklichkeit und Repräsentation auf, da das Publikum in erster Linie aus jenen bestand, die jedes Jahr die Treppe zum Apadāna hinaufstiegen, um dem König den materiellen Beweis ihrer Unterwerfung zu überbringen. Der ideologische Zweck des Reliefs bestand darin, die Gesandten mit dieser Pflicht auszusöhnen, und zwar dadurch, dass sie Tributleistende wie sie selbst abgebildet sahen, die ihre Aufgabe mit großer Würde und Stolz versahen (vgl. Abb. 9 bis 11). Derart schmeichelnde Darstellungen überhöhten das Verhältnis von Herrschaft und Enteignung und trugen zu dessen Perpe-

---

21. Die ältere Theorie vertraten vor allem Arthur Upham Pope: »Persepolis as a Ritual City«, in: *Archaeology* 10 (1957), S. 123–130 und Roland Ghirshman: »Notes iraniennes VII: à propos de Persépolis«, in: *Artibus Asiae* 20 (1957), S. 265–278. Doch infolge grundlegender Kritik an dieser Theorie wie der von Carl Nylander: »Al-Beruni and Persepolis«, in: Acta Iranica 1 (1974), S. 137–150, Peter Calmeyer: »Textual Sources for the Interpretation of Achaemenian Palace Decorations«, in: *Iran* 18 (1980), S. 55–63, ders.: »Dareios in Bagestana und Xerxes in Persepolis: Zur paratraktischen Komposition achaimenidischer Herrscherdarstellungen«, in: *Visible Religion* 4–5, (1985–86), S. 76–95, und Heleen Sancisi-Weerdenburg: »Nowruz at Persepolis«, in: *Achaemenid History* 7 (1991), S. 173–201, hat sie kaum noch Anhänger.
22. Vgl. Gerold Walser: *Die Völkerschaften auf den Reliefs von Persepolis. Historische Studien über den sogenannten Tributzug an der Apadānatreppe*, Berlin 1966, und Nicholas Cahill: »The Treasury at Persepolis: Gift-Giving at the City of the Persians«, in: *American Journal of Archaeology* 89 (1985), S. 373–89.

Abb. 6: Persepolis, Relief an der Treppe zum Apadāna. Angeführt von einem Meder, überbringen assyrische Gesandte – angetan mit geschnürten Stiefeln, Röcken und Stirnbändern – Korn, Felle, Textilien und Widder. (© Oriental Institute Chicago)

Abb. 7: Persepolis, Relief an der Treppe zum Apadāna. Angeführt von einem Perser, überbringen Dolch tragende skythische Gesandte mit spitzen Hüten und Hosen Bögen, Armreifen, Kleidung, Stiefel und Pferde. (© Oriental Institute Chicago)

Abb. 8: Persepolis, ursprünglich oben auf der Treppe zum Apadāna befindliche Reliefplatte. Ein König (wahrscheinlich Dareios) empfängt die erste Delegation Tributüberbringer: Meder mit Faltenumhängen und Speeren, die von einem Perser, der sich in Anwesenheit des Königs die Hand vor den Mund hält, angeführt werden. (© Livius.org)

Abb. 9: Persepolis, Detail einer Reliefplatte an der Treppe zum Apadāna. Ein Elamiter überbringt einen Löwen. (© Livius.org)

tuierung bei, indem sie den Augenblick der tiefsten Erniedrigung und den entwürdigendsten Akt – die Tributleistung – mit Erhabenheit und größtmöglichem Prunk ausstatteten.²³

---

23. Margaret Cool Root vermutet, dass Athener Besucher auf Persepolis die Apadāna-Reliefs wohl auf eine Weise betrachtet hätten, die die achämenidischen Überzeugungsversuche unterlaufen und konterkariert hätte: »It is my opinion that the intent of the Achaemenid program was to incorporate. Veiled threat and coercion may be here, but so are notions of collective ceremonial affirmation. And the intended effect was a resolution of these competing energies into a freighted but positivist whole. Although some of the Greek readings envisage a validating reception by our Athenian, most thrust him into a feminizing context that seems destined to alienate him. The vocabulary, syntax, and meta-narrative of garments, gifts, and demeanour almost always lead the Greek reader into a zone where his misogynistic, patriarchal upbringing will make him shudder. If so, this suggests a great gulf of crosscultural miscommunication.« Margaret Cool Root: »Reading Persepolis in Greek: Gifts of the Yauna«, in: Christopher Tuplin (Hg.): *Persian Responses: Political and Cultural Interaction with(in) the Achaemenid Empire*, Swansea 2007, S. 177–224, hier S. 211.

Abb. 10: Persepolis, Detail einer Reliefplatte an der Treppe zum Apadāna. Ein Äthiopier überbringt Elfenbein und eine Giraffe. (© Oriental Institute Chicago)

VI.

Es ist verlockend, die Apadāna-Reliefs für ein säkulares, politisches und überraschend modernes Kunstwerk zu halten. Doch das wäre ein grober Irrtum, da hierbei die theoretische Unterfütterung der Tributleistung durch die Achämeniden außer Acht bliebe. Diese achämenidische Rationalisierung ist, einfach gesagt, eine Folge jener Kosmogonie, die den Anfang vieler Inschriften aus jener Zeit bildet und nach welcher der weise Herr ursprünglich einen vollkommenen Kosmos mit vier, allesamt im Singular angeführten Urgründen erschaffen hat:[24] Himmel, Erde, der (noch geschlechtslose und unsterbliche) erste Mensch und »das menschliche Glück«; in dieser letzten Entität ist die Essenz dessen zusammengefasst, was das Leben möglich macht – Pflanzen, Tiere, Steine, Wasser, Luft und so weiter. Die kosmische Vollkommenheit wird jedoch in der Vorgeschichte zerstört, als eine dämonische Kraft namens »die Lüge« die Schöpfung des weisen Herren angreift, die Einheit zerschlägt und das Böse einführt.

---

24. Die Kosmogonie erscheint in dreiundzwanzig Inschriften, jeweils als deren erster Absatz. Die wichtigsten Texte wurden von Clarisse Herrenschmidt: »Les créations d'Ahuramazda«, in: *Studia Iranica* 6 (1977), S. 17–58 im Detail untersucht.

Abb. 11: Persepolis, Detail einer Reliefplatte an der Treppe zum Apadāna. Ein Armenier überreicht ein Goldgefäß, Sinnbild für die in seiner Heimat hoch entwickelte Metallverarbeitung. (© Livius.org)

Eine Folge dieser Zersplitterung war die Aufteilung der Erde in verschiedene Länder mit eigener Topographie und jeweils spezifischen natürlichen Gegebenheiten; die Aufteilung der Menschheit in verschiedene Völker, mit je unterschiedlichen Kulturen und Physiognomien; die Aufteilung der Pflanzen und Tiere in verschiedene Arten mit eigenen Lebensräumen und Merkmalen; und die Aufteilung der Materie in verschiedene Substanzen – darunter auch seltene und wertvolle –, die den Ländern und Völkern der Erde zugeteilt werden. Dies alles erzeugt Neid, Wettstreit und Zwietracht und führt, da die Lüge und das Böse auf die Welt gekommen sind, zu Unglück und Tugendlosigkeit.

Daher sucht der weise Herr die ursprüngliche Einheit wiederherzustellen, und um dies zu bewerkstelligen, erwählt er den Achämenidenkönig zum Anführer des Kampfs der Welt gegen das Böse. Die Eroberung von Völkern, die mit der Lüge infiziert sind – wie in Bīsutūn dargestellt –, beseitigt nicht nur verderbliche Einflüsse, sondern trägt auch dazu bei, die Einheit der Menschheit zurückzugewinnen, da sich verschiedene Völker in einem Reich zusammenschließen. Dabei beschränkt sich diese Wiedervereinigung nicht nur auf die Völker – auch verschiedene Pflanzen, Tiere und unbelebte Materie aus allen Teilen des Reichs wurden versammelt und im Herrschaftszentrum verwahrt: am Ort der neu entstehenden Einheit, an dem das Paradies allmählich wiedergewonnen wurde. Dieses Verständnis implizierte auch der Name für den »Tribut«, der im Altpersischen mit *bāji* wörtlich »Portion« bezeichnet wurde; damit war der Teil der Schöpfung gemeint, der bei der Zerstörung der ursprünglichen Ordnung einem Land und Volk zufiel und der mit allen anderen vereint werden musste, um die Einheit wiederherzustellen. Die Reliefs auf den Stufen des Apadāna zeigen damit nicht nur einen Vorgang, der in Politik und Wirtschaft, sondern auch in der Religion gründet, da die Tributzahlung als wesentlicher Teil des Reichsprojekts zur Weltrettung und Wiederherstellung der Einheit aufgefasst und abgebildet wurde. Damit ist es kein modernes Kunstwerk im Sinne Benjamins (-Religion/+Politik), sondern eigentlich ein faschistisches (+Religion/+Politik).

VII.

Die achämenidischen Beispiele belegen hinlänglich, was im Grunde schon von Anfang an hätte klar sein können: So klug Benjamins Ausführungen zur modernen Kunst auch sind, er hat unterschätzt, in welchem Maß die Politik jede religiöse Fundierung vormoderner Kunst ergänzte. An dieser Stelle könnte sich die Diskussion in viele Richtungen verzweigen, doch der begrenzte Raum gestattet mir nur einige wenige Beobachtungen:

1. Es gibt keine Zeit, keine Kunst, keinen Diskurs noch menschliche Ordnung, in der das Politische völlig fehlt (wobei ich Politik hier sehr weit fasse). Die Behauptung eines apolitischen Zustandes ist defensiv und selbst wiederum höchst politisch. Bisweilen wurde dies in Namen der Kunst behauptet – und wie bei Benjamin für die Kunst früherer Epochen –, dennoch sollte man dies stets zurückweisen und die Beweggründe derjenigen hinterfragen, die diese Behauptung aufstellen.

2. Politische Behauptungen erlangen oft eine wesentlich größere Bedeutung als sich normalerweise durch rationale Argumente rechtfertigen lässt. Eine solche Bedeutungszunahme ergibt sich meistens entweder aus Strategien der Repräsentation, die diese Behauptung sinnlich ansprechend gestalten (Ästhetisierung beziehungsweise Verführung), oder durch die Beanspruchung einer übernatürlichen Autorität (Überhöhung beziehungsweise Aura). Keine dieser Strategien ist auf einen spezifischen historischen oder kulturellen Kontext zu beschränken, obwohl technische Überlegungen, Moden oder die habitualisierte Erwartung des Publikums stets zur Festlegung dessen beitragen, was eine bestimmte Zielgruppe ästhetisch ansprechend, religiös erhebend und politisch überzeugend findet.

3. Die ehrgeizigste und zugleich vielversprechendste Strategie ist eine Kombination von Ästhetisierung und religiöser Überhöhung. Es bedarf jedoch enormer Mittel (an Personal wie Material), um die entsprechenden Werke zu schaffen und sie an ein Massenpublikum zu vermitteln. Dies geschah unter den Achämeniden, wie ich hoffentlich zeigen konnte, aber als Beispiele dafür ließen sich auch das Perikleisches Zeitalter Athens, Rom unter Augustus, Byzanz, das Indien der Mogulreiche, das habsburgische Wien oder China zur Ming- oder Qing-Zeit anführen. In dieser Hinsicht lässt sich der Faschismus am ehesten als eine spezifisch moderne Unterkategorie des Imperialen verstehen.

4. Beim Nachdenken über die Mittel künstlerischer Produktion, also über die Frage der Technik, macht Benjamin einen Bruch zwischen Vergangenheit und Gegenwart aus. Hätte er seine Aufmerksamkeit stärker auf die Produktionsverhältnisse, vor allem im Hinblick auf den Auftraggeber, und die Frage, wer die teuersten, imposantesten und wirkungsmächtigsten Kunstformen zu jeder Zeit (Monumentalarchitektur, Kino oder etwas anderes) kontrolliert, gerichtet, dann hätte er eine historische Kontinuität wahrgenommen.

5. Wie in seinem Titel angedeutet, stellte Benjamins Aufsatz zusätzlich zu den besprochenen Schemata noch ein letztes auf:

Vor der Moderne haben Kunstwerke die Eigenschaft:	(-Vielheit/+Aura)
In der Moderne haben Kunstwerke die Eigenschaft:	(+Vielheit/-Aura)

Die Aufschlüsselung dieses Schemas ergibt ein ähnliches Narrativ wie die achämenidische Kosmogonie. Bei beiden unterliegt die heilige Einheit der weltlichen Vielheit, in der auch Gut und Böse miteinander widerstreiten. Benjamin und Dareios unterscheiden sich natürlich darin, wie, wann und warum die Einheit der Vielheit weichen musste und auch in ihrer Vorstellung dessen, was das Gute ausmacht und wie das Böse am Ende überwunden werden kann. Wo sich die Achämeniden auf ihre Könige, Armeen und Tributleistungen verlassen haben, setzt Benjamin die Hoffnung auf das befreiende Potenzial von Charlie Chaplin, Dziga Vertov und Mickey Mouse und stützt sich damit auf einen sanfteren, eigenwilligeren und – zumindest oberflächlich – schwächeren Messianismus als die bekannteren Spielarten des Imperialen.[25]

Aus dem Englischen übersetzt von Sven Koch
unter Mitarbeit von Andrea Stumpf

---

25. Verweise auf Chaplin enthalten die Abschnitte »Photographie und Film als Kunst« in Benjamin: *Gesammelte Schriften*, a.a.O., I/2, S. 448 (erste Fassung), VII/1, S. 363 (zweite Fassung), I/2, S. 487 (dritte Fassung) und »Rezeption und Gemälde« ebd., I/2, S. 459 (erste Fassung), VII/1, S. 374 (zweite Fassung), I/2, S. 496–497 (dritte Fassung). Eine längere Diskussion enthielt auch der zunächst »Micky-Maus« genannte Abschnitt, ebd., I/2, S. 462, die in der zweiten Fassung um Anmerkung 14 ergänzt wurde; dieses Thema wurde jedoch in der dritten Fassung fallen gelassen. Den sowjetischen Film behandelten die zwei ersten Fassungen nur sehr allgemein, ebd., I/2, S. 456 (erste Fassung), VII/1, S. 372 (zweite Fassung), während die dritte Fassung Dziga Vertov explizit erwähnte, I/2, S. 492–494. Der Hinweis auf eine schwache messianische Kraft verweist natürlich auf Abschnitt II von Benjamins letztem Text »Über den Begriff der Geschichte«, ebd., I/2, S. 694.

Daniel Illger

Von Persepolis zu Abu Ghraib: Kunst und Ideologie
Eine Antwort auf Bruce Lincoln

In seinem Beitrag argumentiert Bruce Lincoln, dass Kunst – im Gegensatz zu dem, was Benjamin, folgt man Lincoln, in seinem Kunstwerk-Aufsatz vorschlägt – bereits lange vor der Moderne *sowohl* in Politik *als auch* in Religion gründete. Zwei bedeutende Kunstwerke aus dem Achämenidenreich dienen ihm als Beispiele, um seine These zu stützen: das gewaltige Felsrelief vom Berg Bīsutūn und die Reliefskulpturen, welche die Treppen säumen, die zum Eingang der großen Empfangshalle von Persepolis führen. Unter Bezugnahme auf Lincolns Überlegungen ist es somit möglich, eine bemerkenswerte Kontinuität hinsichtlich der Funktions- und Wirkungsweise von Kunst herauszuarbeiten.

Diese Kontinuität scheint auf mehreren Ebenen gültig: Zunächst einmal kann man sagen, dass die religiöse Fundierung der Kunst nie völlig unbeeinflusst war von den Logiken der Politik. Zum zweiten erinnert die Art, in der die Kunst der Achämeniden Politik und Religion vermischte – Lincoln hat dies betont –, daran, wie der Faschismus Kunst benutzte. Beispielsweise etabliert das Felsrelief am Berg Bīsutūn eine Verbindung zwischen König Dareios und der obersten Gottheit der Achämendien, die dazu dient, der königlichen Macht und Herrlichkeit eine göttliche Autorität zu verleihen. Wir erkennen hier eine Kombination zweier Strategien: einerseits der Ästhetisierung, die Lincoln als Verführung definiert, und andererseits der Heiligsprechung, von ihm als ›Aura‹ bezeichnet – auch wenn das ›Publikum‹ dieses speziellen Kunstwerkes kaum in der Lage gewesen sein dürfte, dessen Imposanz angemessen zu würdigen, bedenkt man die Entfernung, die die Skulptur vom Auge des gemeinen Reisenden trennte. Lincolns Auffassung nach können diese Strategien als typisch dafür gelten, wie die großen Imperien der Weltgeschichte die Kunst benutzten, um die ideologische Hegemonie über ihre Untertanen aufrechtzuerhalten. In diesem Zusammenhang beschreibt er die faschistischen Regimes des letzten Jahrhunderts als eine »spezifisch moderne Unterkategorie des Imperialen«.[1] Drittens scheint es in Hinblick auf die Produktion von Kunstwerken angemessen, eine Kontinuität in deren Wirkungs- und Funktionsweise zu postulieren, vor allem inbetreff der Frage, wer, wie Lincoln es ausdrückt, »die teuersten, imposantesten und wirkungsmächtigsten Kunstformen zu jeder Zeit«[2] kontrolliert. Ganz offensichtlich bedurfte es der Macht und des Einflusses eines Herrschers, um eine Skulptur wie jene am Berg Bīsutūn zu erschaffen, ebenso wie heutzutage kein gewöhnlicher Bürger in der Lage wäre, einen Blockbuster zu finanzieren oder ein Regierungsgebäude zu stiften.

---

1. Bruce Lincoln: »Ästhetik, Religion und Politik. Überlegungen zu Walter Benjamin anhand des persischen Achämenidenreichs«, in diesem Band, S. 196.
2. Ebd.

Lincolns Argumentation wirft mehrere bedeutsame Fragen auf. Wenn er die Kontinuitäten bezüglich Wirkung und Funktion der Kunst hervorhebt, scheint er gängige Vorstellungen über die Validität der Unterteilung in historische Epochen herauszufordern: Was genau ist der Unterschied zwischen moderner und vormoderner Kunst, wenn Kunst immer schon sowohl in Politik als auch in Religion gründete? Besteht dieser Unterschied etwa in der Beziehung zwischen dem Kunstwerk und seinem Publikum? Aber auch hier scheint es eine Kontinuität zu geben, zumindest auf einer funktionalen Ebene. Natürlich haben die Kunstwerke selbst und die Techniken ihrer Herstellung sich verändert, und manch neue Kunst hat sich im Verlauf der Jahrhunderte entwickelt. Aber wie tiefgreifend sind diese Veränderungen, was ist ihre Bedeutung verglichen mit den Kontinuitäten, die Lincoln beschreibt? Insbesondere der Begriff ›Ästhetisierung‹ scheint vor dem Hintergrund seiner Thesen jegliche Bedeutung zu verlieren. Das gilt zumindest dann, wenn man ›Ästhetisierung‹, wie es üblicherweise getan wird, als ein Krisensymptom moderner Gesellschaften auffasst – denn für Lincoln lässt sich mit demselben Ausdruck eine Strategie beschreiben, die schon lange vor Beginn der christlichen Zeitrechnung angewandt wurde, um das Publikum eines Kunstwerkes in Überzeugungen zu bestärken, welche die jeweiligen Machtverhältnisse stabilisierten, jener beispielsweise, dass gewisse Herrscher von höheren Mächten ausgewählt wurden, um der Welt endlich Frieden und Wohlstand zu bringen. Der letztgenannte Gedanke verbindet sich mit einer weiteren wichtigen Frage: Wie können wir einen Zugriff auf das Denken und Fühlen von Menschen erlangen, die in längst vergangenen Ären lebten? Lincoln selbst betont, dass, wenn es um die Achämeniden geht, »durch den Versuch einer Trennung von Religiösem und Politischem unpassende und veraltete Kriterien auf eine Gesellschaft angewandt werden, in der man dies überhaupt nicht unterschied.«[3]

Somit scheint es auf der einen Seite ein höchst riskantes Unterfangen zu sein, mehr oder weniger moderne (und vermutlich auch westliche) Konzepte von Religion und Politik zur Untersuchung der Kunst eines Imperiums heranzuziehen, das seine Hochzeit vor über zweitausend Jahren hatte. Man könnte sich fragen, ob diese Vorgehensweise nicht Gefahr läuft, ein Wissen zu reproduzieren, das nur für *unsere* Welt und *unsere* Zeit gültig ist. Auf der anderen Seite ist es ebenso zutreffend, dass Lincolns Analyse der Kunst der Achämeniden bestimmte Mechanismen der Macht offenlegt, die in der Tat über die Epochen hinweg fortzubestehen scheinen. Namentlich werden verblüffende strukturelle Parallelen deutlich, wenn man ein anderes Werk von Bruce Lincoln heranzieht: *Religion, Empire, and Torture*. Am Ende dieses Buches vergleicht er die Strategien der Selbstlegitimation, welche die Achämeniden heranzogen, mit jenen, die man beispielsweise in den Reden des früheren US-Präsidenten George W. Bush findet. Lincoln bezieht sich vor allem auf Präsident Bushs *»Mission Accomplished«*-Ansprache, die er am 1. Mai 2003 an Bord des Flugzeugträgers *USS Abraham Lincoln* gab. In Bezug auf diese längst schon berüchtigte Rede stellt Lincoln fest: »here, the same themes that I have repeatedly identified [in der Diskussion des imperialen Messianismus

---

3. Ebd., S. 190.

der Achämeniden] – ethical dualism, a theology of election, and a sense of a soteriological mission – are all patently evident.«⁴

Er fährt dann fort:

»Here, as in many of his speeches, Mr. Bush implicitly advanced a well-structured syllogism, in which premises – (1) first, that, in its wars, the United States pursues the cause of freedom and (2) that this cause originates, not with the United States, but with God himself – interact to suggest an implicit conclusion: that the United States is God's chosen instrument for the accomplishment of his purpose for all humanity.«⁵

Lincolns Auffassung nach unterstreicht die Tatsache, dass Bush in derselben Rede eine Passage aus dem Buch Jesaja zitiert, dass er einen messianischen Anspruch erhebt. Die gesamte Inszenierung der »*Mission Accomplished*«-Ansprache – die Landung auf dem Deck des Flugzeugträgers in einem in goldenes Abendlicht getauchten Viking-Jet; der Umstand, dass Bush den Anzug eines Kampfpiloten trug; die Verbrüderung des Präsidenten mit der Besatzung des Schiffes – diente somit dem Ziel, den Eindruck »of a warrior president and a triumphant hero descended from the clouds, master of air, land and sea«⁶ zu erwecken.

In scharfem Gegensatz zu der Inszenierung von George W. Bush als einem charismatischen Anführer stehen die ikonischen Bilder von Saddam Hussein, die ihn zeigen, wie er am 13. Dezember 2003 in seinem Versteck, dem sogenannten »spiderhole«, aufgespürt wurde: ein heruntergekommener und anscheinend verwirrter Mann, der in einer unterirdischen Zuflucht kauerte, als wäre er ein Insekt. Beide Episoden, die Landung des siegreichen Präsidenten und die Gefangennahme des früheren Diktators, bedienen sich, wie Lincoln herausstellt, vertikaler Kodierungen, indem sie das Hohe mit dem Niedrigen kontrastieren.⁷ Es ist offensichtlich, dass dieser Dualismus zwischen Hohem und Niedrigem auch auf die Kluft verweist, die sich auftut zwischen dem göttlich Sanktionierten und dem Verworfenen, dem Guten und dem Bösen, Freiheit und Unterdrückung, kurz gesagt: ›uns‹ und ›ihnen‹.

Selbstverständlich wäre es zynisch, die Bilder von Bush und Hussein als Kunstwerke zu beschreiben. Sehr wohl allerdings können sie als ästhetische Objekte gelten, in dem Sinn, dass sie abstrakt-intellektuelle Konzepte in etwas sinnlich Erfahrbares transformieren. Das heißt zunächst, dass es offenbar nicht nötig ist, besagte Bilder einer wissenschaftlichen Analyse zu unterziehen, um ihre Bedeutung zu erfassen – und sei es auf einer unbewussten Ebene. In einer solchen Perspektive wird aber zugleich deutlich, dass die Ästhetik nicht etwas ist – wie viele

---

4. Bruce Lincoln: *Religion, Empire, and Torture. The Case of Achaemenian Persia. With a Postscript on Abu Ghraib*, Chicago, London 2007, S. 97.
5. Ebd., S. 98.
6. Ebd., S. 99.
7. Ebd., S. 100.

Ästhetisierungs-Theoretiker meinen[8] –, was von außen her kommend die Felder der Politik und der Religion infiltriert, sondern dass ästhetische Strategien immer schon genuiner Bestandteil der politischen und religiösen Macht-, Wissens- und Ideologieproduktion sind. Lincoln zeigt auf, wie wahr diese Annahme ist, wenn er die Fotografien untersucht, die zwischen Oktober und Dezember 2003 von Mitgliedern der US-Militärpolizei im Abu Ghraib-Gefängnis aufgenommen wurden. Es sind Fotografien, die Folgendes enthüllen: »not only did humble foot soldiers absorb the symbolic constructs that their superiors used to justify imperial aggression, but they also became capable of reproducing these with the limited means at their disposal.«[9]

Lincoln fährt fort:

»Like children overexposed to Hollywood westerns who learn to mount crude versions of ›cowboys and Indians‹ on their own, the soldiers at Abu Ghraib staged and restaged variant scenarios, all of which delineate the difference between ›us‹ and ›them.‹ In these small-scale tableaux, low-level GIs endlessly repersuaded themselves of the basic truths: We are high; they are low. We are clean; they are dirty. We are strong and brave; they are weak and cowardly. We are lordly; they are virtually animals. We are God's chosen; they are estranged from everything divine.«[10]

Die Kommentare zu den letzten Seiten von *Religion, Empire, and Torture* sollten keine Lösungen zu den im Vorfeld gestellten Fragen anbieten. Im Gegenteil ging es darum, deren Bedeutung hervorzuheben, wie auch die Schwierigkeiten, die sie mit sich bringen. Denn wenn wir uns an das erinnern, was Bruce Lincoln über den achämenidischen Messianismus sagte, werden die Parallelen zwischen den verschiedenen imperialen Strategien der Selbstrechtfertigung in der Tat schlagend: Die oberste Gottheit, »der gute Herr«, erwählte Dareios, den König der Achämeniden, um den uranfänglichen Zustand eines Paradieses auf Erden wiederherzustellen, indem er alle Völker unterwarf, welche »die Lüge« infiziert hatte. Es ist offensichtlich, dass ein solches Ziel alle denkbaren Mittel rechtfertigt, selbst die grausamsten Methoden von Hinrichtung und Folter, so lange wie die grundlegenden Annahmen aufrechterhalten werden können. Beispielsweise jene, dass es den Eroberten letztendlich besser geht unter der Herrschaft der Achämeniden, da sie diese in größere Nähe zu der göttlichen Wahrheit bringt. Wenn das aber so ist, handelt jeder, der sich zu widersetzen sucht, nicht nur gegen alles, was als heilig und gerecht gelten kann, sondern auch gegen seine eigenen Interessen. Die Bestrafung einer solchen Person dient der Erlösung der Vielen; denn diese müssen – und sei es mit Gewalt – dazu gebracht werden zu verstehen, was gut für sie ist. Eine naheliegende Konsequenz aus derartigen Überlegungen besteht darin, dass die Völker, welche die Achämeniden besiegt hatten, im Grunde nur die eigene Würde unter Beweis stellten und erhöhten, wenn sie sich ihren neuen

---

8. Vgl. etwa Terry Eagleton: *The Ideology of the Aesthetic*, Malden 1990.
9. Lincoln: *Religion, Empire, and Torture*, a.a.O., S. 102.
10. Ebd., S. 102f.

Herren unterwarfen. Und die Schönheit von Kunstwerken wie den Apadāna-Treppen in Persepolis diente dazu, sowohl die Eroberten als auch die Eroberer an derartige ›fundamentale Wahrheiten‹ zu erinnern – in einer Art und Weise, die durchaus an die Inszenierung von George W. Bushs Landung auf dem Flugzeugträger und die Ergreifung von Saddam Hussein, der sich im »*spiderhole*« versteckte, erinnert.

Im Licht eines Vergleichs zwischen dem achämenidischen Messianismus und den ideologischen Diskursen, wie sie die US-Administration unter Präsident Bush verfolgte, eröffnen die Thesen Bruce Lincolns einige weitere, sehr gewichtige Fragen. Auch wenn es unmöglich ist, im gegebenen Rahmen eine Antwort auf diese Fragen auch nur zu versuchen, sollen sie dennoch genannt werden. Erstens: Wenn es wahr sein sollte, dass es eine imperiale Logik der Selbstlegitimation gibt, die sich im Verlauf von über zweitausend Jahren kaum verändert hat, und wenn es weiterhin wahr sein sollte, dass bestimmte ästhetische Strategien ihren Anteil an der Exekution dieser Logik haben – was sagt uns das über unsere Vorstellungen von Geschichte und Kunst? Zweitens: Wenn Machtstrukturen existieren, die unabhängig von der Kultur (westlich oder östlich) und dem Zeitalter (modern oder vormodern) vorherrschend sind – wie können wir zu einem Blickpunkt gelangen, von dem aus diese Strukturen einsehbar und verständlich werden? Und drittens: Wenn Lincoln mit seinen Annahmen recht hat – ist dann überhaupt eine Kunst vorstellbar, die sich nicht immer schon eingewoben findet in die Spiele der Herrschaft?

Die letztgenannte Frage verweist allerdings auch auf eine Schwäche von Lincolns Argumentation, die nicht unerwähnt bleiben soll. Sie besteht darin, dass der Autor seinen Kunstbegriff nicht ausweist. Das wäre an sich vielleicht weniger problematisch, wenn sich bei der Lektüre von Lincolns Beitrag nicht der Eindruck aufdrängte, dass seinen Thesen implizit sehr starke Annahmen über das Wesen und die Funktionsweise der Kunst zugrunde liegen. Denn während die von ihm gewählten Beispiele aus dem Achämenidenreich – das Felsrelief von Bīsutūn und die Treppenreliefs von Persepolis – durchaus dazu angetan sind, die These zu stützen, wonach die Kunst schon in längst vergangenen Epochen der doppelten Einflussnahme von Religion und Politik ausgesetzt gewesen sei, bringen sie Lincoln zugleich in Gefahr, einen Zirkelschluss zu produzieren: Werke, deren schiere Monumentalität bereits offenkundig macht, dass sie unter der Schirmherrschaft von Mächtigen entstanden, sollen die imperiale Instrumentalisierung der Kunst illustrieren. Lincoln neigt hier dazu, eine spezifische Form von Kunst zu nutzen, um Gedanken über den allgemeinen Charakter von Kunst zu entwickeln, und er bleibt die Antwort schuldig – beziehungsweise umgeht sie –, inwiefern etwa das Felsrelief vom Berg Bīsutūn als repräsentativ für die künstlerische Produktion im Achämenidenreich gelten kann.

Ein noch gewichtigerer Einwand besteht darin, dass Lincoln die Wirkungsweise von Kunst anscheinend höchst intentionalistisch konzeptualisiert: Die achämenidischen Herrscher wollten, so nimmt Lincoln an, mit dem Felsrelief von Bīsutūn ein Werk produzieren, das den messianischen Anspruch von König Dareios untermauert, und *weil* sie das wollten, erzielte jenes Relief auch entsprechende

Effekte. Lincolns Argumentation funktioniert nur so lange, wie man eine kausale Bindung der Wirkungsweise eines Kunstwerkes an die Intention seiner Macher oder Auftraggeber supponiert. Dass Kunst in ihrer Wirkung eine Dynamik entfalten kann, die sich den vermuteten Kalkulationen ihrer Produzenten entzieht, dass sie im Betrachter widersprüchliche oder gar widerstreitende Gedanken und Empfindungen hervorrufen, ja dass selbst das eindrucksvollste Kunstwerk auf ein ungerührtes und gleichmütiges Publikum treffen kann – all dem räumt Lincolns Vorgehen in diesem Beitrag keinen oder nur wenig Platz ein.

Was aber wäre, wenn die Unterworfenen, die die Apadāna-Treppen empor schritten, ihre Doppelgänger in den Reliefs nicht schön, würdevoll und erhebend gefunden hätten, sondern beschämend oder empörend – oder gar lächerlich?

»And you don't understand 'cause it's bigger than you«

Carl Hegemann im Gespräch mit
Ilka Brombach und Benjamin Wihstutz

Herr Hegemann, einleitend möchten wir versuchen, Ihre dramaturgische Arbeit und Ihre Texte über das Theater stichwortartig in Bezug zu unserem Thema zu setzen. Man müsste vermutlich mit der Feststellung beginnen, dass Sie, ganz bewusst jenseits einer Tradition der Ästhetisierungskritik argumentieren. Man könnte sagen, die Ästhetisierungskritik beklagt noch das Ästhetischwerden von Politik, Wissen oder Religion und hält damit indirekt an der grundsätzlichen Unterscheidung der Sphären des Ästhetischen und des Nichtästhetischen fest. Dagegen setzten Ihre Überlegungen immer schon dort an, wo das Ästhetische mit der Verabschiedung absoluter Geltungsansprüche eine spezifische Bedeutung bekommt. Man könnte vielleicht sagen, dass Sie dies in Ihrer Theaterarbeit und in Ihren Schriften ausbuchstabieren. In diesem Zusammenhang haben Sie wiederholt die Formulierung »Alles ist Theater« gebraucht. Man könnte das so verstehen, dass Sie die Herstellung normativer Werte im radikalen Diesseits einer alltäglichen Praxis verorten, die unter anderem auf der Ebene einer alltäglichen Theatralität unseres Verhaltens, unseres körperlichen, sprachlichen und interagierenden Handelns, stattfindet. Das scheint uns besonders erwähnenswert, da bis in die 1980er Jahre die sprachphilosophische Perspektive, Stichwort Habermas, sehr im Vordergrund der deutschen Debatte stand. Ihre Überlegungen, bei denen Sie sich selbst zunächst unter anderem auf Wittgenstein bezogen haben, gehen jedoch über die sprachphilosophische Konzeption hinaus und formulieren sie als eine der Theatralität. Nun interessiert uns, wie Sie das Verhältnis beschreiben würden, in dem das Theater zu diesen Formen einer alltäglichen Theatralität steht. Und welche Rolle hat für Sie, bei Ihrer Arbeit an der Volksbühne, der spezifische Bezug des Theaters zum Theater-außerhalb-des-Theaters gespielt?

Wittgenstein ist ein relativ später Fall. Ich glaube, es reicht daher, wenn wir uns auf Nietzsche beziehen. Für mich war es ein starkes Bildungserlebnis während meines Studiums, übrigens vermittelt über die fortgeschrittenste amerikanische Soziologie in Kalifornien, die Ethnomethodologie, zu erfahren, was so ein Satz bedeutet, wie er in den Spätschriften Nietzsches steht: »Nicht dass etwas wahr ist, ist nötig, sondern dass wir etwas für wahr halten.« Und als Steigerung dann dieser Satz, der eine direkte Einflugschneise in den unendlichen Regress, in den Nihilismus ermöglicht: »Die wahre Welt haben wir abgeschafft, welche Welt bleibt übrig? Die Scheinbare vielleicht?« Nun könnte man sich vielleicht schon beruhigen und sagen: »Na gut, dann leben wir eben im Schein, im Reich des Ästhetischen.« Aber Nietzsche folgert hier: »Mit der wahren Welt haben wir auch die scheinbare abgeschafft.« Die scheinbare Welt gibt es nur, wenn man auch eine wahre Welt hypostasiert, die vom Schein überlagert ist. Hier liegt das entscheidende Problem: Wenn die wahre Welt abgeschafft ist und die scheinbare auch, dann bleibt nur noch eine mögliche Welt übrig und das ist die Welt des Theaters, die jenseits von wahrer und scheinbarer Welt angesiedelt ist und diese Dichotomie außer Kraft setzt, weil sie weder Wahrheit zu sein beansprucht, noch im Schein aufgeht. Meine Entscheidung, zum Theater zu gehen, könnte ich etwas zugespitzt sagen, war das Resultat von Nietzsches Kantkritik: Vermeidung des Nihilismus nach dem Zusammenbruch der objektiven Welt. Selbstkonstitution und Weltkonstitution als ästhetische Praxis in einer Sphäre jenseits der wahren Welt und jenseits der scheinbaren.

Interessant ist nun, dass etwa Schiller in seiner Schrift *Die Schaubühne als eine moralische Anstalt betrachtet*, schon in ähnlichen Zusammenhängen gedacht hat, was gerne übersehen wird. Das Wort »Moral« kommt im ganzen Text überhaupt nicht vor, auch nicht das Wort »moralische Anstalt«. Ursprünglich hieß der Text »Was kann eine gute stehende Schaubühne eigentlich wirken?« und war Teil einer – heute würde man sagen – PR- und Marketing-Strategie, mit der Schiller in Mannheim an das große Theater und an das viele Geld herankommen wollte. Den eigentlichen »Ursprung« des Theaters sieht Schiller darin, sich in einen Zustand der Leidenschaft zu begeben und alles das zu tun, was man sonst nicht darf. Und genau darauf laufen dann später auch die Briefe zur ästhetischen Erziehung hinaus. Schiller macht im Bereich der Kunst ein »drittes, fröhliches Reich« aus. Ein drittes Reich – das ist etwas irritierend und man kann es in Deutschland kaum so zitieren, weil es immer falsche Assoziationen herauf beschwört. Wenn das »erste Reich« die Welt der physikalischen Gesetze und das »zweite Reich« die Welt der menschlichen Gesetze darstellt, der Gesetze von Zweckrationalität und Ethik, die die Menschen sich machen, um leben und zusammenleben zu können, dann ist das »dritte, fröhliche Reich« die Welt des Spiels und des Scheins, das Reich, in dem die Voraussetzungen dieser beiden anderen Reiche keine Geltung haben, in denen aber auch der Mensch ganz bei sich sein kann, nichts und niemandem unterworfen. Weder die physikalischen Gesetze noch die moralischen Gesetze der Menschen spielen im Kunstwerk eine Rolle. Sie spielen zwar in der wirklichen Welt immer eine Rolle, auch bei der Herstellung eines Kunstwerks, aber das Kunstwerk selbst ist per definitionem durch seinen Rahmen als Kunstwerk davon frei. Deshalb hat man sogar schon in der Antike für die Tragödien Flugmaschinen gebaut, mit denen die Götter einfliegen konnten. Damit wollte man sagen: Die Kunst besteht darin, so zu tun, als sei sie unabhängig von den Naturgesetzen! Und deshalb kann das Theater die schlimmsten Verbrechen zeigen, ohne behelligt zu werden und damit demonstrieren, dass im Rahmen der Kunst auch die menschlichen Gesetze außer Kraft gesetzt sind.

Im Schillerschen Modell des Theaters als »drittem, fröhlichen Reich« gibt es also einen Bereich der Unabhängigkeit von den Normen des menschlichen Zusammenlebens und von den Gesetzen der Natur. Und zwar innerhalb des Kunstwerks. Das Kunstmachen, beziehungsweise das Theatermachen, und natürlich die Welt außerhalb des Theaters unterliegen aber weiterhin den Normen und Gesetzen. So lebt man als Künstler, als Theatermacher doch in allen drei Welten zugleich, im Spagat zwischen dem ernsten und dem fröhlichen Reich. Genau dieses Spannungs-

verhältnis wird aber in den Inszenierungen der Volksbühne direkt thematisiert, oder?

Im Modell Schillers habe ich das wiedergefunden, was mich anfangs motiviert hat, zum Theater zu gehen: Wenn man schon die Welt nicht verändern kann, wenn man schon die Wahrheit nicht herausfinden kann, wenn man die eigene Machtlosigkeit erfährt, dann neigt man dazu auf die Kunst auszuweichen, einen Bereich, in dem es erlaubt und zugelassen ist, seine Souveränität zu behaupten. Eben in diesem fröhlichen Reich des Spiels und des Scheins. Dort darf man auch als erwachsener Mensch alles machen, was man will. Dann muss man sich allerdings darüber klar werden, dass das ausschließlich in der ästhetischen Welt möglich ist und der Einfluss auf die restliche Welt nicht sehr groß ist. Obwohl, natürlich sind wir in unseren Alltagshandlungen und in unseren Emotionen doch sehr stark von diesen ästhetischen Bildern abhängig. Ich will nicht so weit gehen, wie mein Freund Boris Groys, der auf die Frage: »Warum verlieben sich Leute?«, sagt: »Weil sie es irgendwo gelesen oder einen Film im Kino gesehen haben.« Aber nichtsdestotrotz macht diese Antwort deutlich, dass es da Relationen und Wirkungen gibt. Allerdings muss man auch sagen: Man erkauft sich diese Freiheit, im Theater radikal revolutionär zu sein, dadurch, dass diese Revolution nicht auf die Straße gelangt. Und das ist ein Defizit der freien Kunstausübung, das man empfindet: die Ahnung einer vollkommenen Vergeblichkeit. Christoph Menke nennt das glaube ich die »Metatragödie des Spiels«. Er erklärt das Spiel zur Tragödie, weil es, verkürzt gesagt, wirkungslos bleiben muss. Einar Schleef und Christoph Schlingensief, um auf zwei der Regisseure zu kommen, mit denen ich zusammengearbeitet habe, sind nun deshalb interessant, weil sie sich in diesem Käfig des »fröhlichen, dritten Reiches« nicht so einfach einsperren lassen wollen. Es gibt eine frühe Äußerung von Schleef, da sagt er etwa: Das Theater heutzutage hat den Nachteil, dass es so ist wie der Film, dass diese Absperrung, also diese berühmte vierte Wand so dicht ist, dass die leibhaftig auf der Bühne anwesenden Menschen überhaupt nicht mit dem Publikum in Kontakt treten. Schleef wollte dem eine andere Form von Theater entgegensetzen: Die Schauspieler sollen das Publikum direkt angucken, es muss einen direkten Kontakt geben und es muss gefährlich werden. Schleef vergleicht das Theater mit dem Zirkus. Wenn die Schauspieler so wie die Tiger wären, die Königstiger, dann sind sie allerdings immer im Käfig und hinter Gittern und die Zuschauer haben die Möglichkeit, ein Gefühl des Erhabenen im Angesicht dieser gefährlichen Großkatzen zu entwickeln. Aber es gibt die Möglichkeit, sagt Schleef, auch wenn es nur selten passiert, dass sie nicht nur an die Gitter, sondern über die Gitter springen. Das ist für Schleef »der große Akt, selbst wenn man ihm zum Opfer fällt«. Das ist einer der Gründe, warum uns Zirkus und Tierdressur fasziniert: Weil immer die Möglichkeit besteht, dass sie über die Rampe beziehungsweise aus dem Käfig springen. Schleef nennt als Beispiel auch Pamplona, wo die Stiere Menschen gefährdend durch die Straßen laufen. Das bringt eine ganz andere Intensität mit sich als sie in unserem komischen, literarischen Theater zu finden ist. Schleef wollte diesen Rest von Realität gegen das »fröhliche, dritte Reich des Spiels und des Scheins« wieder in das Theater bringen. Und jeder, der eine Schleef-Inszenierung gesehen hat, weiß, dass ihm das gelungen ist. Ole Marquardt hat mit seiner Theorie der Entfiktionalisierung dem Theater eine ähnliche Aufgabe zugeschrieben. Dieser folgend könnte man sowohl für Schleef als auch für Schlingensief sagen: Wenn schon alles Theater ist, wenn wir schon die wahre Welt abgeschafft haben und damit auch die Welt des Scheins und dann »alles Theater« ist, das heißt ein referenzloser, ästhetischer Vorgang, dann ist ausgerechnet das Theater der Ort, an dem die Fiktion keinen Platz mehr hat und an dem Schauspieler nicht als Produzenten des ästhetischen Scheins dastehen, sondern als Akteure von Vorgängen. Das heißt: wenn Sie als Zuschauer im Burgtheater einen Blumentopf an den Kopf kriegen, dann sind Sie Opfer eines solchen realen Vorgangs geworden. Das ist in einer Schlingensief-Inszenierung wirklich passiert. Normalerweise würde man immer sagen, dass es sich dabei um einen Unfall gehandelt hat. Ich kann Ihnen auch verraten, dass es wirklich einer war. Aber angesichts der Entfiktionalisierung des Schlingensiefschen Theaters wurde es von den Zuschauern nicht als Bühnenunfall wahrgenommen, sondern als etwas, das mit Absicht und Billigung des Künstlers in Kauf genommen wurde. So kann man vielleicht die Brisanz oder den Reiz dieser Art von Theater illustrieren, dem es an Konsequenz gegenüber dem Schiller-Diktum, das nur den ästhetischen Schein erlaubt, fehlt.

Nun hat ja Schiller mit den Briefen über die ästhetische Erziehung ein teleologisches Modell entworfen. Der ästhetische Zustand, von dem Schiller spricht, lässt sich ja nicht realisieren, er bleibt gewissermaßen immer Utopie. Inwieweit lässt sich eine solche utopische Idee der Ästhetik auf die Realität des Theaters beziehen, die Sie so schön mit Schleef und Schlingensief veranschaulicht haben? Theater ist ja immer von dieser Spannung gekennzeichnet: Zum einen hat man es mit einem ästhetischen Raum, man könnte auch sagen, mit einem Kunstraum Theater zu tun, für den Spiel und Schein konstitutiv sind. Zum anderen lässt sich die soziale Realität der Aufführung als Situation, in der Zuschauer und Akteure aufeinander treffen, nicht abschaffen. Sie bleibt immer Teil des Theaters. Wenn Sie von Schillers »drittem fröhlichen Reich« sprechen, stellt sich die Frage, wie sich diese Utopie mit der sozialen und performativen Dimension der Aufführung zusammen denken lässt. Müsste man einer solchen ästhetischen Utopie im Theater nicht eher einen Begriff wie die Foucaultsche Heterotopie entgegensetzen? Foucault nennt ja das Theater deswegen eine Heterotopie, weil es verschiedene Orte und Zeiten auf der Bühne nebeneinander stellen kann. Es ist damit gewissermaßen verwirklichte Utopie. Entscheidend ist also auch hier eine Spannung zwischen Präsenz und Repräsentation, zwischen der Aufführung im Hier und Jetzt und den anderen Orten oder auch dem Utopischen der Bühne. Also noch einmal die Frage: Wie bringen Sie die Utopie eines ästhetischen Zustands mit der Realität der Aufführung zusammen?

Also das ist natürlich bei Schiller schon großartig formuliert. Er sagt, es gibt Schönheit, aber Schönheit gibt es nur in der Kunst, das heißt nur als Schein. Wenn es die Schönheit ›in echt‹ gäbe, also außerhalb der Kunst, dann wären wir tot, weil diese Einheit, die durch Kunst, die durch Schönheit charakterisiert ist oder auch durch vollendete Liebe, als in der wirklichen Welt dauerhaft realisierte, tödlich ist. Die vollendete Liebe und die vollendete Schönheit sind als vollendete in der Lebenswelt tödlich, es fehlt nämlich der Widerspruch, der uns lebendig hält. Ich brauche nicht an Faust zu erinnern. In dem Moment, wo ich sagen kann: »Verweile doch, du bist so schön«, da bin ich eins geworden mit allem. Das große Ziel dieser Kunst-Religion, also eins zu sein mit allem, mit der Vollendung, heißt Ende. Das lässt sich nicht mehr bewusst erfahren. Der Prinz von Homburg sitzt da, zitternd auf seine Verurteilung wartend und kann doch immer noch, nicht ohne Humor, feststellen, dass diese schönere Welt, die jenseits des Todes auf uns wartet, diese Welt, in der alles eins ist und in der es keinen Unterschied mehr zwischen Licht und Dunkelheit gibt, existiert. Er sagt: »Ich glaub's«, dass es diese Welt gibt, »nur schade, dass das Auge modert, das die Herrlichkeit erblicken soll«. Das bedeutet: Entweder haben wir den Kopf drauf und sehen die Schönheit nur als scheinbare, als gemachte oder virtuelle, oder wir haben die Schönheit erreicht, aber das Auge modert, das die Herrlichkeit erblicken soll. Die Erfahrung der Schönheit darf also nur eine Als-ob-Erfahrung sein, weil wir sie sonst bei lebendigem Leibe auf die Dauer nicht ertragen könnten. Die Erfahrung, die Kunst ermöglicht, kann deshalb nie eine reine Schönheits-Erfahrung sein, sondern muss auch immer eine Erfahrung der Hinfälligkeit sein. Wenn ich mich recht entsinne, hat Adorno gesagt: »Ein Kunstwerk ist nur dann vollkommen, wenn es an seinen gescheiterten Stellen Glück hat.« Das leuchtet mir vollkommen ein. Einen Kunsthandwerker oder einen Künstler, der diese Vollkommenheit einfach nach Plan herstellen kann, den gibt es nicht. Etwas Transzendentes muss hinzutreten, Glück, Gnade, etwas, auf das man selber keinen Einfluss hat.

Das wirft die Frage auf, wie diese Schillersche Perspektive zu ihren Arbeiten mit Regisseuren wie Einar Schleef oder Christoph Schlingensief passt. Wenn es ihnen lediglich auf die Schönheit oder den Spieltrieb ankäme, bräuchten Sie doch nicht diese Brechungen des Ästhetischen und des Scheins, die ja gerade bei Schlingensief sehr auffällig sind. Oder, um es mit einer Wendung von Hans-Thies Lehmann auszudrücken: Welche Funktion hat für sie dieser »Einbruch des Realen« im Theater? In den Kategorien von Schillers Ästhetik wäre das doch nicht notwendig – da könnte man doch auch ein Theater machen, das überhaupt nicht mit diesen Formen der Entgrenzung spielt.

Man darf diese Harmonie und Entgrenzung, um die es geht, nicht zu harmonistisch und zu außerweltlich verstehen. Man kann diese Harmonie auch herstellen, indem man zum Beispiel in einem *Wallenstein* einen mörderischen Theaterkonflikt auf die Bühne bringt. Wenn dieser Konflikt auf eine perfekte Weise inszeniert ist, sodass er die Menschen zu Tränen rührt und alles genau so aufgeht, wie der Dichter sich das gedacht hat, kommen wir auch an diese Vollkommenheit heran. Das hat also überhaupt nichts mit dem Inhalt oder mit dem Jenseits oder dem Paradies zu tun. Das kann auch der Teufel sein, durch den diese Vollkommenheit hergestellt wird; indem man eine Teufelsfigur auf die Bühne bringt, die man sich nicht besser vorstellen kann. Ich will jetzt nicht auf die *Dialektik der Aufklärung* eingehen, aber die Perfektion im Theater oder die Schönheit im Theater ist nicht an das moralisch Richtige gebunden. Schiller sagt, dass die Vollkommenheit des künstlerischen Ereignisses nicht eingeschränkt werden darf durch irgendwelche moralischen und ethischen Gesichtpunkte. Die Ethik hat genauso wenig zu tun mit dem, was auf dem Theater oder in der Kunst passiert, wie die herkömmlichen Naturgesetze, denen wir unterworfen sind. Das ist ja gerade der großartige Ansatz von Schiller, dass er die Ethik im Bereich der Kunst gerade ablehnt. Dass man das dann wiederum unter dem Label »Theater als moralische Anstalt« verkauft, ist Teil von Schillers frecher Marketing-Strategie.

Nun liegen ja zwischen der Schaubühnen-Rede und den Briefen zur ästhetischen Erziehung doch einige Jahre, was man den beiden Texten auch anmerkt. Die Theorie des ästhetischen Zustands in den Briefen ist ja doch wesentlich ausgefeilter als die Überlegungen, die Schiller zur Aufklärungsfunktion der Schaubühne anstellt.

Die Schaubühnen-Rede muss man eigentlich auch nicht unbedingt lesen. Aber ich glaube, ich sollte vielleicht an dieser Stelle etwas gestehen, was für die Theaterarbeit enorm wichtig ist. Das Stichwort hat gewissermaßen Felix Ensslins Beitrag mit dem Begriff der immanenten Transzendenz geliefert. Solange wir sterben müssen und über unsere eigene Geburt nicht entschieden haben, gibt es immer noch irgendetwas außerhalb, eine immanente Transzendenz, und gerade das Theater, das sich seine eigene Welt schafft, um die perfekten Scheinbilder zu generieren, stößt natürlich auf dieses Andere. Es ist ja auch kein Wunder, dass diese Tagung in die drei Bereiche Wahrheit, Politik und Religion gegliedert ist. Irgendwie kommen wir ja um diese drei Kategorien nicht herum und wir kommen komischerweise auch um diese scheinbar verabschiedete religiöse Fragestellung nicht mehr herum, wenn wir feststellen: Diese Welt des Spiels und des Scheins kann nicht an die Stelle der anderen Welt treten. Ich würde das am liebsten mit einer recht einfachen Refrainzeile von Bob Dylan sagen: »And you don't understand 'cause it's bigger than you.« Da gibt es irgendetwas das ist *bigger than you* und diese Erfahrung ist für Theater- und Kunstschaffende entscheidend. Dass wir nicht nur unabhängig sind in unserer Kunstausübung, sondern auch abhängig sind. Ich meine damit nicht die Abhängigkeit vom Intendanten oder vom Geldgeber, sondern von gewissen Möglichkeiten, die wir haben und anderen Möglichkeiten, die wir nicht haben. Zum Beispiel auch von der Erfahrung, dass einem einfach das Kulissenteil auf den Kopf fallen kann und keiner weiß, wie das passieren konnte, oder das Theatergewehr enthält auf einmal funktionsfähige Munition. Also dass wir selbst in der Kunst nicht nur selbstbestimmte Wesen sind, sondern auch bestimmt werden. Dass etwas Unvorhergesehenes passieren kann, wie überall. Dass es etwas gibt, worauf unser Tun verweist, dass aber nicht von uns beeinflusst ist. Eine solche Dialektik ist für meine Begriffe auch die Grundlage der Sprache und des Sprachspiels. Das haben vielleicht Wittgenstein und alle seine Anhänger ein bisschen übersehen. Ich meine etwa die beim späten Fichte ausgeführte Dialektik des »Ist-sagens«. Wenn ich davon spreche, dass eine Sache »ist«, dass etwas existiert, dann habe ich in dieses kleine subjektive Wörtchen die ganze Objektivität gelegt. Das heißt, Objektivität lässt sich nur subjektiv durch ein vollkommen beliebiges, kleines Kürzel wie »ist« ausdrücken. Diese Erfahrung oder dieses Kantische Phänomen, dass man gerade da, wo man Objektivität bestimmen will, auf etwas Subjektives verweist und angewiesen ist, bedeutet zugleich, dass ich mit meinen Begriffen und Sätzen und mit meinem unmöglichen Versuch, mir eine Welt anzueignen und aus dieser Immanenz der Sprache herauszukommen, immer auf etwas Anderes verwiesen bin. Ich stoße auf etwas, was in dieser Sprache nicht vorhanden ist. Ich spreche also von der grundlegenden Differenz-Erfahrung, dass es immer etwas gibt, das nicht wir bestimmen, sondern das uns bestimmt. In diesem paradoxen Verhältnis von Selbst- und Fremdbestimmung leben wir, eines geht nicht ohne das andere, indem wir uns selbst bestimmen, sind wir schon fremdbestimmt. Und wenn wir das Fremde als solches festhalten wollen, sind wir notgedrungen auf unsere Subjektivität angewiesen. Die Spannung zwischen diesen beiden Perspektiven muss man aushalten. Das ist die Aufgabe, die wir haben, dieser Widerspruch ist auch der Kern jeder Dramaturgie. Ich bin der Meinung, dass das Theater sich extrem gut dafür eignet, diesen Widerspruch aufzuzeigen, der zugleich zu einem Selbstwiderspruch führt. Hölderlin hat diesen Widerspruch mit dem Bild der Fesseln ausgedrückt, von denen wir uns befreien wollen und die wir gleichzeitig auch »gern« behalten: »Nun fühlen wir die Schranken unseres Wesens und die gehemmte Kraft sträubt ungeduldig sich gegen ihre Fesseln, und es sehnt der Geist zum ungetrübten Aether sich zurück. Doch ist in uns auch wieder etwas, das die Fesseln gern behält, denn würd in uns das Göttliche von keinem Widerstand begrenzt, wir fühlten uns und andere nicht!«

Sie sagen, dass das Theater in besonderer Weise den Widerspruch oder das Spannungsverhältnis von Freiheit und Begrenztheit sichtbar mache. Was heißt das konkret? Wie zeigt sich das bei Schlingensief oder Castorf? In einem Ihrer Texte formulieren Sie, das Theater der Volksbühne gehe über den Anti-Illusionismus Brechts hinaus. Bedeutet das, dass es für das Theater heute nicht ausreicht, die sozialen, kulturellen oder historischen Bedingungen unseres Verhaltens, unserer Handlungen und Gefühle zu zeigen? Sollte das Theater, darüber hinaus, ein Bewusstsein davon vermitteln, dass jenseits der politischen oder historischen Bedingtheit eben nicht die Freiheit liegt, sondern eine andere Grenze, die der Körperlichkeit und Sterblichkeit des Einzelnen?

Ich habe mal gesagt, dass das Theater von Schleef und Schlingensief versucht, über Brecht hinauszukommen, während das ganze restliche Theater schön brav, mit Brecht an der Spitze im übrigen, wieder hinter Brecht zurückfällt. Was heißt das? Brecht hat damals eine revolutionäre Theorie für ein modernes Theater entwickelt, durch die wirklich etwas Neues in die Welt des Theaters gekommen ist. Die Illusion oder das, was gespielt wird, war plötzlich nicht mehr so wichtig, sondern eben das, was gezeigt wird. Das heißt, dass die Schauspieler auf der Bühne stehen und sagen: »Mit Hilfe der Möglichkeiten des Theaterspiels wollen wir Ihnen heute etwas zeigen, und Sie sollen sich ein Urteil darüber bilden.« Das führte dazu, dass die Virtuosität und die Qualität des Schauspielers überhaupt keine Rolle mehr spielten, sondern nur noch das, was er in der Birne hatte, dass er ein Problembewusstsein besaß, das er anderen Leuten mit Händen und Füßen mitteilen und beibringen wollte. Deshalb mussten sie dann alle *Das Kapital* lesen und Marx-Schulungen machen. Aber diese wirklich revolutionäre Theatertheorie, die auf Illusionsbildung und entsprechende Figurengestaltung verzichtete, die hat schon bei Brecht selbst nicht geklappt. Heiner Müller hat das an seinem Lehrer Brecht kritisiert, dass er postdramatisch, episch arbeiten wollte, aber als Opportunist die eigenen Forderungen zu Gunsten seiner Theaterspektakel sofort wieder kassiert hat und in dem schönen Barocktheater Berliner Ensemble im Grunde genommen ganz traditionelles Theater gemacht hat, in dem die Verfremdung und das Epische nur als eine neue Facette der Virtuosität der Künstler und der damit verbundenen Illusionsbildung benutzt wurden. Und dann stellt man als junger Mensch, der von der Philosophie weg ist und sich fürs Theater interessiert, plötzlich fest: Schleef und, etwas später, Schlingensief und Castorf, die haben das ernst genommen. Da steht der Schauspieler auf der Bühne und sagt zum Publikum: »Meinen Sie ich spiele hier gern den Karl Moor seit zweihundert Jahren?« Und es wird wunderbar damit gespielt, dass der Schauspieler mit all seinen sozialen Rollen und Brüchen und gleichzeitig die Figur und ihre Spielrollen, die er zu verkörpern hat, auf der Bühne stehen. Es wird damit gespielt, dass er sich sukzessive über die Figur lustig macht, in die er hineinfällt, die er dann dazu benutzt, seine eigenen Befindlichkeiten zu demonstrieren und über die er auf der Bühne sogar sagen kann: »Diese Rolle spiele ich jetzt nicht weiter. Ich improvisiere jetzt und komme mal zu Ihnen runter.« Das hat Schleef auf seine Weise umgesetzt, besonders in dem er reale, rituelle Prozesse ins Theater transportiert hat, was ihm dann den Faschismus-Vorwurf eingebracht hat, weil es zumeist chorisch und kollektiv gewalttätig erschien. Das hat Castorf so praktiziert, wie ich es eben in dem Beispiel geschildert habe. Die Schauspieler stehen bei ihm als Personen mit Namen und Adresse auf der Bühne und sie machen immer deutlich, dass sie sich die Figur, direkt auf der Bühne, an und auch wieder ausziehen können, wie ein Kostüm. Diesen Vorgang transparent zu machen, das ist also auch eine Möglichkeit des Theaters, die nicht hinter Brechts Gedankengang zurückfällt. Und Schlingensief, der hat in einem Maße die vierte Wand eingerissen, wie sich das Brecht, glaube ich, auch in seinen kühnsten Träumen niemals hätte vorstellen können. Er hat nämlich in einzelnen Veranstaltungen so wenig zwischen Theater und dem, was außerhalb des Theaters als Allerweltstheater, als tägliches Theater der Selbstdarsteller im öffentlichen Leben stattfindet, unterschieden, dass da weder für die Zuschauer, noch für die Akteure mehr klar war, ob es sich nun um Theater oder um eine theatrale, gesellschaftliche Aktion handelte, reale oder bloß gespielte Vorgänge. Am Extremsten war das bei *Chance 2000*, einer Parteigründung als Theaterstück und Kunstwerk, die man aber gleichzeitig bei der Bundestagswahl richtig wählen konnte mit offiziellen Wahlscheinen und die echte Unterschriftensammlungen und einen ernsthaften Wahlkampf gemacht hat. Da wurde dann allerdings diese Vermischung so entsetzlich, dass wir am Ende gesagt haben: »So jetzt müssen wir auf der Bühne, im geschlossenen Raum eine Komödie machen, weil das sonst auf Dauer keiner aushält.« Dieses Theaterstück müsste eigentlich ins *Guinness Buch der Rekorde* kommen, weil es nämlich insgesamt neun Monate und dreiundzwanzig Tage gedauert hat, ununterbrochen. Aber es war eben auch nicht nur ein Theaterstück.

Für die Volksbühne war es auf jeden Fall bereits zum Standard geworden, dass das Theater sich freiwillig in den Käfig begibt und dass es dann auch wieder versucht, den Käfig zu sprengen. Daneben hat uns in den letzen Jahren immer stärker ein anderes, ernstes Thema beschäftigt, auch schon bevor Christoph krank geworden ist. Es gibt irgendetwas, mit dem werden wir auch als autonome Regie-Individuen und letzte Könige nicht fertig. Diese Grenze und diese Grenzerfahrung haben uns beschäftigt. Schlingensief und Schleef und auch alle großen Regisseure, würde ich hier fast sagen, leben ja im Grunde genommen so, wie in einer Art von Königtum, das sich allerdings zu ihrem großen Leidwesen nur auf den Kunstbereich erstreckt. Sie sind, so könnte man vielleicht psychoanalytisch sagen, in der frühkindlichen Allmachtsphase stecken geblieben und glauben – was auch tatsächlich die Grundlage des Kunstmachens ist, und deshalb finde ich das gar nicht verwerflich – sie könnten etwas in die Welt setzen, ohne dafür eine objektive Begründung liefern zu müssen, einfach weil sie es wollen. Das führt zu dieser Unwahrscheinlichkeit, dass, wie Luhmann sagt, Kunst dann entsteht, wenn jemand einfach etwas sagt, was man in dem Moment noch nicht begründen kann, etwas Unwahrscheinliches also. So treten Regisseure als Künstler auch auf und das machen Schlingensief und Schleef und Castorf genauso. Wenn ein Schauspieler fragt: »Wie begründest du das denn? Warum soll ich hier von links nach rechts laufen?«, dann gucken die den nur komisch an. »Weil ich das will! Ich bin der, der das will und du bist...« Und darüber gibt es einen großen Streit, über die Demokratisierung der Kunst usw. Bei einem richtigen Künstler passiert das Unwahrscheinliche durch diese Königsbehauptung »qua meiner Existenz darf ich etwas wollen«. Bei Dramaturgen ist es natürlich genau umgekehrt. Die müssen immer alles begründen, die müssen sich auch eine Begründung einfallen lassen für das, was der Regisseur sich da ganz spontan ausgedacht hat.

René Pollesch würde hier aber vermutlich widersprechen, oder? Er herrscht nicht wie ein König über seine Schauspieler.

Ja, René behauptet bei seinen Veranstaltungen das Gegenteil. Man muss sich aber trotzdem mal angucken, wie seine Inszenierungen, egal mit welchem Schauspieler er das macht, sich wie ein Ei dem anderen ästhetisch gleichen. Das lässt vermuten, dass auch bei René, vielleicht in einer etwas sozialverträglicheren Weise, diese Allmachtsgeschichte am Werk ist. Allerdings ist es im Falle von René hochinteressant zu sehen, dass er tatsächlich in der Kunst ethische Kategorien anlegt und beispielsweise beschließt, eine Veranstaltung einfach nicht stattfinden zu lassen, da eine Schauspielerin mit ihrer Rolle nicht zufrieden ist. Das kommt tatsächlich vor. Aber das kann er sich natürlich auch leisten, weil er jeden Monat eine neue Inszenierung macht und dann den Text, den er in der einen nicht verwendet, gleich in die nächste rüber nehmen kann. Aufgrund dieses *work in progress* fällt ihm so etwas leichter. Aber für ihn ist das Theater, und vor allem die Lebensgemeinschaft mit seinen Schauspielern tatsächlich eine hochmoralisch-ethische Angelegenheit. Er wirft ja auch einer Schauspielerin vor, dass sie ihre Brust entblößen will. Das sei sexistisch, sagt er. Vielleicht gehört es zu seiner Kunst, die sozialen und ethischen Regeln des Zusammenlebens, die in der Gesellschaft höchstens noch als Ideologie vorhanden sind, bei seiner Arbeit auf der Bühne wieder auferstehen zu lassen.

Die – tatsächliche oder potenzielle – Freiheit des Schauspielers, da scheint es Unterschiede zwischen Pollesch, Schlingensief und Castorf zu geben, wäre aber in jedem Falle das Merkmal eines modernen Theaters, das nicht mehr hinter Brecht zurückfällt?

Die Schauspieler bei René freut es immer unheimlich, und das ist der Lackmus-Test, daran kann man die Differenz feststellen, wenn zum Beispiel die Kulisse kaputt geht oder wenn ein Schauspieler seinen Einsatz verpasst, weil er gerade nicht da ist und der Inspizient ihn einrufen muss. Dagegen sind die Schauspieler, die das »dritte, fröhlich Reich« in dem engen vorbrechtschen Sinne behalten wollen, natürlich völlig mit den Nerven fertig, wenn so etwas passiert. Die Schauspieler im nachbrechtschen Sinne bei Pollesch, Castorf und Schlingensief, nicht bei Schleef in dem Falle, die sind total glücklich, wenn zum Beispiel das Radio nicht funktioniert, was sie auf der Bühne einschalten sollen. Dann gibt's erstmal Aktion. Dann versuchen sie auf der Bühne, es doch zum Laufen zu kriegen und alle Schauspieler können das mal ausprobieren. Schließlich geht einer an die Rampe und sagt: »Warten sie. Ich hole mal kurz einen Techniker.« Und dann wird noch der Techniker da reingeführt. Das sind dann im übrigen natürlich auch die Dinge, die die Zuschauer nie wieder vergessen. In welchem Stück das war, wissen sie schon gar nicht mehr, aber dass da mal das Radio kaputt gegangen ist und die Schauspieler daraus so eine Nummer gemacht haben, das vergessen sie nicht. Peter Stein beharrte noch darauf, dass ein Abend genau wie der andere zu sein habe, sonst sei er nicht zufrieden. Schließlich zahlten die Leute ja Eintritt. Und es sei ihm egal, wie der Schauspieler drauf sei, er müsse immer exakt das Gleiche spielen, so als wäre er ein VW, der vom Fließband kommt. Ich behaupte nun aber allen Ernstes, dass es heute genau umgekehrt ist. Keine Vorstellung darf der anderen gleichen, sondern alle sollen möglichst so viele offene Stellen haben, dass man als Zuschauer, wie man das ja auch als Konsument heute macht, davon ausgehen kann, man hat ein Unikat gesehen und kein standardisiertes Massenprodukt. Diese implizit wirtschaftliche Analogie ist durchaus beabsichtigt. Kunst sollte sich, wie Adorno sagte, »des Standes der Produktivkräfte versichern«, sonst rutscht sie ins Kunstgewerbe ab, oder in die Kunstgeschichte oder ins Museale.

Bevor wir zum Ende kommen, lohnt es vielleicht noch einmal zur Frage der Ästhetisierung zurückzukehren. Sie hatten ja zu Beginn dieses Gesprächs ihre Biografie gewissermaßen mit Nietzsche begründet, indem Sie sagten: Wenn die wirkliche Welt und die des Scheins nicht mehr da ist, bleibt die Welt des Theaters. Man könnte also sagen, dass Sie zum Theater gekommen sind, weil Sie der Ästhetisierungsdiagnose zustimmten.

Ja, so war das damals. Aber was man diesem Nietzsche-Satz von der wirklichen und der scheinbaren Welt entnehmen kann, also nicht mehr mit dieser Differenz von Schein und Wahrheit zu argumentieren, geht lebenspraktisch nicht immer gut. Das funktioniert an bestimmten Stellen nämlich, vor allem wenn es um Transzendenz und ums Sterben geht, leider nicht. Da gibt es eine Grenze, und die zeigt wiederum, dass man diesen Objektivitätsdiskurs eben nicht ganz vermeiden kann. Und da stellt sich dann eine weitere Frage: Wie ästhetisieren wir angesichts der Sterblichkeit? Das eigene Sterben lässt sich eben nicht ästhetisieren. Christoph Schlingensief hat mir gestern eine SMS geschrieben, wo er mir etwas über seine künftigen Pläne mitteilt, und da schreibt er, er wolle die Hinfälligkeit des erweiterten Kunstbegriffs zeigen. Wenn man die eigenen Röntgenbilder sieht, mit diesem Fremden im eigenen Körper, da kommt man eben mit der Ästhetisierung nicht weiter.

Wenn es um die mögliche oder unmögliche Ästhetisierung von Vergänglichkeit und Tod geht, stellt sich tatsächlich fast zwangsläufig wieder die Frage nach der Einmaligkeit und Transitorik des Theaters, die die Kontingenz der Aufführung, von der Sie sprachen, ja impliziert. Liegt nicht in dieser zeitlichen Verfasstheit des Theaters, in dieser unhintergehbaren Vergänglichkeit der Aufführung immer schon auch eine solche existenzielle Dimension? Inwiefern spielt die Sterblichkeit für das Theater und die Kunst eine Rolle?

Ohne dass ich das mit einer großen Theorie untermauern könnte, würde ich da sogar noch einen Schritt weiter gehen. Die ganze Kunst, das gesamte Kunstsystem, das ganze »dritte, fröhliche Reich« ist überhaupt nur aus Gründen der Endlichkeit vorhanden. Das hat es mit den anderen beiden Reichen gemeinsam. Die Endlichkeit ist der Dreh- und Angelpunkt auch von Kunst. Die Bedingung der Möglichkeit von Kunst, die ich so lax mit dem Bob Dylan Song zum Ausdruck gebracht habe, dass es immer etwas gibt, dass *bigger than you* ist, liegt eben darin, Artefakte in die Welt zu setzen, von denen niemand gedacht hätte, dass es sie geben würde. Das klingt jetzt wie ein Bruch, scheint mir aber im direkten Zusammenhang zu stehen. Wenn wir das Problem unserer Endlichkeit oder Zeitlichkeit auf irgendeine plausible Weise für uns gelöst hätten, dann würde es keinen Grund mehr geben, Kunst zu machen und sich mit den herrschenden Lebensbedingungen nicht bruchlos abzufinden. Insofern sage ich, die Endlichkeit ist Movens der Kunst, genauso wie sie Movens ist der Ökonomie und der Religion.

Verzeichnis der Autorinnen und Autoren

Thomas Becker ist wissenschaftlicher Mitarbeiter im Sonderforschungsbereich »Ästhetische Erfahrung im Zeichen der Entgrenzung der Künste« im Projekt »Intermediale Grenzüberschreitung zwischen ›hoher‹ und ›niederer‹ Kunst: Zur Soziologie ästhetischer Erfahrung« an der Freien Universität Berlin und Privatdozent am Kulturwissenschaftlichen Seminar der Humboldt-Universität zu Berlin. Seine Veröffentlichungen sind der Wissenschaftsgeschichte und der Intermedialität von Comics, Film und Literatur gewidmet. Zuletzt erschienen: *Mann und Weib – schwarz und weiß. Die wissenschaftliche Konstruktion von Rasse und Geschlecht 1650–1900* (Frankfurt/M. 2005).

Heike Behrend ist Lehrstuhlinhaberin am Institut für Afrikanistik der Universität Köln. Zu ihren Arbeitsschwerpunkten zählen Religionsanthropologie, Gewalt- und Geschlechterforschung sowie moderne Medien und Populärkultur in Afrika. Sie publizierte umfangreiche Studien zur Interrelation von religiösen und medialen Praktiken, besonders zum Phänomen afrikanischer »Geistermedien«. Zuletzt erschienen: *Image Making, Image Breaking: Photographic Practices on the East African Coast* (Durham 2010).

Ilka Brombach ist wissenschaftliche Mitarbeiterin am Sonderforschungsbereich »Ästhetische Erfahrung im Zeitalter der Entgrenzung der Künste« im Projekt »Die Politik des Ästhetischen im westeuropäischen Kino«. Sie lehrt am Seminar für Filmwissenschaft der Freien Universität Berlin und forscht zum deutschen Autorenkino um 1968, zu Theorien der Öffentlichkeit und zu filmästhetischen Konzepten des Politischen.

Felix Ensslin ist Professor für Ästhetik und Kunstvermittlung an der Kunstakademie Stuttgart. Seine Forschungsschwerpunkte liegen im Bereich der psychoanalytischen Kulturtheorie und der ästhetischen Theorie. Außerdem arbeitet er als Theaterregisseur und als Kurator für zeitgenössische Kunst. 2005 kuratierte er gemeinsam mit Ellen Blumenstein und Klaus Biesenbach »Zur Vorstellung des Terrors: Die RAF-Ausstellung« in den Berliner Kunstwerken und 2007, gemeinsam mit Blumenstein, »Zwischen zwei Toden« am ZKM Karlsruhe.

Josef Früchtl ist Professor für Philosophie der Kunst und Kultur an der Universität von Amsterdam. Seine Forschungsschwerpunkte sind die philosophische Ästhetik, Theorien der Moderne, Kritische Theorie der Kultur(wissenschaften) und Philosophie des Films. Publikationen u.a. *Ästhetische Erfahrung und moralisches Urteil. Eine Rehabilitierung* (Frankfurt/M. 1996) und *Das unverschämte Ich. Eine Heldengeschichte der Moderne* (Frankfurt/M. 2004).

Dorothea von Hantelmann ist Kunsthistorikerin und wissenschaftliche Mitarbeiterin am Sonderforschungsbereich »Ästhetische Erfahrung im Zeichen der

Entgrenzung der Künste« an der Freien Universität Berlin. Ihre Forschungsschwerpunkte sind zeitgenössische Kunst sowie Ausstellungs- und Museumsgeschichte. Jüngste Publikationen: *How to Do Things with Art* (Berlin, Zürich 2007) und *Die Ausstellung. Politik eines Rituals* (hrsg. mit Carolin Meister, Zürich 2010).

Carl Hegemann ist Dramaturg und Professor für Dramaturgie an der Hochschule für Musik und Theater »Felix Mendelssohn Bartholdy« in Leipzig. Spätestens durch die Zusammenarbeit mit Einar Schleef machte er sich am Theater einen Namen, seit den 1990er Jahre arbeitet er regelmäßig mit den Regisseuren Frank Castorf und Christoph Schlingensief zusammen. Als Chefdramaturg war er am Theater Freiburg, am Berliner Ensemble und vor allem an der Volksbühne am Rosa-Luxemburg-Platz tätig.

Daniel Illger ist Filmwissenschaftler und seit 2007 wissenschaftlicher Mitarbeiter am Sonderforschungsbereich »Ästhetische Erfahrung im Zeichen der Entgrenzung der Künste«. Er arbeitet zum Verhältnis von Kino und Geschichte sowie zu Genretheorie und dem westeuropäischen Nachkriegskino. An der Freien Universität Berlin wurde er 2009 mit der Arbeit »Heim-Suchungen. Stadt und Geschichtlichkeit im italienischen Nachkriegskino« promoviert.

Gertrud Koch ist Professorin für Filmwissenschaft am Seminar für Filmwissenschaft der Freien Universität Berlin und Sprecherin des Sonderforschungsbereichs »Ästhetische Erfahrung im Zeitalter der Entgrenzung der Künste«. Ihre Forschungsschwerpunkte sind die Ästhetische Theorie sowie Film- und Bildtheorie; zudem beschäftigt sie sich mit Fragen der politischen und historischen Repräsentation. Publikationen u.a.: *Die Einstellung ist die Einstellung. Visuelle Konstruktionen des Judentums* (Frankfurt/M. 1992), *Siegfried Kracauer zur Einführung* (Hamburg 1996); zuletzt herausgegeben: *Perspektive – die Spaltung der Standpunkte. Zur Perspektive in Philosophie, Kunst und Recht* (München 2010).

Hannelies Koloska hat evangelische Theologie und Arabistik in Berlin und Birzeit studiert. Seit 2007 ist sie wissenschaftliche Mitarbeiterin im Sonderforschungsbereich »Ästhetische Erfahrung im Zeichen der Entgrenzung der Künste«. Ihr Promotionsprojekt beschäftigt sich mit der Ästhetik des Korantextes unter rezeptionsästhetischen und historisch-kritischen Aspekten. Sie hat zuletzt Abū al-Faradj Ibn al-Djauzī: *Das Buch der Weisungen für Frauen: Kitāb ahkām al-nisā'* aus dem Arabischen übersetzt und herausgegeben (Frankfurt/M. 2009).

Bruce Lincoln ist Professor für Religionsgeschichte an der Divinity School der University of Chicago mit einem Schwerpunkt auf europäischer und persischer Antike. Sein Forschungsinteresse umfasst unter anderem politische Theologie, Messianismus, Mythentheorie und Wissenschaftsdiskurs. Seine letzten Veröffentlichungen diskutieren Verschränkungen von Religion, politischer Macht und Gewalt. Hervorzuheben sind: *Holy Terrors: Thinking about Religion after Septem-*

ber 11 (Chicago 2003) und *Religion, Empire and Torture: The Case of Achaemenian Persia, with a Postscript on Abu Ghraib* (Chicago 2007).

Astrid Deuber-Mankowsky ist Inhaberin des Lehrstuhls für Medienöffentlichkeit und Medienakteure unter besonderer Berücksichtigung von Gender, sowie Direktorin des Instituts für Medienwissenschaft an der Ruhr-Universität Bochum. Ihre Forschungsschwerpunkte liegen in den Bereichen Medialität und Gender, Wahrnehmungstheorie, Illusionspraktiken, Medientheorie, Philosophie und Lebenswissenschaften. Zuletzt ist erschienen: *Praktiken der Illusion. Kant, Nietzsche, Cohen, Benjamin bis Donna J. Haraway* (Berlin 2007).

Christoph Menke war bis Ende 2008 Mitglied des Sonderforschungsbereichs »Ästhetische Erfahrung im Zeichen der Entgrenzung der Künste« und Professor für Ethik und Ästhetik an der Universität Potsdam. Seitdem hat er einen Lehrstuhl für praktische Philosophie am Exzellenzcluster »Die Herausbildung normativer Ordnungen« und am Institut für Philosophie der Goethe-Universität Frankfurt am Main inne. Forschungsschwerpunkte: Politische Philosophie (Freiheit und Normativität, Demokratie und Gleichheit), Rechtstheorie (Menschenrechte, subjektive Rechte), Ästhetik (Tragödie und Theater) und Theorie der Subjektivität (Geist und Natur, Fähigkeiten und Handeln). Zuletzt ist erschienen: *Kraft. Ein Grundbegriff der anthropologischen Ästhetik* (Frankfurt/M. 2008).

Jacques Rancière ist emeritierter Professor für Philosophie. Er lehrte von 1969 bis 2000 an der Universität Paris VIII (Vincennes und Saint-Denis) und war lange Herausgeber der Zeitschrift »Révoltes logiques«. Bekannt geworden ist er vor allem durch seine Schriften zur politischen Philosophie (*Das Unvernehmen*, Frankfurt/M. 2002) und zur Ästhetik (*Die Aufteilung des Sinnlichen*, Berlin 2006). Zuletzt ist von ihm auf Deutsch erschienen: *Das Fleisch der Worte. Politik(en) der Schrift* (Zürich, Berlin 2010).

Juliane Rebentisch lehrt Philosophie an der Goethe-Universität in Frankfurt am Main und ist Mitglied des Exzellenzclusters »Die Herausbildung normativer Ordnungen«. Von 2003 bis 2008 war sie Mitarbeiterin am Sonderforschungsbereich »Ästhetische Erfahrung im Zeichen der Entgrenzung der Künste«. Ihre Arbeitsschwerpunkte liegen in der Ästhetik, der Ethik und der politischen Philosophie. Sie hat zahlreiche Publikationen zur Gegenwartskunst verfasst, darunter *Ästhetik der Installation* (Frankfurt/M. 2003).

Dirk Setton ist wissenschaftlicher Mitarbeiter am Exzellenzcluster »Die Herausbildung normativer Ordnungen« und am Institut für Philosophie der Goethe-Universität Frankfurt am Main. Bis Anfang 2009 war er Mitglied des Sonderforschungsbereichs »Ästhetische Erfahrung im Zeichen der Entgrenzung der Künste«. Er arbeitet zur Theorie begrifflicher Fähigkeiten, der Kraft und der Potenzialität, zu Kants kritischer Philosophie, zu den Begriffen der Einbildungskraft und des Bildes, sowie über Phänomene von Irrationalität. An der Universität Potsdam wurde er 2006 mit einer Arbeit zum Thema »Unvermögen – Irrationalität und der Begriff rationaler Fähigkeiten« promoviert.

Anja Streiter ist Filmwissenschaftlerin und Mitglied am Sonderforschungsbereich »Ästhetische Erfahrung im Zeichen der Entgrenzung der Künste« mit einem Forschungsprojekt zur Frage der Gemeinschaft im französischen Kino und der französischen Philosophie nach 1962. Publikationen u.a.: *Jacques Doillon. Autorenkino und Filmschauspiel* (Berlin 2006); *Das Unmögliche Leben. Die Filme von John Cassavetes* (Berlin 1995).

Hans-Georg Soeffner ist emeritierter Professor für Soziologie an der Universität Konstanz. Seit 2007 ist er Vorsitzender der Deutschen Gesellschaft für Soziologie, sowie Vorstandmitglied und Senior Fellow am Kulturwissenschaftlichen Institut Essen. In den Bereichen soziologische Theorie, Wissens-, Kultur-, Medien- und Religionssoziologie sowie Theorie und Methodologie wissenssoziologischer Hermeneutik hat er zahllose Monographien und Artikel veröffentlicht und Bände herausgegeben. Zu nennen wäre aus jüngerer Zeit: *Zeitbilder. Versuche über Glück, Lebensstil, Gewalt und Schuld* (Frankfurt/M. 2005).

Cornelia Temesvári ist Literaturwissenschaftlerin und arbeitet seit 2007 als wissenschaftliche Mitarbeiterin am Sonderforschungsbereich »Ästhetische Erfahrung im Zeichen der Entgrenzung der Künste« sowie als Lehrbeauftragte am Institut für Religionswissenschaft an der Freien Universität Berlin. Ihr Promotionsprojekt beschäftigt sich mit produktionsästhetischen Transformationen der Kabbala in zeitgenössischer Literatur und Theorie. Zuletzt herausgegeben: *»Wovon man nicht sprechen kann...«. Ästhetik und Mystik im 20. Jahrhundert* (mit Roberto Sanchiño Martínez, Bielefeld 2010).

Jan Völker ist wissenschaftlicher Mitarbeiter im Sonderforschungsbereich »Ästhetische Erfahrung im Zeichen der Entgrenzung der Künste« an der Freien Universität Berlin. Seine Forschungsschwerpunkte umfassen die Ästhetik Kants, das Verhältnis von Kunst und Politik und neuere politische Philosophie. An der Universität Potsdam wurde er 2009 mit der Arbeit »Ästhetik der Lebendigkeit. Eine kritische Sequenz bei Baumgarten, Moritz, Kant« promoviert. Jüngste Veröffentlichungen: *Vita aesthetica. Szenarien ästhetischer Lebendigkeit* (hrsg. mit Armen Avanessian und Winfried Menninghaus, Zürich, Berlin 2009), Alain Badiou: *Ist Politik denkbar?* (übers. und hrsg. mit Frank Ruda, Berlin 2010).

David Weber hat in Frankfurt am Main, Berlin und Potsdam Physik und Philosophie studiert. Er war Stipendiat am Graduiertenkolleg »Rhetorik – Repräsentation – Wissen« an der Europa-Universität Viadrina und im Winter 2008/09 Mitglied im Sonderforschungsbereich »Ästhetische Erfahrung im Zeichen der Entgrenzung der Künste« an der Freien Universität Berlin. Seine Forschungsschwerpunkte liegen in den Bereichen Dekonstruktion, politische Theorie und Theorie des Bildes. Er publiziert zu zeitgenössischer Kunst und Film.

Antje Wessels ist klassische Philologin und wurde an der Universität Heidelberg mit einer Arbeit über Hermann Usener promoviert. Zwischen 2006 und 2008 war sie Mitarbeiterin im Sonderforschungsbereich »Ästhetische Erfahrung im Zeichen der Entgrenzung der Künste«. Seit 2008 ist sie wissenschaftliche Assistentin am Seminar für Latinistik der Freien Universität Berlin.

Benjamin Wihstutz ist wissenschaftlicher Mitarbeiter am Sonderforschungsbereich »Ästhetische Erfahrung im Zeichen der Entgrenzung der Künste« der Freien Universität Berlin. Seine Arbeitsgebiete umfassen das Gegenwartstheater und Fragen der ästhetischen Theorie, insbesondere zur Einbildungskraft des Zuschauers und zu politischen Dimensionen des theatralen Raumes.

Dirck Linck, Michael Lüthy, Brigitte Obermayr, Martin Vöhler (Hg.)
Realismus in den Künsten der Gegenwart

272 Seiten, Engl. Broschur, zahlr. Abb.
ISBN 978-3-03734-118-6
€ 29,90 / CHF 49,90

Die Künste der Gegenwart geben Anlass, nach ihren realistischen Tendenzen und Impulsen zu fragen. Verstärkt wenden sie sich dem Sozialen und Politischen zu, in dokumentarischer, investigativer oder wirklichkeitsverändernder Absicht. Die breite Verwendung von Fotografie und Film, vielfältige Reflexe auf mediengenerierte Wirklichkeitseffekte, die intermediale Verbindung unterschiedlicher künstlerischer Verfahren und nicht zuletzt ein entgrenzter Begriff der sozialen und politischen Dimension der Kunst charakterisieren eine ästhetische Produktion, deren Kunststatus häufig prekär ist, die aber zeitgemäß anmutet, weil sie global rezipierbar wird.
Der Band interessiert sich insbesondere für jene Realismen, die über eine Darstellung der Wirklichkeit hinausgehen und den gegenwärtig festzustellenden Monopol anspruch der Realität reflektieren. Die Beiträge suchen nach Begründungen, medialen Strategien und historischen Bezügen des gegenwärtigen Realismus in bildender Kunst, Literatur, Film, Theater und Musik und stellen philosophische und kunsttheoretische Überlegungen dazu vor.

Mit Beiträgen von Armen Avanessian, Diedrich Diederichsen, Heiner Goebbels, Dorothea von Hantelmann, Daniel Illger, Susanne Knaller, Dirck Linck, Kirsten Maar, Volker Pantenburg, Brigitte Obermayr, Jacques Rancière, Frank Ruda, Bernhard Schieder und Allan Sekula.

Karin Gludovatz, Michael Lüthy,
Bernhard Schieder, Dorothea von Hantelmann (Hg.)
Kunsthandeln

192 Seiten, Engl. Broschur, zahlr. Abb.
ISBN 978-3-03734-110-0
€ 26,90 / CHF 47,00

In der Moderne und zunehmend seit den 1960er Jahren verlagert sich in der Kunst die Aufmerksamkeit vom finalen Werk auf den Prozess des Produzierens. Dieser ist nicht Mittel zum Zweck, sondern gewinnt, in Analogie zu Aufführungspraktiken, Eigenwertigkeit. Im selben Zuge avanciert der kontemplative Betrachter zum Teilhaber, ja, zum ›Mithandelnden‹ des Kunstwerkes. Auch die Kunst insgesamt wird als prozessual begriffen: als ein gesellschaftlicher Bereich, der unterschiedlichste Akteure involviert und beständigen Begriffs- und Verfahrensänderungen unterliegt.
Aus diesen Prozessualisierungen resultiert ein neuartiges Verhältnis von ›Kunst‹ und ›Handeln‹. Handeln wird zu einem Medium der Kunst, zugleich wird Kunst als Medium des (gesellschaftlichen) Handelns neu bestimmt. Diesen beiden Aspekten des Verhältnisses von ›Kunst‹ und ›Handeln‹ ist dieser Sammelband gewidmet. Sein erster Teil fragt nach dem Status von (Alltags-)Handlungen in der Kunst, sein zweiter nach den Möglichkeiten, Kunst als eine Form des Handelns zu begreifen, das Wirklichkeiten erzeugt oder verändert.

Mit Beiträgen von Beatrice von Bismarck, Ina Blom, Bettina Funcke, Amelia Jones, Dirck Linck, Robert Pfaller, Bernhard Schieder, Wolfgang Ullrich, Martin Warnke und Sandra Umathum.